El poder

BERTRAND RUSSELL

EL PODER

Un nuevo análisis social

Traducción de
LUIS ECHÁVARRI

RBA

Título original: *Power: A New Social Analysis.*

© The Bertrand Russell Peace Foundation Ltd., 1996.
Todos los derechos reservados.
Traducción autorizada de la edición inglesa publicada por Routledge,
miembro de Taylor&Francis Group.
© de la traducción: Luis Echávarri.
Diseño de la cubierta: Estudio Freixes Pla.
Imágen de la cubierta: Stefan_Alonso/iStock by Getty Images.
© de esta edición: RBA Libros y Publicaciones, S.L.U., 2024.
Avda. Diagonal, 189 - 08018 Barcelona.
rbalibros.com

Primera edición: septiembre de 2010.
Primera edición en esta colección: enero de 2024.

REF.: ONFI646
ISBN: 978-84-9056-364-9
DEPÓSITO LEGAL: B 21610-2023

Impreso en España · *Printed in Spain*

CONTENIDO

I

EL IMPULSO HACIA EL PODER

Entre el hombre y los otros animales hay varias diferencias, unas intelectuales y otras emocionales. Una de las principales diferencias emocionales es que algunos deseos humanos, a diferencia de los deseos manifestados por los animales, son esencialmente ilimitados e incapaces de satisfacción completa. La boa constrictora, cuando ha comido, duerme hasta que se le renueva el apetito; si otros animales no hacen lo mismo es porque sus alimentos son menos adecuados o porque temen a sus enemigos. Las actividades de los animales, con pocas excepciones, están inspiradas por las necesidades primarias de la supervivencia y de la reproducción y no exceden de lo que exigen imperativamente esas necesidades.

Con los hombres el caso es diferente. Es cierto que una gran proporción de la raza humana está obligada a trabajar tan duramente a fin de obtener lo necesario para la vida que le queda poca energía para otras finalidades; pero los que tienen asegurados sus medios de vida no dejan por eso de ser activos. Jerjes no carecía de alimentos, de ropa, ni de mujeres cuando emprendió la expedición contra Atenas. Newton tenía asegurada su comodidad material desde el momento en que se hizo compañero de la Trinidad, pero escribió después de ello los *Principia*. San Francisco de Asís e Ignacio de Loyola no tenían necesidad de fundar órdenes religiosas para evitar las privaciones. Éstos eran hombres eminentes, pero la misma característica, en grados variables, se puede encontrar en todos los hombres, salvo en una minoría excepcionalmente perezosa. A la señora A, que está completamente segura del éxito de su esposo en los negocios y no tiene miedo del hospicio, le gusta estar mejor vestida que a la señora B, aunque pueda evitar el peligro de pneumonía con mucho menos gasto. Ambas, la señora A y la señora B, quedan muy complacidas si su esposo respectivo es nombrado caballero o consigue una banca en el Parlamento. Cuando se sueña despierto no hay límite para imaginarse triunfos, y si éstos se consideran posibles se harán todos los esfuerzos necesarios para alcanzarlos.

La imaginación es el aguijón que impulsa a los seres humanos a un esfuerzo ininterrumpido después de haber satisfecho sus necesidades primordiales. La mayoría de nosotros hemos conocido muy pocos momentos en los que hayamos podido decir:

> *If it were now to die*
> *Twere now to be most happy, for I fear*
> *My soul hath her content so absolute*
> *That not another comfort like to this*
> *Succeeds in unknown fate.**

Y en nuestros raros momentos de felicidad perfecta es natural desear la muerte, como Otelo, puesto que sabemos que esa felicidad no puede durar. Lo que necesitamos para que la felicidad sea duradera no está al alcance del ser humano; únicamente Dios puede alcanzar la completa bienaventuranza, porque Él es «el Reino, el Poder y la Gloria». Los reinos de la tierra están limitados por otros reinos; el poder terrenal

---

* «¡Si me sucediera ahora morir, sería este momento el más dichoso! Porque mi alma posee una felicidad tan absoluta que temo que otra parecida no le esté reservada en el ignorado porvenir», SHAKESPEARE, *Otelo*, acto II, esc. I.

es interrumpido por la muerte; la gloria terrena, aunque construyamos pirámides o «nos casemos con versos inmortales», se marchita con el paso de los siglos. A aquellos que solamente tienen un poco de poder y de gloria les puede parecer que con un poco más quedarían satisfechos, pero se equivocan: esos deseos son insaciables e infinitos, y solamente pueden hallar reposo en la infinitud de Dios.

En tanto que los animales están contentos con la existencia y la reproducción, los hombres desean además engrandecerse y sus deseos a este respecto sólo están limitados por lo que sugiere la imaginación como posible. Todos los hombres desearían ser Dios si ello fuera posible, y algunos de ellos encuentran difícil admitir esa imposibilidad. Éstos son los hombres formados según el modelo del Satán de Milton y que combinan, como él, la nobleza con la impiedad. Por «impiedad» quiero significar algo que no depende de las creencias teológicas, sino la oposición a admitir las limitaciones del poder humano individual. Esta combinación titánica de nobleza e impiedad es más notable en los grandes conquistadores, pero algún elemento de ella se puede encontrar en todos los hombres. Esto es lo que hace difícil la cooperación social, pues cada uno de nosotros quisiera concebirla según el modelo de la cooperación entre Dios y sus adoradores, con nosotros mismos en el lugar de Dios. De aquí la rivalidad, la necesidad de compromisos y de gobierno, el impulso hacia la rebelión, con la inestabilidad y la violencia periódicas. Y de aquí la necesidad de moralidad para reprimir la anarquía individual.

Entre los deseos infinitos del hombre, los principales son los deseos de poder y de gloria. No son idénticos, aunque están estrechamente aliados: el primer ministro tiene más poder que gloria, el rey tiene más gloria que poder. Por lo general, sin embargo, el camino más fácil para obtener la gloria es obtener el poder. Así lo consideran especialmente los hombres que despliegan actividad en relación con los acontecimientos públicos. El deseo de gloria provoca, por lo tanto, los mismos actos que el deseo de poder y ambos motivos pueden ser considerados como uno solo en cuanto a sus objetivos más prácticos.

Los economistas ortodoxos, así como Marx, quien a este respecto coincide con ellos, están equivocados al suponer que el interés económico puede ser considerado como el motivo fundamental en las ciencias sociales. El deseo de comodidades, cuando está separado del poder y de la gloria, es infinito y puede ser satisfecho completamente con una subsistencia moderada. Los deseos realmente costosos no son dictados por el amor a la comodidad material. Comodidades como una banca legislativa que produzca beneficio gracias a la corrupción, o una colección privada de cuadros de los viejos maestros, seleccionada por los técnicos, son deseadas como medios para obtener el poder y la gloria, no como lugares cómodos y agradables en los cuales descansar. Cuando se ha asegurado cierto grado moderado de comodidad, tanto los individuos como las comunidades persiguen el poder más que la riqueza, buscan la riqueza como un medio para el poder, o quieren aumentar la riqueza para aumentar el poder, pero tanto en el primer caso como en el último su motivo fundamental no es económico.

Este error de los economistas ortodoxos y marxistas no es simplemente teórico, sino que tiene la mayor importancia práctica y ha sido causa de que hayan sido mal entendidos algunos de los principales acontecimientos de los tiempos recientes. Únicamente dándose cuenta de que el amor al poder es la causa de las actividades que importan en los asuntos sociales puede ser rectamente interpretada esa historia, sea antigua o moderna.

En el curso de este libro tendré ocasión de demostrar que el concepto fundamental de la ciencia social es el Poder, en el mismo sentido en que la Energía es el concepto fundamental de la física. Como la energía, el poder tiene muchas formas: la riqueza, los armamentos, la autoridad civil, la influencia en la opinión. Ninguna de ellas puede considerarse subordinada a otra y no hay una forma de la cual se deriven las otras. El intento aisladamente sólo puede tener un éxito parcial, como el estudio de una forma de energía será defectuoso en ciertos puntos a menos que sean tenidas en cuenta las otras formas. La riqueza puede resultar del poder militar o de la influencia sobre la opinión, del mismo modo que cada uno de éstos puede resultar de la riqueza. Las leyes de la dinámica social son leyes que solamente pueden ser establecidas en términos de poder, no en términos de esta o aquella forma de poder. En los tiempos antiguos el poder militar estaba aislado, con la consecuencia de que la victoria o la derrota parecían depender de las cualidades accidentales de los jefes. En nuestros días es común considerar el poder económico como la fuente de que se derivan todas las demás clases de poder. Esto, puedo afirmarlo, es un error tan grande como el de los historiadores puramente militares que parecen pasados de moda. Hay también quienes consideran la propaganda como la forma fundamental del poder. No es de modo alguno una opinión nueva; está ya expuesta en dichos tradicionales como *magna est veritas et praevalebit* y «la sangre de los mártires es la semilla de la Iglesia». Contiene más o menos la misma cantidad de verdad y mentira que el punto de vista militar o el punto de vista económico. La propaganda, si puede crear una opinión casi unánime, puede originar un poder irresistible; pero los que tienen el dominio militar o económico pueden, si así lo quieren, utilizarlo con propósito de propaganda. Volviendo a la analogía de la física: el poder, como la energía, puede considerarse que pasa continuamente de una de sus formas a otra y debiera ser tarea de la ciencia social buscar las leyes de esa transformación. El intento de aislar una forma de poder, especialmente en nuestros días la forma económica, ha sido, y es todavía, una fuente de errores de gran importancia práctica.

Las diferentes sociedades difieren de muchas maneras con respecto al poder. Difieren, ante todo, en el grado de poder poseído por los individuos o por las organizaciones. Es evidente, por ejemplo, que debido a su creciente organización, el Estado tiene más poder hoy en día que en tiempos anteriores. Difieren también en cuanto a la clase de organización que tiene más influencia: un despotismo militar, una teocracia, una plutocracia, son tipos de poder muy diferentes. Difieren, en tercer lugar, con respecto a la diversidad de los medios de adquirir el poder: la monarquía hereditaria produce una clase de hombres eminentes; las cualidades requeridas para ser un alto eclesiástico producen otra clase; la democracia produce una tercera clase y la guerra una cuarta.

Donde no existen instituciones sociales, como la aristocracia o la monarquía hereditaria, que limitan el número de los hombres a quienes es posible el poder, los que más desean el poder son, hablando en general, los que tienen más posibilidades de adquirirlo. En consecuencia, en un sistema social en el cual el poder está abierto a todos, los puestos que confieren el poder serán ocupados, por lo general, por hombres que se distinguen de los hombres corrientes en que son excepcionalmente amantes del poder. El amor al poder, aunque es uno de los motivos humanos más fuertes, está distribuido muy desigualmente y es limitado por otros motivos, como el amor a la comodidad, el amor al placer y algunas veces el amor a la aprobación. Entre los más tímidos está disfrazado como un impulso a someterse a la jefatura, lo cual aumenta el campo de acción para que desarrollen sus impulsos hacia el poder los hombres audaces. No es probable que aquellos que aman poco el poder influyan mucho en el curso de los acontecimientos. Los hombres que originan los cambios sociales, son, por lo general, hombres que desean fuertemente hacerlo. El amor al poder, en consecuencia, es una característica de los hombres que son casualmente importantes. Por supuesto, podríamos equivocarnos si lo consideráramos como el único motivo humano, pero esta equivocación no nos llevaría por tan mal camino como pudiera esperarse en la busca de las leyes causales de la ciencia social, desde el momento en que el amor al poder es el motivo principal que produce los cambios que debe estudiar la ciencia social.

Las leyes de la dinámica social —puedo afirmarlo así— únicamente pueden ser establecidas en términos de poder en sus varias formas. Para descubrir esas leyes es necesario, en primer término, clasificar las formas del poder y luego pasar revista a algunos ejemplos históricos importantes de los modos como las organizaciones y los individuos han adquirido el dominio de las vidas humanas.

Trataré, pues, en las páginas siguientes de alcanzar el doble propósito de sugerir lo que yo creo que es un análisis más adecuado de los cambios sociales en general que el que han venido haciendo los economistas, y de hacer el presente y el probable futuro próximo más inteligible que lo que pueden ser para aquellos cuyas imaginaciones están dominadas por los siglos XVIII y XIX. Estos siglos fueron excepcionales en muchos aspectos y ahora parece que estamos retornando en muchos respectos a formas de vida y de pensamiento que prevalecieron en edades anteriores. Para comprender nuestro tiempo y sus necesidades es indispensable conocer la historia, tanto la antigua como la medieval, pues únicamente así podremos llegar a una forma de progreso posible que no esté indebidamente dominado por los axiomas del siglo XIX.

2

CAUDILLOS Y SECUACES

El impulso hacia el poder tiene dos formas: explícita en los caudillos; implícita en los secuaces. Cuando los hombres siguen voluntariamente a un caudillo, lo hacen con el propósito de adquirir el poder para el grupo que él manda, y sienten que los triunfos del caudillo son suyos. Muchos hombres no sienten en sí mismos la competencia necesaria para dirigir el grupo hacia la victoria y en consecuencia buscan un capitán que parezca poseer el coraje y la capacidad necesarios para alcanzar la supremacía. Este impulso aparece inclusive en la religión. Nietzsche acusaba al cristianismo de inculcar una moral de esclavos, pero su objetivo fue siempre el triunfo final. «Bienaventurados los humildes, pues heredarán la tierra.» O como dice explícitamente un himno bien conocido:

> The Son of God goes forth to war,
> A kingly crown to gain.
> His blood-red banner streams afar.
> Who follows in His train?
> Who best can drink his cup of woe,
> Triumphant over pain,
> Who patient bears his cross below,
> He follows in His train.*

---

* «El Hijo de Dios va a la guerra / a conquistar una corona real. / Ondea su bandera roja como la sangre. ¿Quién irá en su comitiva? /

Si ésta es una moral de esclavos, entonces todo soldado de fortuna que soporta los rigores de una campaña y todo político que trabaja activamente en las elecciones debe ser considerado como un esclavo. Pero de hecho, en cualquier empresa auténticamente cooperativa, el secuaz no es psicológicamente más esclavo que el caudillo.

Esto es lo que hace soportables las desigualdades en el poder cuya organización se torna inevitable, y que tienden a aumentar más que a disminuir según la sociedad se va haciendo más orgánica.

La desigualdad en la distribución del poder ha existido siempre en las comunidades humanas desde los tiempos más remotos que nos son conocidos. Esto es debido en parte a la necesidad externa, y en parte a causas que deben ser encontradas en la naturaleza humana. Muchas empresas colectivas son posibles únicamente si son dirigidas por algún órgano de gobierno. Para que se construya una casa es necesario que alguien trace los planos; para que los trenes corran por las vías férreas es necesario que ello no dependa del capricho de los maquinistas; para construir una carretera alguien debe decidir su trazado. Inclusive un gobierno elegido democráticamente es, sin embargo, un gobierno, y en consecuencia, por motivos que nada tienen que ver con la psicología, es necesario, si han de tener éxito las empresas colectivas, que haya algunos hombres que den órdenes y otros que las obedezcan. Pero el hecho de que esto sea posible y más todavía el hecho de que las actuales desigualdades en el poder excedan a lo que exigen las causas técnicas, solamente puede ser explicado de acuerdo con la psicología y la fisiología individuales. El carácter de algunos hombres les lleva siempre a mandar, así como el carácter de otros les lleva a obedecer; entre esos dos

---

Quien mejor sepa beber su copa de amargura, / triunfando del dolor, / quien, paciente, lleva su cruz oculta, / ése irá en su comitiva.»

extremos se encuentra la masa de los hombres corrientes, a quienes les gusta mandar en ciertas situaciones, pero en otras prefieren estar sujetos a las órdenes de un caudillo.

Adler, en su libro *Understanding Human Nature*,* distingue un tipo de hombre sumiso y un tipo de hombre imperioso. «El individuo servil —dice— vive gracias al gobierno y a las leyes impuestas por otros, y este tipo de hombre busca una posición servil casi compulsivamente.» Del otro lado está el tipo imperioso, el cual pregunta: «¿Cómo puedo ser superior a cualquier otro?». Este tipo es buscado cuando se necesita un director y se eleva al primer puesto en las revoluciones. Adler considera ambos tipos como indeseables, por lo menos en sus formas extremas, y estima que son productos de la educación. «La mayor desventaja de una educación autoritaria —dice— reside en el hecho de que otorga al niño un ideal de poder y le muestra los placeres que son inherentes a la posesión del poder.» La educación autoritaria, podemos añadir, produce el tipo de esclavo tanto como el tipo despótico, desde el momento en que inculca el sentimiento de que la única relación posible entre dos seres humanos que cooperan es aquella en la cual uno de ellos da órdenes y el otro las obedece.

El amor al poder, en varias formas limitadas, es casi universal, pero es raro en su forma absoluta. Una mujer que goza del poder en el manejo de su casa es probable que se estremezca al pensar en el poder político de que goza un primer ministro; Abraham Lincoln, por el contrario, no tenía miedo para gobernar a los Estados Unidos, pero le asustaba la guerra civil en su propia casa. Quizá Napoleón, si el *Bellerophon* hubiera estado a punto de naufragar, hubiera obedecido sumisamente las órdenes de los oficiales británicos para salvarse en los botes. Los hombres aman el poder en tanto que creen en su competencia para manejar un asun-

* «Conocimiento del hombre.»

to, pero cuando se reconocen incompetentes prefieren a un caudillo.

El impulso a la sumisión, que es tan real y tan común como el impulso a mandar, tiene sus raíces en el miedo. La pandilla de niños más ingobernable que pueda imaginarse puede hacerse completamente sumisa a las órdenes de un adulto competente en una situación alarmante, por ejemplo, en un caso de incendio. Cuando se produjo la guerra, la sufragista mistress Pankhurst hizo la paz con míster Lloyd George. Cuando sobreviene un grave peligro, el impulso de la mayor parte de los hombres les lleva a buscar una autoridad para someterse a ella; en momentos semejantes nadie sueña con la revolución. Cuando se produce una guerra, el pueblo tiene sentimientos similares con respecto al gobierno.

Las organizaciones pueden o no tener como propósito evitar los peligros. Las organizaciones económicas en algunos casos, como en las minas de carbón, implican peligros, pero éstos son incidentales, y si fueran eliminados saldrían beneficiadas de esas organizaciones. En general, el evitar los peligros no es una parte del propósito esencial de las organizaciones económicas ni de las organizaciones gubernamentales relacionadas con los asuntos internos. Pero los botes de salvamento y las brigadas de bomberos, así como los ejércitos y los buques de guerra, son organizados y construidos con el propósito de evitar los peligros. En cierto sentido menos inmediato, esto es también verdad de las corporaciones religiosas, que existen en parte para aquietar los temores metafísicos que están hondamente arraigados en nuestra naturaleza. Si alguien se siente inclinado a discutir esto, que recuerde himnos como el siguiente:

> *Rock of Ages, cleft for me,*
> *Let me hide myself in thee;*
> *Jesu, lover of my soul,*

Let me to thy bosom fly,
While the gathering waters roll,
While the tempest still is high. *

En la sumisión a la voluntad divina hay un sentido de la salvación final que ha llevado al sometimiento religioso a muchos monarcas que nunca se hubieran sometido a un ser puramente terrenal. Todas las sumisiones tienen sus raíces en el miedo, sea humano o divino el caudillo a que nos sometamos.

Se ha convertido en un lugar común que la agresividad tiene también con frecuencia sus raíces en el miedo. Yo me inclino a pensar que esa teoría ha sido llevada demasiado lejos. Es verdad de cierta clase de agresividades, por ejemplo, la de D. H. Lawrence. Pero dudo mucho de que los hombres que se hacen piratas sean los que están llenos de un terror retrospectivo de sus padres, o de que Napoleón, en Austerlitz, sintiese realmente que se las tenía que haber con madame Leticia. Nada sé de las madres de Atila o de Gengis-Khan, pero más bien sospecho que echaron a perder con mimos a sus pequeños, quienes más tarde encontraron el mundo irritante porque a veces se resistía a sus caprichos. El tipo de agresividad que es consecuencia de la timidez no es, según pienso, el que inspira a los grandes caudillos. Los grandes caudillos, podría decir, tienen una confianza excepcional en sí mismos, la cual no es solamente superficial sino que penetra profundamente en lo subconsciente.

La confianza en sí mismo, necesaria para un caudillo, puede ser producida de varios modos. Históricamente, uno de los más comunes ha sido la situación de mando heredita-

---

* «Roca de los Tiempos, hendida para mí, / deja que me oculte en ti. / Jesús, amante de mi alma, / deja que vuele a tu seno / mientras rueda la marejada, / mientras sigue rugiendo la tempestad.»

ria. Léanse, por ejemplo, los discursos de la reina Isabel en los momentos de crisis: se verá al monarca imponiéndose a la mujer, convenciéndola, y a través de ella a toda la nación, de que sabe lo que se debe hacer como no puede saberlo una persona común. En su caso, el interés de la nación y el de la soberana están en armonía; por eso era «Good Queen Bess». Podía inclusive elogiar a su padre sin despertar indignación. No hay duda de que el hábito del mando hace más fácil conllevar las responsabilidades y adoptar decisiones rápidas. Un clan que sigue a su jefe hereditario actúa probablemente mejor que si elige su jefe echado a suertes. Por otro lado, un organismo como la iglesia medieval, que elige su jefe teniendo en cuenta sus méritos y por lo general después de una considerable experiencia en los puestos administrativos de importancia, alcanzaba generalmente mucho mejores resultados que los que lograban en el mismo período las monarquías hereditarias.

Algunos de los más hábiles caudillos conocidos en la historia han surgido en situaciones revolucionarias. Consideremos por un momento las cualidades que dieron el éxito a Cromwell, a Napoleón y a Lenin. Los tres dominaron a sus respectivos países en tiempos difíciles y se aseguraron el servicio voluntario de hombres capaces que no eran sumisos por naturaleza. Los tres tuvieron un valor y una confianza en sí mismos ilimitados, combinados con lo que sus colegas consideraban como un juicio seguro en los momentos difíciles. Sin embargo, de los tres, Cromwell y Lenin pertenecían a un tipo y Napoleón a otro. Cromwell y Lenin eran hombres de profunda fe religiosa que se creían los ministros designados para una empresa extrahumana. Por lo tanto, su deseo de poder les parecía indudablemente justo y se preocupaban muy poco de las recompensas que el poder trae consigo —como el lujo y la comodidad— que no pueden armonizarse con su identificación con el objetivo cósmico. Esto es verdad especialmente de Lenin, pues Cromwell, en sus últimos años, tenía conciencia de haber caído en pecado. Sin embargo, en los dos casos es la combinación de la fe con una gran capacidad lo que les dio valor y les permitió inspirar a sus seguidores la confianza en su dirección.

Napoleón, en oposición a Cromwell y a Lenin, es el ejemplo supremo del soldado de fortuna. La revolución le ayudó, puesto que le dio la oportunidad de ascender, pero por otra parte le era indiferente. Aunque satisfizo el patriotismo francés y dependió de él, Francia, como la Revolución, fue para él solamente una oportunidad; inclusive en su juventud había jugado con la idea de luchar por Córcega contra Francia. Su éxito se debió no tanto a cualidades excepcionales de carácter como a su habilidad técnica en la guerra: cuando otros hombres hubieran sido derrotados él salía victorioso. En los momentos críticos, como en el 18 Brumario y en Marengo, dependió de otros para el éxito; pero tenía dones espectaculares que le capacitaban para apropiarse de lo que realizaban sus ayudantes. El ejército francés estaba lleno de jóvenes ambiciosos; fue su talento y no su psicología lo que dio a Napoleón el éxito cuando otros fracasaban. Su fe en su buena estrella, que finalmente le llevó a la caída, era efecto de sus victorias, no su causa.

Viniendo a nuestros días, Hitler puede ser clasificado, psicológicamente, con Cromwell y Lenin, así como Mussolini con Napoleón.

El soldado de fortuna, o el jefe pirata, es un tipo que tiene en la historia más importancia que la que se imaginan los historiadores «científicos». Algunas veces, como Napoleón, consigue hacerse a sí mismo el caudillo de grupos de hombres que tienen propósitos en parte impersonales: los ejércitos revolucionarios de Francia se concebían a sí mismos como los libertadores de Europa y así eran considerados tanto en Italia como en gran parte de la Alemania occidental. Pero el mismo Napoleón nunca buscó otra liberación que la que le pareció útil para su carrera. Con frecuencia no se pretende objetivos impersonales. Alejandro pudo haber pretendido helenizar el Oriente, pero es dudoso que sus macedonios estuviesen interesados en este aspecto de sus campañas. Los generales romanos, durante los últimos cien años de la República, no estaban interesados principalmente en el dinero y se aseguraban la lealtad de los soldados distribuyéndoles tierras y tesoros. Cecil Rhodes profesaba una fe mística en el Imperio británico, pero esa fe proporcionaba buenos dividendos, y a los soldados de caballería que contrató para la conquista de Matabeleland se les ofreció claramente ventajas pecunarias. La codicia organizada con pequeño o ningún disfraz ha desempeñado un gran papel en las guerras del mundo.

El ciudadano ordinariamente tranquilo, según hemos dicho, es conducido por el miedo a someterse a un caudillo. Pero esto difícilmente puede ser verdad de una cuadrilla de piratas, a no ser que no les sea accesible una profesión más pacífica. Una vez establecida la autoridad del caudillo, puede inspirar miedo a los individuos turbulentos; pero hasta que llega a ser caudillo y es reconocido como tal por la mayoría no está en situación de inspirar miedo. Para adquirir la situación de caudillo debe sobresalir por las cualidades que confieren la autoridad: la confianza en sí mismo, la decisión rápida, la habilidad para decidir las medidas justas. La autoridad es relativa: César puede hacer que Antonio le obedezca, pero nadie más puede hacerlo. Muchos creen que la política es difícil y que hacen mejor en seguir a un caudillo. Sienten esto instintiva e inconscientemente, como sucede a los perros con sus dueños. Si no fuese así, la acción política colectiva sería apenas posible.

Ese amor al poder, como motivo, está limitado por la timidez, que también limita el deseo de autodirección. Desde el momento en que el poder nos capacita para realizar mayor número de nuestros deseos que los que podríamos realizar de otro modo, y desde que nos asegura la deferencia de los otros, es natural desear el poder en tanto que no lo impida la timidez. Esa clase de timidez disminuye con el hábito de la responsabilidad e inversamente las responsabilidades tienden a aumentar el deseo de poder. La experiencia de la crueldad y de la hostilidad puede operar en varias direcciones: en los que se asustan fácilmente produce el deseo de escapar a la observación, mientras que los espíritus más audaces se sienten estimulados a buscar posiciones en las cuales puedan infligir crueldades más bien que sufrirlas.

Después de la anarquía, el primer paso natural es el despotismo, porque es facilitado por el mecanismo instintivo de la dominación y de la sumisión; esto ha sido comprobado en la familia, en el Estado y en los negocios. La cooperación igualitaria es mucho más difícil que el despotismo y está mucho menos de acuerdo con el instinto. Cuando los hombres intentan una cooperación igualitaria es natural que cada uno de ellos se esfuerce por alcanzar el dominio completo, puesto que no entran en juego los impulsos hacia la sumisión. Es casi necesario que todas las partes afectadas reconozcan una lealtad común a alguien ajeno a todas ellas. En China tienen éxito con frecuencia los negocios familiares a consecuencia de la lealtad confuciana a la familia; pero las compañías de negocios impersonales parecen irrealizables, pues nadie se siente obligado a demostrar honestidad con respecto a los socios. Donde existe un gobierno elegido por deliberación, debe existir, para que tenga éxito, un respeto general por la ley, o por la nación, o por algunos principios que respeten todas las partes. La Sociedad de Amigos, cuando ha de decidir sobre algún asunto dudoso, no vota y decide por mayoría, sino que discute hasta que llega a adquirir «el sentimiento de la reunión», que se considera que es inspirado por el Espíritu Santo. En este caso se trata de una comunidad desusadamente homogénea, pero sin algún grado de homogeneidad no es posible gobernar mediante la discusión.

Un sentimiento de solidaridad suficiente para hacer posible un gobierno mediante la discusión puede ser engendrado sin mucha dificultad en una familia como la de los Fugger o la de los Rothschild, en un pequeño cuerpo religioso como el de los cuáqueros, en una tribu bárbara o en una nación en guerra o en peligro de guerra. Pero en lo exterior la presión es indispensable: los miembros de un grupo se unen por miedo de estar separados. Un peligro común es con mucho el medio más fácil de conseguir la homogeneidad. Ésta, sin embargo, no resuelve el problema del poder en el mundo como un todo. Queremos prevenir los peligros —por ejemplo, la guerra—, lo que es causa de cohesión, pero no queremos destruir la cooperación social. El problema es difícil psicológicamente tanto como políticamente, y si podemos juzgar por analogía es probable que sea resuelto, si se resuelve de algún modo, por el despotismo inicial de alguna nación. La cooperación libre entre las naciones, acostumbradas como están al *liberum veto*, es tan difícil como entre la aristocracia polaca antes de la partición. La extinción, en este como en aquel caso, parece haber sido preferida igualmente al sentido común. La humanidad necesita un gobierno, pero en las regiones donde ha prevalecido la anarquía debe someterse en primer término únicamente al despotismo. En consecuencia, debemos asegurar ante todo el gobierno, aunque sea despótico, y solamente cuando el gobierno se ha hecho habitual podemos esperar con éxito hacerlo democrático. «El poder absoluto es útil para construir una organización. Más lento, pero igualmente seguro, es el desarrollo de la presión social que reclama que el poder sea utilizado en beneficio de todos los que están afectados por él. Esa presión, constante en la historia eclesiástica y política, aparece ahora en el campo económico.»*

He hablado hasta ahora de los que mandan y de los que obedecen, pero hay un tercer tipo, a saber: los que se apartan. Hay hombres que tienen el valor de negarse a someterse sin sentir la arrogancia que produce el deseo de mando. Semejantes hombres no están fácilmente de acuerdo con la estructura social y de una manera o de otra buscan un refugio en el que puedan gozar de una libertad más o menos solitaria. A veces hombres de ese temperamento han alcanzado gran importancia histórica. Los primeros cristianos y los primeros inmigrantes norteamericanos representan dos especies de ese género. A veces el refugio es mental y a veces es físico; a veces exige la completa soledad del ermitaño, a veces la soledad social de un monasterio. Entre los refugiados mentales hay los que pertenecen a sectas oscuras, aquellos cuyos intereses son absorbidos por manías inocentes y aquellos que se ocupan en recónditas y poco importantes formas de erudición. Entre los refugiados físicos hay hombres que exploran las fronteras de la civilización y exploradores como Bates, el «naturalista del Amazonas», que vivieron felices durante quince años sin otra sociedad que la de los indios. Algo del temperamento del ermitaño es un elemento necesario en muchas formas de excelencia, desde que capacita a los hombres para resistir la tentación de la popularidad, para realizar trabajos importantes a pesar de la indiferencia o de la hostilidad generales y para exponer opiniones que se oponen a los errores prevalecientes.

De estos que se apartan, algunos no son genuinamente indiferentes al poder, sino únicamente a obtenerlo por los medios usuales. Semejantes hombres pueden convertirse en santos o en heresiarcas, en fundadores de órdenes monásticas

* Berle y Means.

26

o de nuevas escuelas de arte y literatura. Se consideran a sí mismos como gentes disciplinadas que combinan el amor a la sumisión con el impulso a la revuelta; el último evita la ortodoxia, en tanto que el primero lleva a la adopción sin examen de los nuevos dogmas. Tolstoi y sus seguidores ilustran este modelo. El solitario auténtico es muy diferente. Un ejemplo perfecto de su tipo es el melancólico Jacques, que comparte el destierro con el buen Duque porque éste se halla en el destierro y luego permanece en el bosque con el mal Duque antes que volver a la Corte. Muchos inmigrantes norteamericanos, después de haber sufrido numerosas penalidades y privaciones, vendieron sus granjas y se dirigieron hacia el Oeste tan pronto como la civilización les alcanzó. Para hombres de ese temperamento el mundo ofrece cada vez menos oportunidades. Algunos caen en el crimen, otros en una filosofía malhumorada y antisocial. El contacto excesivo con los secuaces produce misantropía, la cual, cuando no se puede alcanzar la soledad, conduce naturalmente a la violencia.

Entre los tímidos, la organización es promovida no solamente por la sumisión a un caudillo sino por la confianza que se siente al formar parte de una multitud en la que todos sienten de igual modo. En una reunión pública entusiasta cuyo propósito es simpático para uno hay un sentimiento de la exaltación, combinado con entusiasmo y seguridad. La emoción que se comparte se hace cada vez más intensa, hasta que desplaza a todos los demás sentimientos, excepto un exultante sentimiento de poder producido por la multiplicación de los *ego*. La excitación colectiva es una intoxicación deliciosa en la cual el sentido común, la humanidad y hasta la propia preservación son olvidadas fácilmente y en la que son igualmente posibles las matanzas atroces y los martirios heroicos. Esta clase de intoxicación, como las otras, es difícil de resistir una vez que han sido experimentados sus deleites, pero al final lleva a la apatía, al cansancio y a la necesidad de un estímulo cada vez más fuerte si se quiere reproducir el fervor primitivo.

Aunque para producir esa emoción no es necesario un caudillo, pues se puede producir mediante la música o gracias a ciertos acontecimientos excitantes que presencia la muchedumbre, las palabras de un orador son el método más fácil y usual para suscitarla. El placer de la excitación colectiva es, en consecuencia, un elemento importante del poder de los caudillos. Es preciso que el caudillo no comparta los sentimientos que suscita; puede decirse a sí mismo como el Antonio de Shakespeare:

> *Now let it work: mischief, thou art afoot,*
> *Take thou what course thou wilt!* *

Pero es muy poco probable que el caudillo pueda tener buen éxito, a menos que goce de poder sobre sus secuaces. Puede ser llevado, en consecuencia, a preferir una situación y una muchedumbre que hagan más fácil su triunfo. La mejor situación es aquella en la que existe un peligro lo suficientemente serio para hacer que los hombres se sientan bravos para combatirlo, pero no tan terrible que haga que predomine el miedo; una situación, por ejemplo, como el estallido de una guerra contra un enemigo que es considerado formidable pero no invencible. Un orador hábil, cuando quiere estimular el sentimiento guerrero, produce en su auditorio dos capas de creencias: una superficial, en la cual el poder del enemigo es magnificado hasta hacer que parezca necesario un gran valor, y otra más honda, en la cual hay una firme convicción de la victoria. Ambas pueden simbolizarse en un lema como «el derecho debe prevalecer sobre la fuerza».

---

* «¡Ahora, prosiga la obra! ¡Maldad, ya estás en pie! ¡Toma el curso que quieras!», *Julio César*, acto III, esc. II.

La multitud que prefiere el orador es aquella más propensa a la emoción que a la reflexión, que está llena de temores y en consecuencia de odios, que se impacienta ante los métodos lentos y graduales y que está al mismo tiempo exasperada y llena de esperanza. El orador, si no es un cínico completo, desea adquirir una serie de creencias que justifiquen sus actividades. Pensará que el sentimiento es una guía mejor que la razón, que nuestras opiniones deben formarse en la sangre mejor que en el cerebro, que los mejores elementos de la vida humana son los colectivos más bien que los individuales. Si dirige la educación, la hará consistir en una alteración de ejercicios y de intoxicación colectiva, mientras los conocimientos y el juicio serán abandonados a los devotos de la ciencia inhumana.

Los individuos que aman el poder, sin embargo, no son todos del tipo del orador. Hay hombres de una clase muy diferente, cuyo amor al poder ha sido alimentado por su dominio del mecanismo. Tomemos, por ejemplo, el relato de Bruno Mussolini sobre sus proezas en el aire durante la guerra de Abisinia:

Teníamos que bombardear las colinas boscosas, los campos y las aldeas... Todo ello era muy divertido. Apenas tocaban la tierra, las bombas estallaban en humo blanco y en una llama enorme y la hierba seca comenzaba a arder. Yo pensaba en los animales: Dios mío, cómo corrían... Cuando quedaron vacíos los lanzabombas, comencé a arrojar bombas de mano... Era muy divertido: no era fácil alcanzar a un gran Zariba rodeado de grandes árboles. Tuve que apuntar cuidadosamente al techo de paja y sólo conseguí hacer blanco al tercer tiro. Los infelices que se hallaban dentro, viendo que ardía el techo, salieron fuera corriendo como locos. Rodeados por un círculo de fuego, alrededor de quinientos etíopes hallaron una muerte horrible. Parecía un infierno.

Mientras el orador necesita mucha psicología intuitiva para alcanzar el éxito, el aviador del tipo de Bruno Mussolini puede encontrar su placer sin más psicología que la que implica el saber que no es agradable morir abrasado. El orador es un tipo antiguo; el hombre cuyo poder se basa en el mecanismo es moderno. Aunque no del todo: léase, por ejemplo, cómo utilizaron los cartagineses a los elefantes al final de la primera guerra púnica, para pisotear, hasta matarlos, a los mercenarios amotinados.* Su psicología, si no su ciencia, era la misma que la de Bruno Mussolini. Pero hablando comparativamente, el poder mecánico es más característico de nuestra edad que de cualquier tiempo anterior.

La psicología del oligarca que depende del poder mecánico no se ha desarrollado todavía por completo. Sin embargo, es una posibilidad inminente y cuantitativa, aunque no cualitativamente, completamente nueva. Ahora sería posible para una oligarquía preparada técnicamente, mediante el manejo de aviones, de navíos, de grandes centros de energía eléctrica, de transportes motorizados, etcétera, establecer una dictadura que no exija la aquiescencia de los súbditos. El imperio de Laputa se mantuvo gracias a su poder de interponerse entre el sol y una provincia rebelada. Algo casi igualmente severo sería posible para una unión de técnicos científicos. Podrían destruir una región recalcitrante y privada de luz, de calor, de energía eléctrica, después de fomentar la dependencia de esas fuentes de comodidad, podrían inundarla de gases ponzoñosos y de bacterias. La resistencia sería completamente imposible. Los dirigentes, estando habituados al mecanismo, contemplarían el material humano como se han acostumbrado a contemplar sus máquinas, como algo insensible gobernado por leyes que el manipulador puede operar en su propio provecho. Un régimen semejante se caracterizaría por una fría inhumanidad que superaría a todo lo conocido en las tiranías anteriores.

* Diodoro Sículo, lib. XXV. Véase también *Salambó*, de Flaubert.

El poder sobre los hombres, y no el poder sobre la materia, es el tema de este libro; pero es posible establecer un poder técnico sobre los hombres que esté basado en el poder sobre la materia. Los que tienen el hábito de manejar mecanismos poderosos, y que por medio de ese manejo han adquirido el poder sobre los seres humanos, puede esperarse que contemplen imaginativamente a sus súbditos de un modo completamente diferente que los hombres que dependen de la persuasión, aunque sea deshonesta. Muchos de nosotros hemos perturbado licenciosamente en algún tiempo un nido de hormigas y hemos contemplado con suave contento la precipitada confusión que se producía. Observando desde lo alto de un rascacielos el tránsito de Nueva York los seres humanos dejan de parecer humanos y adquieren un aspecto absurdo. Si uno estuviese armado del rayo, como Júpiter, sentiría la tentación de arrojarlo entre la muchedumbre, por el mismo motivo que nos lleva a revolver el nido de hormigas. Éste era evidentemente el sentimiento de Bruno Mussolini cuando contemplaba a los etíopes desde su aeroplano. Imaginemos un gobierno científico que, por miedo al asesinato, viva siempre en avión, excepto los descensos ocasionales en campos de aterrizaje construidos en la terraza de altas torres o en medio del mar. ¿No es probable que semejante gobierno no tendría un interés muy profundo por la felicidad de sus súbditos? ¿No es más probable, por el contrario, que, dada la manera impersonal como contemplaría sus máquinas, cuando algo pretendiera sugerirle que después de todo no son máquinas, sentiría la rabia fría de los hombres cuyos axiomas son discutidos por su subordinados y exterminaría hasta la más pequeña resistencia?

El lector puede pensar que todo esto no es sino una simple pesadilla innecesaria. Quisiera poder compartir esa opinión. El poder mecánico, estoy convencido de ello, tiende a engendrar una nueva mentalidad que lo hace más importante que en ninguna época anterior para encontrar los medios de manejar a los gobiernos. La democracia puede haberse hecho más fácil gracias a los progresos de la técnica, pero se ha hecho también más importante. El hombre que tiene a su disposición un vasto poder mecánico es probable que, si no se le fiscaliza, llegue a sentirse un dios, no un Dios cristiano de amor, sino un Thor o un Vulcano paganos. Leopardi describe la acción del Vesubio:

> Estos campos desiertos
> Bajo el peso borrados
> De infecundas cenizas, y cubiertos
> De lava endurecida
> Que bajo el pie del peregrino cruje
> Y donde al sol se anida
> Y retuerce la sierpe ponzoñosa
> Y el conejo que vuelve a su sabida
> Oculta madriguera cavernosa,
> Fueron alegres villas y labranzas,
> De copiosas espigas se doraron,
> Y por sus lontananzas
> Los rebaños mugientes resonaron;
> Fueron ricos palacios y jardines,
> Moradas deleitosas,
> Donde los prepotentes
> Consumaron sus ocios en festines,
> Y ciudades famosas
> Que el monte altivo al fin en sus torrentes
> Anegó, con sus techos y sus gentes.
> Hoy, en torno, la ruina
> Envuelve todo aquí.*

---

* Traducción por José Alcalá Galiano de *La Ginestra* («La retama»).

Ahora esos resultados pueden ser conseguidos por los hombres. Los han logrado en Guernica; quizá dentro de poco los consigan en donde ahora se extiende la gran ciudad de Londres. ¿Qué puede esperarse de bueno de una oligarquía que habrá llegado al dominio por medio de semejantes destrucciones? Y si fuesen Berlín y Roma, y no Londres y París, las ciudades destruidas por el rayo de los nuevos dioses, ¿podría sobrevivir la humanidad en los destructores después de semejante hazaña? ¿No comenzarían a encolerizarse los que tienen sentimientos humanos, y ahogando sus sentimientos de piedad, no se harían aún peores que los que no tienen necesidad de suprimir su compasión?

En otros tiempos, los hombres se vendían al diablo para adquirir los poderes mágicos. En nuestros días adquieren ese poder por medio de la ciencia y se ven en la necesidad de convertirse ellos mismos en diablos. No hay esperanza para el mundo mientras el poder no sea domeñado y puesto al servicio, no de este o de aquel grupo de tiranos fanáticos, sino de toda la raza humana, blanca, amarilla y negra, fascista, comunista y demócrata, pues la ciencia ha hecho inevitable que todos vivan o que todos mueran.

3

LAS FORMAS DEL PODER

El poder puede ser definido como la producción de los efectos deseados. En estos términos es un concepto cuantitativo: dados dos hombres con deseos similares, si uno de ellos alcanza todos los deseos que alcanza el otro y además otros, no tiene más poder que el otro. Pero no hay medios exactos de comparar el poder de dos hombres, uno de los cuales puede alcanzar un grupo de deseos y el otro un grupo distinto de deseos. Por ejemplo, si tenemos dos artistas, cada uno de los cuales desea pintar buenos cuadros y hacerse rico, pero el uno solamente consigue pintar buenos cuadros y el otro solamente hacerse rico, no hay modo de estimar cuál de ellos tiene mayor poder. Sin embargo, es fácil decir, de un modo general, que A tiene más poder que B, si A consigue muchos de los efectos que persigue y B solamente unos pocos.

Hay varias maneras de clasificar las formas del poder, cada una de las cuales tiene su utilidad. En primer lugar está el poder sobre los seres humanos y el poder sobre la materia muerta o las formas no humanas de la vida. Me referiré principalmente al poder sobre los seres humanos, pero será necesario recordar que la principal causa de cambio en el mundo moderno es el creciente poder sobre la materia que debemos a la ciencia.

El poder sobre los seres humanos puede ser clasificado por la manera de influir en los individuos o por el tipo de organización que implica.

Un individuo puede ser influido: a) por el poder físico directo sobre su cuerpo, por ejemplo, cuando es encarcelado o muerto; b) por las recompensas y los castigos utilizados como alicientes, por ejemplo, dando o retirando empleos; c) por la influencia en la opinión, por ejemplo, la propaganda en su sentido más amplio. En este último punto podría incluir la oportunidad para crear en otros los hábitos deseados, por ejemplo, mediante los ejercicios militares. La única diferencia es que en semejantes casos la acción se produce sin un intermediario mental que pueda llamarse opinión.

Esas formas de poder se manifiestan más desnuda y simplemente en nuestras relaciones con los animales, en las que no se consideran necesarios los disfraces y los pretextos. Cuando un cerdo con una cuerda alrededor del lomo es alzado a la bodega de un barco a pesar de sus gruñidos, está sujeto a un poder físico directo sobre su cuerpo. Por otro lado, cuando el proverbial asno sigue a la proverbial zanahoria, le inducimos a actuar como queremos persuadiéndole de que está en su interés hacerlo. Intermediario entre estos dos casos es el de los animales amaestrados, cuyos hábitos han sido formados mediante castigos y recompensas. También, aunque algo diferente, es el caso del rebaño inducido a embarcarse en un buque cuando la oveja que va a la cabeza es obligada a entrar por la fuerza y todas las demás la siguen voluntariamente.

Todas estas formas de poder tienen ejemplos entre los seres humanos.

El caso del cerdo ilustra el poder militar y policial.

El asno con la zanahoria tipifica el poder de la propaganda.

Los animales amaestrados muestran el poder de la «educación».

El rebaño que sigue a su forzado conductor representa a los partidos políticos siempre que, como es usual, el caudillo reverenciado es esclavo de una camarilla de cabecillas del partido.

Apliquemos estas analogías esópicas a la ascensión de Hitler. La zanahoria era el programa nacionalsocialista (que implicaba, por ejemplo, la abolición de los intereses); el asno era la clase media inferior. El rebaño y su caudillo eran los socialdemócratas e Hindenburg. Los cerdos (solamente en lo que se refiere a sus desdichas) son las víctimas reunidas en los campos de concentración, y los animales amaestrados son los millones de hombres que hacen el saludo nacional-socialista.

Las organizaciones más importantes se pueden distinguir aproximadamente por la clase de poder que ejercen. El ejército y la policía ejercen el poder coercitivo sobre el cuerpo; las organizaciones económicas utilizan las recompensas y los castigos como incentivos y amenazas; las escuelas, las iglesias y los partidos políticos persiguen una opinión influyente. Pero estas distinciones no son muy claras puesto que cada organización utiliza otras formas de poder además de aquella que le es más característica.

El poder de la ley puede ilustrar estas complejidades. El poder último de la ley es el poder coercitivo del Estado. La característica de las comunidades civilizadas es que la coerción física directa (con algunas limitaciones) sea prerrogativa del Estado, y la ley es una serie de disposiciones de acuerdo con las cuales el Estado ejerce su prerrogativa con respecto a sus ciudadanos. Pero la ley utiliza el castigo, no solamente con el propósito de hacer físicamente imposibles las acciones indeseables, sino también como un aliciente; una multa, por ejemplo, no hace imposible una acción, sino que la hace menos atractiva. Además —y éste es un asunto mucho más importante— la ley es casi impotente cuando no está sostenida por el sentimiento público, como se pudo ver en los Estados Unidos durante el prohibicionismo, o en Irlanda en 1880, cuando los rebeldes tenían la simpatía de la mayoría de la población. En consecuencia, la ley, como fuerza efectiva, depende de la opinión y del sentimiento más que de los poderes de la policía. El grado de sentimiento en favor de una ley es una de las características más importantes de una comunidad.

Esto nos lleva a una distinción muy necesaria entre el poder tradicional y el poder adquirido recientemente. El poder tradicional cuenta con la fuerza de la costumbre; no tiene necesidad de justificarse a cada momento ni de demostrar continuamente que la oposición no tiene fuerza bastante para derribarlo. Además está casi invariablemente asociado a creencias religiosas o casi religiosas que condenan la resistencia. Puede, por consiguiente, descansar en la opinión pública en un grado mucho mayor que el que es posible en el poder revolucionario o usurpado. Esto tiene dos consecuencias más o menos opuestas: por un lado, el poder tradicional, desde que se siente seguro, no teme a los traidores y es probable que prescinda de la tiranía política activa; por otro lado, donde persisten las antiguas instituciones, las injusticias a que son siempre propensos los poseedores del poder tienen la sanción de la costumbre inmemorial y en consecuencia pueden ser más evidentes que lo que sería posible bajo una nueva forma de gobierno que esperase conseguir el apoyo popular. El reinado del terror en Francia es un ejemplo de la tiranía revolucionaria y la *corvée* de la tiranía tradicional.

Al poder basado en la tradición y en el asentimiento yo le llamo poder «desnudo». Sus características difieren grandemente de las del poder tradicional. Y donde persiste el poder tradicional, el carácter del régimen depende, en una extensión casi ilimitada, de su sentimiento de seguridad o de inseguridad.

El poder desnudo es generalmente militar y puede tomar la forma de tiranía interna o de conquista exterior. Su importancia, especialmente en la última forma, es muy grande ciertamente, mayor, en mi opinión, que lo que están dispuestos a admitir muchos modernos historiadores científicos. Alejandro Magno y Julio César alteraron todo el curso de la historia con sus batallas. Pero sin el primero, los evangelios no hubieran sido escritos en Grecia y el Cristianismo no hubiera sido predicado a través del Imperio romano. Sin el segundo, los franceses no hubieran hablado un idioma derivado del latín y la Iglesia católica apenas hubiera podido existir. La superioridad militar de los hombres blancos con respecto a los indios americanos es un ejemplo aún más innegable del poder de la espada. La conquista por la fuerza de las armas ha tenido que ver con el desarrollo de la civilización más que cualquier otro agente aislado. Sin embargo, el poder militar, en muchos casos, está basado en otras formas del poder, como la riqueza, los conocimientos técnicos o el fanatismo. Yo no sugiero que éste sea siempre el caso; por ejemplo, en la guerra de sucesión española el genio de Marlborough fue esencial para los resultados. Pero esto debe ser considerado como una excepción en la regla general.

Cuando una forma tradicional de poder llega a su fin puede ser sustituida, no por un poder desnudo, sino por una autoridad revolucionaria que dirija el sentimiento voluntario de la mayoría por medio de una amplia minoría de la población. Así sucedió, por ejemplo, en los Estados Unidos durante la guerra de la Independencia. La autoridad de Washington no tenía ninguna de las características del poder desnudo. Igualmente, en la Reforma se establecieron nuevas iglesias para sustituir a la Iglesia católica, y su éxito fue debido mucho más al asentimiento que a la fuerza. Una autoridad revolucionaria, para conseguir establecerse sin hacer mucho uso del poder desnudo, requiere un apoyo popular mucho más vigoroso y activo que el que necesita una autoridad tradicional. Cuando la república china fue proclamada en 1911, los hombres de educación extranjera decretaron una Constitución parlamentaria, pero el público se mostró apático y el régimen se convirtió en régimen de poder desnudo bajo los Tuchuns guerreros (gobernadores militares). La unidad que consiguió más tarde el Kuo-Ming-Tang dependía del nacionalismo, no del parlamentarismo. Lo mismo ha sucedido con frecuencia en la América española. En todos estos casos la autoridad del Parlamento, si hubiera tenido apoyo popular suficiente para mantenerse, hubiera sido revolucionaria; pero el poder puramente militar que era el que realmente gobernaba, era un poder desnudo.

La distinción entre el poder tradicional, el revolucionario y el desnudo es psicología. No le llamo poder tradicional simplemente porque tiene formas antiguas: puede merecer también respeto, debido en parte a la costumbre. Según decae ese respeto el poder tradicional se convierte gradualmente en poder desnudo. Este proceso se manifestó en Rusia en el gradual crecimiento del movimiento revolucionario hasta su victoria en 1917.

Llamo revolucionario al poder cuando depende de un grupo numeroso unido por una nueva doctrina, un programa o un sentimiento, como el protestantismo, el comunismo o el deseo de independencia nacional. Llamo desnudo al poder cuando resulta simplemente del amor al poder de los individuos o los grupos y consigue de sus súbditos solamente la sumisión mediante el miedo y no mediante la cooperación activa. Se verá que la desnudez del poder es una cuestión de grado. En un país democrático el poder del gobierno no es desnudo en relación con los partidos políticos opuestos, pero es desnudo en relación con un anarquista convencido. Igualmente, donde existe la persecución, el poder de la Iglesia es desnudo en relación con los herejes, pero no en relación con los pecadores ortodoxos.

Otra división de nuestro tema es entre el poder de las organizaciones y el poder de los individuos. El modo por el cual una organización adquiere el poder es una cosa y el modo por el cual un individuo adquiere el poder dentro de una organización es otra cosa. Ambas están relacionadas, por supuesto. Si usted quiere ser primer ministro, debe adquirir poder en su partido y su partido debe adquirir poder en la nación. Pero si usted hubiese vivido antes de la decadencia del principio hereditario, habría tenido que ser el heredero de un rey para adquirir el dominio político de una nación; esto, sin embargo, no le hubiera capacitado para conquistar otras naciones, pues para ello hubiese necesitado cualidades de que a menudo carecen los hijos de un rey. En la edad presente existe todavía una situación similar en la esfera económica, en la que la plutocracia es en gran manera hereditaria. Consideremos las doscientas familias plutócratas de Francia contra las que se agitan los socialistas de aquel país. Pero las dinastías entre la plutocracia no tienen el mismo grado de permanencia que tenían en otro tiempo las dinastías reales, porque no han conseguido que se acepte a su respecto la doctrina del Derecho Divino. Nadie considera impío en un magnate financiero que asciende el hecho de que empobrezca a un hijo de su padre, con tal de que lo haga de acuerdo con las leyes y sin introducir innovaciones subversivas.

Los diferentes tipos de organización llevan a la cumbre a tipos diferentes de individuos y así lo hacen los diferentes estados de la sociedad. Una edad se manifiesta en la historia por medio de sus individuos prominentes y deriva su carácter aparente del carácter de esos hombres. Y así como cambian las cualidades necesarias para alcanzar la preeminencia, así también cambian los hombres prominentes. Es de presumir que había hombres como Lenin en el siglo XII y que hay hombres como Corazón de León en el tiempo presente; pero la historia no los conoce. Consideremos por un momento las clases de individuos producidas por los diferentes tipos de poder. El poder hereditario ha dado lugar a nuestra noción del «caballero». Ésta es una forma algo degenerada de una concepción que tiene larga historia, desde las propiedades mágicas de los jefes, a través de la divinidad de los reyes, hasta la caballería y la aristocracia de sangre azul. Las cualidades que se admiran cuando el poder es hereditario son resultado del ocio y de la superioridad indiscutida. Donde el poder es más aristocrático que monárquico las mejores maneras incluyen una conducta cortés con los iguales y una adición de suave autoritarismo al tratar con los inferiores. Pero cualquiera que pueda ser la concepción que prevalezca con respecto a las maneras, únicamente donde es (o era últimamente) hereditario pueden ser juzgados los hombres por sus maneras. El *bourgeois gentilhomme* es risible únicamente cuando se introduce en una sociedad de hombres o de mujeres que nunca han tenido que hacer nada mejor que estudiar las sutilezas sociales. Lo que subsiste de la admiración por el «caballero» depende de la riqueza heredada y puede desaparecer rápidamente si el poder económico y el político dejan de pasar del padre al hijo.

Un tipo muy diferente de carácter aparece en la escena cuando el poder se consigue mediante la cultura y la sapiencia reales o supuestas. Los dos ejemplos más importantes de esta forma del poder son tradicionales: China y la Iglesia católica. Existe en menor grado en el mundo moderno que en muchas épocas del pasado. Aparte de la Iglesia, en Inglaterra queda muy poco de ese tipo de poder. De una manera bastante extraña, el poder de lo que pasa por saber es mayor en las comunidades más salvajes y decrece rápidamente según avanza la civilización. Cuando hablo de «saber» incluyo, por supuesto, el saber reputado, como el de los magos y

41

el de los médicos. Veinte años de estudio se requieren para obtener el grado de doctor en la Universidad de Lhassa y ese título es necesario para todos los altos puestos, excepto el de Dalai Lama. Esta situación tiene mucho de la que existía en Europa en el año 1000, cuando el papa Silvestre II era considerado como un mago porque leía libros y, en consecuencia, era capaz de aumentar el poder de la Iglesia inspirando terrores metafísicos.

El intelectual, tal como lo conocemos, es un descendiente espiritual del sacerdote, pero la difusión de la cultura le ha arrebatado el poder. El poder del intelectual depende de la superstición, de la veneración por un encantamiento tradicional o por un libro sagrado. Algo de esto sobrevive en los países de habla inglesa, como puede verse en la actitud de los ingleses con respecto a las ceremonias de la Coronación y en el respeto de los norteamericanos por la Constitución. En efecto, el arzobispo de Canterbury y los jueces de la Corte Suprema conservan todavía algo del poder tradicional de los hombres cultos. Pero es sólo un pálido espectro del poder de los sacerdotes egipcios o de los hombres de letras de la China de Confucio.

Mientras la virtud típica del «caballero» es el honor, la del hombre que adquiere el poder mediante la cultura es el saber. Para ganar una reputación de sabiduría un hombre debe aparentar que tiene acopio de conocimientos recónditos, dominio de sus pasiones y una larga experiencia de los hombres. Se piensa que solamente la edad puede dar algo de esas cualidades. De aquí que «presbítero», «seigneur», «alderman» y «elder» sean términos respetuosos. Un mendigo chino se dirige a los transeúntes llamándoles «gran señor». Pero donde está organizado el poder de los hombres sabios hay una corporación de sacerdotes o de literatos en la cual se concentra la sabiduría de todos ellos. El sabio es un tipo de carácter diferente del caballero guerrero, y produce, cuando gobierna, una sociedad muy diferente. China y el Japón son ejemplos de ese contraste.

Hemos advertido ya el hecho curioso de que aunque el conocimiento desempeña ahora un papel mucho más grande en la civilización que en cualquier tiempo anterior, no ha habido un aumento de poder correspondiente entre los que poseen ese conocimiento. Aunque el electricista y el telefonista hacen cosas extrañas que contribuyen a nuestra comodidad (o a nuestra incomodidad) no los consideramos como a los médicos ni nos imaginamos que puedan lanzar rayos si les molestamos. La razón de esto es que el conocimiento científico, aunque difícil, no es misterioso, sino que está abierto a todos los que se tomen el trabajo de adquirirlo. El intelectual moderno, en consecuencia, no inspira temor, pues se le considera un simple empleado; excepto en algunos casos, como el del arzobispo de Canterbury, no ha logrado heredar el hechizo que dio el poder a sus predecesores.

La verdad es que el respeto acordado a los hombres sabios no fue nunca conferido por el conocimiento auténtico, sino por la supuesta posesión de poderes mágicos. La ciencia, al darle una relación real con los procesos naturales, ha destruido la fe en la magia, y en consecuencia el respeto por el intelectual. Y así ha sucedido que mientras los hombres de ciencia son la causa fundamental de los rasgos que distinguen a nuestra época de otras edades y tienen, por medio de sus descubrimientos e invenciones, una influencia inconmensurable sobre el curso de los acontecimientos, no tienen, como individuos, una gran reputación de sabiduría como la que puede gozar en la India un fakir desnudo o en la Melanesia un hombre que entiende de medicina. Los intelectuales, al ver que pierden el prestigio como resultado de sus actividades, se vuelven descontentos con el mundo moderno. Aquellos cuyo descontento es menor se hacen comunistas; los que lo sienten profundamente se encierran en su torre de marfil.

El crecimiento de las grandes organizaciones económicas ha producido un nuevo tipo de individuo poderoso: el «ejecutivo», como se le llama en América. El «ejecutivo» típico impresiona a los demás como un hombre de decisiones rápidas, buen psicólogo y de voluntad de hierro. Debe tener una mandíbula firme, labios fuertemente apretados y la costumbre de hablar breve e incisivamente. Debe ser capaz de inspirar respeto en los iguales y confianza en los subordinados, que no son de modo alguno ceros a la izquierda. Debe combinar las cualidades de un gran general y de un gran diplomático: entereza en la batalla, pero capacidad para concesiones hábiles en la negociación. Gracias a semejantes cualidades adquieren los hombres el dominio de organizaciones económicas importantes.

En una democracia el poder político tiende a pertenecer a hombres de un tipo que difiere considerablemente de los tres que hemos considerado hasta ahora. Si ha de tener buen éxito un político debe ser capaz de ganarse la confianza de su máquina y despertar cierto grado de entusiasmo en la mayoría del electorado. Las cualidades requeridas para esas dos etapas del camino al poder no son de ningún modo idénticas y muchos hombres poseen la una sin la otra. Los candidatos a la presidencia en los Estados Unidos son, con frecuencia, hombres que no pueden impresionar la imaginación del público en general, pero que poseen el arte de congraciarse con los dirigentes del partido. Semejantes hombres son derrotados generalmente, pero los directores del partido no prevén esa derrota. A veces, sin embargo, la maquinaria es capaz de asegurar la victoria de un hombre sin «magnetismo». En semejantes casos, la maquinaria le domina después de la elección y nunca consigue un poder real. A veces, por el contrario, un hombre es capaz de crear su propia maquinaria; Napoleón III, Mussolini e Hitler son ejemplos de ello. Más comúnmente, un político que tiene realmente éxito, aunque utilice una maquinaria ya existente, es capaz de dominarla en último término y la pone al servicio de su voluntad. Las cualidades que contribuyen al éxito de un político en una democracia cambian de acuerdo con el carácter de la época; no son las mismas en las épocas de calma que en las de guerra o revolución. En las épocas de calma, un hombre puede tener buen éxito dando una impresión de solidez y de buen juicio, pero en las épocas de excitación se necesita algo más. En esas épocas es necesario ser un orador impresionante, aunque no necesariamente elocuente en el sentido convencional, pues Robespierre y Lenin no eran elocuentes, pero eran decididos, apasionados y audaces. La pasión puede ser fría y dominada, pero debe existir y debe ser sentida. En los tiempos de excitación, un político no necesita el poder de razonar, ni comprensión de los hechos impersonales, ni pizca de sabiduría. Lo que debe poseer es la capacidad de persuadir a la multitud de que es alcanzable lo que desea apasionadamente y de que él, con su enérgica decisión, es el hombre que puede obtenerlo.

Los políticos democráticos de más éxito son los que consiguen abolir la democracia y convertirse en dictadores. Esto, por supuesto, solamente es posible en ciertas circunstancias; nadie lo podía haber conseguido en Inglaterra durante el siglo XIX. Pero cuando es posible requiere únicamente un alto grado de las mismas cualidades que se necesitan para los políticos democráticos en general, especialmente en los tiempos de agitación. Lenin, Mussolini e Hitler deben su ascensión a la democracia.

Una vez que se ha establecido una dictadura, las cualidades mediante las cuales un hombre puede suceder a un dictador fallecido son totalmente diferentes de aquellas mediante las cuales fue creada originalmente la dictadura. Las maquinaciones secretas, las intrigas y los favores cortesanos son los métodos más importantes cuando está descartada la herencia. Por esta razón, es seguro que una dictadura cambiará su carácter muy considerablemente después de la muerte de su fundador. Y desde el momento en que las cualidades mediante las cuales un hombre llega a la dictadura son menos impresionantes generalmente que aquellas gracias a las cuales fue creado el régimen, hay una probabilidad de inestabilidad, de revoluciones de palacio y finalmente de una reversión a algún sistema diferente. Se espera, sin embargo, que los métodos modernos de propaganda puedan contrarrestar con éxito esa tendencia, creando la popularidad alrededor de la cabeza del Estado sin necesidad de ningún despliegue de cualidades populares por su parte. Todavía es imposible decir el éxito que pueden alcanzar esos métodos.

Hay una forma de poder de los individuos que todavía no hemos considerado, es decir, el poder que permanece detrás de la escena: el poder de los cortesanos, de los intrigantes, de los espías, de los que maquinan en secreto. En toda gran organización en que los hombres que están en el gobierno tienen un poder considerable, hay otros hombres o mujeres menos preeminentes que adquieren influencia sobre los caudillos mediante métodos personales. Los intrigantes y los cabecillas pertenecen al mismo tipo, aunque su técnica es diferente. Colocan calladamente a sus amigos en las posiciones llave y de ese modo, cuando llega el tiempo oportuno, disponen a su gusto de la organización. En una dictadura que no es hereditaria, esos hombres pueden esperar que han de suceder al dictador cuando muera, pero en general prefieren no ponerse en primer término. Son hombres que aman el poder más que la gloria y con frecuencia son socialmente tímidos. Algunas veces, como los eunucos en las monarquías orientales, o las amantes de los reyes en cualquier parte, han sido excluidos de la dirección titular por una razón u otra.

Su influencia es mayor donde el poder nominal es hereditario y menor donde él es recompensa de la habilidad y la energía personales. Sin embargo, esos hombres, inclusive en las formas más modernas de gobierno, tienen inevitablemente un poder considerable en aquellos departamentos que los hombres corrientes consideran misteriosos. Los más importantes de ellos en nuestro tiempo son el de Hacienda y el de Relaciones Exteriores. En el tiempo del káiser Guillermo II, el barón Holstein (jefe permanente del Ministerio de Relaciones Exteriores de Alemania) tenía un poder inmenso, aunque no lo aparentaba públicamente. No es imposible conocer cuán grande es el poder de los funcionarios permanentes del Ministerio de Relaciones Exteriores británico; los documentos necesarios para saberlo quizá lleguen a ser conocidos por nuestros hijos. Las cualidades requeridas para el poder detrás de la escena son muy diferentes de las que se requieren para todas las demás clases de poder, y, por lo general, aunque no siempre, son cualidades indeseables. Un sistema que acuerde mucho poder al cortesano o al intrigante es, por lo general, un sistema poco capaz de promover el bienestar general.

4

EL PODER SACERDOTAL

En este capítulo y en el próximo me propongo considerar las dos formas del poder tradicional que han tenido más importancia en los tiempos pasados, es decir, el poder sacerdotal y la autoridad real. Ambos están ahora algo en eclipse y aunque sería imprudente suponer que nunca revivirán, su decadencia, sea permanente o temporal, hace posible el estudio de ambas instituciones de una manera más completa que la que es posible en lo que se refiere a otras formas del poder todavía vigorosas.

Los sacerdotes y los reyes, aunque en una forma rudimentaria, existen en las sociedades más primitivas conocidas por los antropólogos. A veces una sola persona reúne las funciones de ambos. Esto ocurre no solamente entre los salvajes, sino en Estados altamente civilizados. Augusto, en Roma, era el máximo pontífice y en las provincias era un dios. El califa era la cabeza de la religión mahometana tanto como del Estado. El mikado, en la actualidad, tiene una posición similar en la religión sintoísta. Ha existido una fuerte tendencia entre los reyes a perder sus funciones seculares debidas a su carácter sagrado y a desarrollarlas de ese modo entre los sacerdotes. Sin embargo, en muchos tiempos y lugares, la distinción entre el sacerdote y el rey ha sido obvia y definida.

La forma más primitiva de sacerdote es el hechicero, cuyos poderes son de dos clases, que los antropólogos distinguen como religiosos y mágicos. Los poderes religiosos dependen de la existencia de los seres sobrehumanos, en tanto que los poderes mágicos se supone que son naturales. Sin embargo, esta distinción no tiene importancia para nuestro propósito. Lo que importa es que se supone que el hechicero, ya sea mediante la magia o mediante la religión, es capaz de hacer bien o mal a las otras personas y que sus poderes no son compartidos ni colectiva ni individualmente. Se supone que cierta cantidad de magia puede ser practicada por los laicos, pero la magia del hechicero es más eficaz. Cuando un hombre cae enfermo o sufre un accidente, el hecho se atribuye generalmente a la magia malevolente de un enemigo, pero el hechicero conoce todos los medios para neutralizar el mal. Así, en el ducado de York, en Islandia, el hechicero, después de descubrir mediante la adivinación el origen de la enfermedad del paciente, toma un puñado de cal y recita esta fórmula mágica:

Cal del exorcismo: ahuyento el pulpo; ahuyento la serpiente *teo*; ahuyento el espíritu del *Ingiet* (sociedad secreta); ahuyento el cangrejo; ahuyento la culebra de agua; ahuyento el perro *balivo*; ahuyento la serpiente pitón; ahuyento el perro *kaia*. Cal del exorcismo: ahuyento el fluido legamoso; ahuyento la planta trepadora *kete*; ahuyento *To Pilana*; ahuyento el To Wuwu-Tawur; ahuyento el Tumbal. Alguien los ha arrojado profundamente en el mar. Se levantará vapor para mantenerlos lejos; se levantarán nubes para mantenerlos lejos; reinará la oscuridad para mantenerlos lejos; se realizarán ellos mismos a las profundidades del mar. (RIVERS, *Medicine, Magic and Religion*, pág. 16.)

No se debe suponer que esta fórmula es generalmente ineficaz. Los salvajes están mucho más sujetos a la sugestión que los hombres civilizados y, en consecuencia, sus enfermedades pueden a menudo ser producidas y curadas por ese medio.

En muchas partes de la Melanesia, según dice Rivers, el hombre que cura las enfermedades es el hechicero o el sacerdote. En esas regiones no hay aparentemente una diferenciación muy clara entre el hechicero y los demás hombres y algunos de los remedios más simples pueden ser utilizados por cualquiera. Pero

> los que reúnen la práctica de la medicina con la de los ritos mágicos o religiosos adquieren generalmente su poder mediante un proceso especial, ya sea de iniciación o de instrucción, y en la Melanesia semejante conocimiento debe ser siempre comprado. La instrucción más completa en cualquier rama del arte médico-mágico o médico-religioso no es de utilidad para el pupilo hasta que su dinero haya pasado a poder del instructor. (RIVERS, *Medicine, Magic and Religion*, pág. 44.)

Dados estos orígenes es fácil imaginar el desarrollo de una casta sacerdotal definida, con el monopolio de los poderes mágicos y religiosos más importantes y, en consecuencia, con gran autoridad sobre la comunidad. En Egipto y en Babilonia su poder demostró ser mayor que el del rey cuando ambos se encontraron en conflicto. Ellos derribaron al faraón «ateo» Akenatón y parecen haber ayudado traidoramente a Ciro a conquistar Babilonia porque su rey nativo mostraba una tendencia al anticlericalismo.

Grecia y Roma se distinguieron en la antigüedad por deber su casi completa libertad al poder sacerdotal. En Grecia, el poder religioso se concentraba principalmente en los oráculos, especialmente en Delfos, donde la Pitonisa se suponía que caía en trance y daba respuestas inspiradas por Apolo. Sin embargo, desde los tiempos de Heródoto se sabía bien que el oráculo podía ser sobornado. Heródoto y Aristóteles relatan que los Alcmeónidas, importante familia ateniense deportada por Pisístrato (muerto en 527 a.C.), se procuró por medio de sobornos la ayuda del oráculo de Delfos contra sus hijos. Lo que dice Heródoto es curioso. «Los Alcmeónidas —nos dice—, si hemos de creer a los atenienses, persuadieron a la Pitonisa por medio de un soborno para que dijese a los espartanos, si alguno de ellos viniese a consultar al oráculo, ya fuera sobre sus asuntos privados o sobre los negocios del Estado, que podían libertar a los atenienses de la tiranía de los Pisistrátidas. Así, los lacedemonios, al no recibir nunca otra respuesta que ésa, enviaron finalmente a Anquimolius, hijo de Aster, hombre distinguido entre sus ciudadanos, al frente de un ejército contra Atenas, con órdenes de derribar a los Pisistrátidas, aunque estaban ligados a ellos por los más estrechos lazos de amistad.»

Aunque Anquimolius fue derrotado, una nueva expedición más poderosa tuvo éxito, los Alcmeónidas y los otros desterrados recobraron el poder y Atenas gozó de nuevo lo que había llamado su «libertad».

Hay algunos rasgos notables en esta narración. Heródoto es un hombre piadoso, completamente desprovisto de cinismo, y piensa que hicieron bien los espartanos al escuchar al oráculo. Pero prefiere Atenas a Esparta y en lo que se refiere a los asuntos atenienses está contra los Pisistrátidas. Sin embargo, cita a los atenienses como autoridades en el soborno y no sobrevino castigo alguno por su impiedad al partido de la Pitonisa. Los Alcmeónidas eran todavía poderosos en los días de Heródoto; en realidad, el más famoso de ellos fue su contemporáneo Pericles.

Aristóteles, en su libro sobre la Constitución de Atenas, presenta la transacción bajo una luz todavía más vergonzosa. El templo de Delfos había sido destruido por un incendio en el año 548 a.C. y los Alcmeónidas recaudaban en toda Grecia fondos para su reconstrucción. Según afirma Aristóteles, los Alcmeónidas utilizaron parte de esos fondos para sobornar a la Pitonisa y la utilización del resto la condicionaron al derrocamiento de Hipias, hijo de Pisístrato, y de ese modo Apolo fue puesto de su lado.

A pesar de esos escándalos, el manejo del oráculo de Delfos siguió siendo un asunto de tan grande importancia política que fue causa de una guerra seria, llamada, por su relación con la religión, la «guerra sagrada». Pero a la larga, el libre reconocimiento del hecho de que el oráculo estaba abierto a la influencia política estimuló la difusión del pensamiento libre, lo que finalmente les hizo posible a los romanos, sin incurrir en el odio del sacrilegio, robar de los templos griegos gran parte de sus riquezas y toda su autoridad. Es el destino de muchas instituciones religiosas que, más pronto o más tarde, sean utilizadas por hombres audaces con propósitos seculares y con ello pierdan el respeto de que depende su poder. En el mundo grecorromano sucedía esto con más facilidad y con menos trastorno que en cualquier parte, porque la religión no tuvo nunca allí la misma fuerza que en Asia y en África o en la Europa medieval. El único país que se puede comparar con Grecia y Roma a este respecto es China.

Hasta ahora nos hemos venido refiriendo únicamente a religiones que tienen su punto de partida en una antigüedad inmemorial, sin origen histórico conocido. Pero han sido desalojadas, casi en todas partes, por religiones derivadas de fundadores; las únicas excepciones importantes son las religiones sintoísta y brahmánica. Los orígenes de las religiones primitivas, como las que han encontrado los antropólogos entre los pueblos salvajes de nuestros días, son completamente oscuros. Entre los salvajes más primitivos, como hemos visto, no hay una casta sacerdotal claramente diferenciada; parecería que en principio las funciones sacerdotales son una prerrogativa de los más ancianos y probablemente corresponden de manera especial a quienes producen una impresión de sabiduría y a veces a quienes más se distinguen en la magia maligna. (RIVERS, *Social Organization*, pág. 167.)

En muchos países, con el avance de la civilización, los sacerdotes se separan cada vez más del resto de la población y se hacen cada vez más poderosos. Pero como guardianes de la tradición antigua son conservadores, y como poseedores de la riqueza y del poder tienden a hacerse hostiles o indiferentes a la religión personal. Más pronto o más tarde todo su sistema es derribado por los seguidores de un profeta revolucionario. Buda, Cristo y Mahoma son los ejemplos más importantes históricamente. El poder de sus discípulos era el principio revolucionario y sólo gradualmente se hizo tradicional. En ese proceso absorbieron generalmente gran parte de la vieja tradición que habían destruido nominalmente.

Tanto los innovadores religiosos como los seglares —de todos modos los que han tenido un éxito más duradero— han acudido todo lo que les ha sido posible a la tradición y han hecho lo que estaba en su poder para quitar importancia a los elementos nuevos de su sistema. El plan usual es inventar un pasado más o menos ficticio y pretender que se restauren sus instituciones. En el Libro de los Reyes se nos dice como los sacerdotes «encontraron» el Libro de la Ley y el rey ordenó que se «volviera» a observar sus conceptos. El Nuevo Testamento apela a la autoridad de los profetas; los anabaptistas apelan al Nuevo Testamento; los puritanos ingleses, en los asuntos seglares, apelan a las supuestas instituciones de Inglaterra antes de la Conquista. Los japoneses, en el año 645, «restauraron» el poder del mikado; en 1868 «restauraron» la Constitución de 645. Toda una serie de rebeliones, a través de la Edad Media y después hasta el 18 Brumario, «restauraron» las instituciones republicanas de Roma. Napoleón «restauró» el Imperio de Carlomagno, pero esto pareció una fruslería demasiado teatral y no pudo impresionar ni siquiera a aquella edad de mentalidad retórica. Éstos no son más que unos pocos ejemplos, seleccionados al azar, del respeto que inclusive los más grandes innovadores han mostrado por el poder de la tradición.

La más poderosa e importante de todas las organizaciones sacerdotales conocida en la historia ha sido la Iglesia católica. Yo trato en este capítulo del poder de los sacerdotes solamente en cuanto es tradicional; por consiguiente no consideraré ahora el período primitivo en que el poder de la Iglesia era revolucionario. Después de la caída del Imperio romano, la Iglesia tuvo la buena suerte de representar dos tradiciones; además de la de la cristiandad, representó a la de Roma. Los bárbaros tenían el poder de la espada, pero la Iglesia tenía un nivel más alto de civilización y de cultura, un propósito impersonal consistente, los medios de apelar a las esperanzas religiosas y a los temores supersticiosos y, sobre todo, la única organización que se extendía a través de la Europa Occidental. La Iglesia griega, que tenía que ver con los Imperios comparativamente estables de Constantinopla y de Moscú, quedó completamente subordinada al Estado; pero en Occidente, la lucha continúa con suerte variable hasta la Reforma y en nuestros días aún no ha terminado en Alemania, México y España.

Durante los seis primeros siglos después de la invasión de los bárbaros, la Iglesia occidental fue incapaz de contender en igualdad de términos con los turbulentos y apasionados reyes y barones germanos que gobernaban en Inglaterra y Francia, en el norte de Italia y en la España cristiana. Había varias razones para esto. Las conquistas de Justiniano en Italia habían hecho del papado durante algún tiempo una institución bizantina y había disminuido mucho su influencia en Occidente. El alto clero fue atraído, con pocas excepciones, por la aristocracia feudal, con la cual se sentía más de acuerdo que con un papa distante y extraño cuyas interferencias ofendían. El clero bajo era ignorante y en gran parte casado, con el resultado de que los sacerdotes estaban más deseosos de transmitir sus beneficios a sus hijos que de reñir batallas por la Iglesia. Los viajes eran tan difíciles que la autoridad de Roma no podía ejercerse en los reinos distantes. El primer gobierno eficaz en una gran área no fue el del papa sino el de Carlomagno, a quien todos sus contemporáneos consideraban como incuestionablemente superior al papa. Después del año 1000, cuando se vio que no se producía el esperado fin del mundo, hubo un rápido avance en la civilización. El contacto con los moros en España y en Sicilia apresuró el nacimiento de la filosofía escolástica. Los normandos, después de ser durante siglos un azote de piratas, aprendieron en Francia y en Sicilia todo lo que podía enseñar el mundo contemporáneo y se convirtieron en una fuerza del orden y de la religión en vez de una fuerza del desorden; además encontraron que la autoridad papal servía para legitimar sus conquistas. Gracias a ellos la Inglaterra eclesiástica fue colocada por primera vez bajo el dominio de Roma. Mientras tanto, el emperador y el rey de Francia encontraban las mayores dificultades para administrar a sus vasallos. En estas circunstancias, la habilidad de estadista y la severa energía de Gregorio VII inauguraron el crecimiento del poder papal, que continuó en los dos siglos siguientes. Como este período constituye el ejemplo supremo del poder sacerdotal, lo consideraremos en detalle.

Los grandes días del papado, que comenzaron con la ascensión de Gregorio VII, se extienden hasta el establecimiento por Clemente V del papado en Aviñón (1073-1306). Sus victorias durante este período fueron debidas a las que se han llamado armas «espirituales», por ejemplo, la superstición, y no a la fuerza de las armas materiales. A través de todo ese período los papas se hallaban aparentemente a merced de la plebe de Roma, guiada por los nobles turbulentos de la ciudad, pues fuere lo que fuere aquello que podía creer el resto de la cristiandad, Roma no mostró nunca veneración alguna a sus pontífices. El gran Hildebrando murió en el destierro; sin embargo, adquirió y transmitió el poder a los más humildes y a los más grandes monarcas. Canossa, aunque sus consecuencias políticas inmediatas fueron convenientes para el emperador Enrique IV, se convirtió en un símbolo para las edades subsiguientes. Bismarck, durante la Kulturkampf, dijo: «Nosotros no iremos a Canossa», pero se jactó prematuramente. Enrique IV, que había sido excomulgado, necesitaba la absolución para sus propósitos ulteriores, y Gregorio, aunque no podía negar la absolución a un penitente, exigió la humillación como el precio de la reconciliación con la Iglesia. Como políticos, los hombres podían mofarse del papa, pero únicamente los herejes discutían el poder de las llaves de san Pedro y la herejía no era favorecida ni siquiera por el emperador Federico II en lo más intenso de su lucha con el papado.

El pontificado de Gregorio VII fue la culminación de un período importante de reforma eclesiástica. Hasta ese día, el emperador había estado definitivamente por encima del papa y había reclamado, con bastante frecuencia, una voz decisiva en su elección. Enrique III, padre de Enrique IV, había depuesto a Gregorio VI bajo la acusación de simonía, y había nombrado a un papa alemán, Clemente II. Sin embargo, Enrique III no se hallaba en conflicto con la Iglesia; por el contrario, era un santo hombre, aliado con los eclesiásticos más celosos de su tiempo. El movimiento de Reforma que él apoyó y que Gregorio VII llevó al triunfo estaba dirigido esencialmente contra la tendencia de la Iglesia a contagiarse de feudalismo. Los reyes y los nobles nombraban a los arzobispos y obispos, quienes, por lo general, pertenecían a la aristocracia feudal y tenían un concepto muy profano de su posición. En el Imperio, los hombres más poderosos después del emperador habían sido originariamente oficiales, que poseían sus campos en virtud de su posición oficial; pero hacia fines del siglo IX se habían convertido en nobles hereditarios cuyas posesiones se transmitían por herencia. Había peligro de que ocurriera algo semejante en la Iglesia, especialmente en los rangos más bajos del clero secular. El partido reformista de la Iglesia atacó los peligros análogos de la simonía y del «concubinato» (como llamaban al casamiento de los sacerdotes). En su campaña desplegaron celo, valor, devoción y mucha sabiduría mundana; gracias a su santidad se aseguraron el apoyo de los laicos y gracias a su elocuencia dominaron a asambleas en un principio hostiles. En Milán, en 1058, por ejemplo, san Pedro Damián exhortó al clero a obedecer los decretos reformistas de Roma; al principio provocó tanta rabia que su vida estuvo en peligro, pero al final se impuso y se encontró que todos los sacerdotes milaneses, desde el arzobispo para abajo, eran culpables de simonía. Todos ellos confesaron y prometieron obediencia en lo futuro; por lo tanto, no fueron desposeídos, pero quedó bien claro que las ofensas futuras serían castigadas sin misericordia.

El celibato clerical era una de las preocupaciones de Hildebrando; al reforzarlo, se atrajo a los laicos, que eran con frecuencia culpables de graves crueldades con los sacerdotes y sus esposas. La campaña no tuvo, por supuesto, un éxito completo —hasta hoy en día no ha tenido éxito en España—, pero uno de sus objetivos principales se consiguió con el decreto que disponía que los hijos de los sacerdotes no podían ser ordenados, lo que impedía que el sacerdocio local se convirtiese en hereditario.

Uno de los triunfos más importantes del movimiento reformista fue que se fijase el método de la elección papal mediante el decreto de 1059. Antes de ese decreto, el emperador y el populacho romano tenían ciertos derechos más definidos, que hacían frecuentes los cismas y las elecciones disputadas. El nuevo derecho consiguió —aunque no inmediatamente y sin lucha— limitar el derecho de elección a los cardenales.

Este movimiento reformista, que llenó la segunda mitad del siglo XI, consiguió en gran parte separar a los abades, obispos y arzobispos de la nobleza feudal y dio al papa una voz en su nombramiento, pues cuando el papa no intervenía podía encontrar generalmente en el nombramiento un tinte de simonía. El decreto impresionó a los laicos y aumentó mucho el respeto por la Iglesia. Cuando consiguió imponer el celibato, separó más marcadamente a los sacerdotes del resto del mundo y sin duda estimuló sus impulsos hacia el poder, como lo hace en muchos casos el ascetismo. Inspiró a los directores eclesiásticos el entusiasmo moral por una causa en la cual creían todos, excepto los que aprovechaban la corrupción tradicional, y como el medio principal de fomentar esa causa significó un gran aumento del poder papal.

El poder que depende de la propaganda exige generalmente, como en este caso, un valor excepcional y el sacrificio propio en sus comienzos; pero cuando se ha conseguido el respeto gracias a esas cualidades, pueden ser descartadas y el respeto puede ser utilizado como un medio para conseguir ventajas en todo el mundo. Mas con el tiempo el respeto decae y se pierden las ventajas que había conseguido. Unas veces el proceso dura pocos años, otras veces centenares de años, pero en su esencia es siempre el mismo.

Gregorio VII no era pacifista. Su texto favorito era: «Maldito sea el hombre que preserve a su espada de la sangre». Pero lo explicaba como la prohibición de descuidar la predicación a los hombres carnales, lo que muestra la justicia de sus puntos de vista sobre el poder de la propaganda.

Nicolás Breakspear, el único inglés que ha ocupado el trono papal (1154-1159), demostró el poder teológico del papa en relación con un asunto algo diferente. Arnoldo de Brescia, discípulo de Abelardo, predicó la doctrina de que «los clérigos que poseen bienes, los obispos que tienen feudos, los monjes que poseen propiedades, no se pueden salvar». Por supuesto, esta doctrina no era ortodoxa. San Bernardo dijo de él: «es un hombre que no come ni bebe; como el diablo, únicamente tiene hambre y sed de la sangre de las almas». San Bernardo no dejaba de admitir su piedad ejemplar, que le convirtió en un útil aliado de los romanos en su conflicto con el Papa y los cardenales, quienes en el año 1143 consiguieron enviarle al destierro. Ayudó a la nueva República Romana, que buscó una sanción moral en su doctrina. Pero Adrián IV (Breakspear), sacando ventaja de la muerte de un cardenal, colocó a Roma bajo un interdicto durante la Semana Santa. Como se acercaba el Viernes Santo, los terrores teológicos alcanzaron al Senado, que se sometió abyectamente. Con la ayuda del emperador Federico Barbarroja fue capturado Arnoldo; se le ahorcó, su cuerpo fue quemado y sus cenizas fueron arrojadas al Tíber. Esto demostró que los sacerdotes tienen derecho a ser ricos. El Papa, para recompensar al emperador, le coronó en la basílica de San Pedro. Las tropas del emperador habían sido útiles, pero no tan útiles como la fe católica, a la cual, mucho más que al apoyo secular, debía la Iglesia el poder y la riqueza.

Las doctrinas de Arnoldo de Brescia eran como para reconciliar al Papa con el emperador, pues cada uno de ellos reconoció que ambos eran necesarios para el orden establecido. Pero cuando Arnoldo fue ajusticiado, pronto estalló de nuevo la querella inevitable. En la larga guerra que siguió, el Papa tenía un nuevo aliado, la Liga Lombarda. Las ciudades de la Lombardía, especialmente Milán, eran ricas y comerciales; estaban en aquel tiempo a la cabeza del desarrollo económico, hecho que ha sido conmemorado por los ingleses con el nombre de «Lombard Street». El emperador defendía el feudalismo, al cual era ya hostil el capitalismo burgués. Aunque la Iglesia prohibía la «usura», el Papa era un prestamista y encontró que era tan útil el capital de los banqueros de la Italia del Norte que debía ser suavizado el rigor teológico. El conflicto de Federico Barbarroja con el papado, que duró alrededor de veinte años, terminó en un empate, y se debió principalmente a las ciudades lombardas que el emperador no saliera victorioso.

En la larga contienda entre el papado y el emperador Federico II, la victoria final del Papa fue debida, principalmente, a dos causas: la oposición de las ciudades comerciales del norte de Italia, de la Toscana tanto como de la Lombardía, al sistema feudal y el entusiasmo piadoso despertado por los franciscanos. San Francisco predicó la pobreza apostólica y el amor universal, pero pocos años después de su muerte sus seguidores actuaban como soldados reclutados en una guerra feroz para defender las propiedades de la Iglesia. El emperador sufrió una gran derrota porque no fue capaz de revestir su causa con una apariencia de piedad y de moralidad.

En el mismo tiempo, las medidas de guerra adoptadas por los papas durante la lucha hicieron que muchos hombres criticaran al papado en el terreno moral. Con respecto a Inocencio IV, el papa con quien luchaba Federico en el momento de su muerte, la *Historia Medieval de Cambridge* (vol. VI, pág. 176) dice:

Su concepción del papado era más profana que la de cualquier otro papa anterior. Veía su debilidad como político y sus remedios eran políticos. Utilizaba constantemente sus poderes espirituales para conseguir dinero, comprar amigos, perjudicar a los enemigos y por su inescrupulosidad despertó en todas partes una hostilidad irrespetuosa contra el papado. Sus dispensas eran un escándalo. Despreciando los deberes espirituales y los derechos locales, utilizaba las dotaciones de la Iglesia como beneficios papales y medios de recompensa política: había frecuentemente varias personas esperando el mismo beneficio. Pero los nombramientos eran una consecuencia natural de semejante sistema. Y los legados elegidos para la guerra y la diplomacia tenían generalmente un carácter completamente mundano. Inocencio IV no se daba cuenta de la pérdida de prestigio y de influencia espiritual que ocasionaba. Tenía buenas intenciones, pero no buenos principios. Dotado de coraje, de resolución invencible, de astucia, su fría ecuanimidad era sacudida con frecuencia por el desastre o la buena suerte y él perseguía pacientemente sus fines con una astuta deslealtad que rebajaba el nivel de la Iglesia. Era enorme su influencia en los acontecimientos. Él destruyó el Imperio; él inició la decadencia del papado; él moldeó los destinos de Italia.

La muerte de Inocencio IV no produjo cambios en la política papal. Su sucesor Urbano IV continuó la lucha con éxito completo contra Manfredo, el hijo de Federico, y consiguió el apoyo del todavía naciente capitalismo italiano, dondequiera que lo deseaba, gracias a un interesante uso de su autoridad en asuntos de moral que proporciona un ejemplo clásico de la transformación del deber de la propaganda en poder económico. Muchos banqueros, debido a sus grandes transacciones con motivo de la recolección de los beneficios papales, estaban ya al lado del Papa, pero en algunas ciudades, por ejemplo en Siena, el sentimiento gibelino era tan fuerte que los banqueros, al principio, se pusieron del lado de Manfredo. En donde sucedía eso, el Papa informaba a los deudores del Banco de que era su deber cristiano no pagar sus deudas, declaración que los deudores se apresuraban a aceptar como autorizada. Como resultado, Siena perdió el comercio inglés. En toda Italia, los banqueros que escaparon a la ruina se vieron obligados por esa maniobra papal a hacerse güelfos.

Pero semejantes medios, aunque podían conseguir el apoyo político de los banqueros, difícilmente podían aumentar su respeto por la autoridad divina declamada por el Papa.

Todo el período desde la caída del Imperio de Occidente

hasta fines del siglo XVI puede ser considerado como una lucha entre dos tradiciones: la de la Roma imperial y la de la aristocracia teutónica, la primera representada por la Iglesia y la segunda por el Estado. El Sacro Romano Imperio intentó anexionarse la tradición de la Roma imperial, pero fracasó. Los emperadores, con excepción de Federico II, eran demasiado ignorantes para comprender la tradición romana, en tanto que la institución política del feudalismo, con la cual estaban familiarizados, era germana. El idioma de los hombres cultos —incluyendo los que servían a los emperadores— se derivaba pedantescamente de la antigüedad; la ley era romana, la filosofía era griega, pero las costumbres, cuyo origen era germano, eran tales que no se pueden mencionar en una conversación cortés. Implicaba la misma dificultad que un erudito en lenguas clásicas encontraría para describir en latín el proceso de la industria moderna. Hasta la Reforma y la adopción de los idiomas modernos en lugar del latín, el elemento teutónico en la civilización de la Europa occidental no pudo encontrar una expresión literaria e intelectual adecuada.

Después de la caída de los Hohenstaufen, la Iglesia pareció, durante unas pocas décadas, haber restablecido el gobierno del mundo occidental por Italia. A juzgar por el patrón monetario, ese gobierno era por lo menos tan firme como en los días de los Antoninos. Los beneficios que afluían desde Inglaterra y Alemania a Roma excedían en mucho a los que habían podido obtener las legiones romanas. Pero eran arrancados por medio del sentimiento de respeto al papado y no por la fuerza de las armas.

Tan pronto como los papas se trasladaron a Aviñón comenzó, sin embargo, a perderse ese respeto que había alcanzado durante los tres siglos precedentes. Esto era debido, no solamente a su completa subordinación al rey de Francia, sino también a su participación en grandes atrocidades, como la supresión de los templarios. El rey Felipe IV, hallándose en dificultades financieras codiciaba las tierras de esa orden. Se decidió acusarles, sin fundamento alguno, de herejía. Con la ayuda del papa, los templarios que residían en Francia fueron detenidos y torturados hasta que confesaron que habían rendido homenaje a Satán, habían escupido a los crucifijos, etcétera. En consecuencia fueron quemados en gran número, mientras el rey disponía de sus propiedades, no sin que el papa se quedase con una parte de ellas. Con estos hechos comenzó la degradación moral del papado.

El gran cisma hizo todavía más difícil venerar al papa desde que nadie sabía quién de los reclamantes era el legítimo y cada uno de ellos anatematizaba al otro. Durante todo el gran cisma cada uno de los dos rivales mostró un deseo de poder nada edificante y llegaron a repudiar los juramentos más solemnes. En varios países, el Estado y la Iglesia local se pusieron de acuerdo para negar la obediencia a ambos papas. A la larga resultó evidente que solamente un concilio general podía poner término a la querella. El concilio de Pisa, erradamente, sólo consiguió crear un tercer papa sin lograr que los otros se retirasen, aunque decretó su deposición como herejes. El concilio de Constanza consiguió por fin deponer a los tres y restaurar la unidad. Pero la lucha había destruido la veneración tradicional por el papado. Al final de este período de confusión era posible para Wyclif decir con respecto al papado:

> Desembarazarse de semejante demonio no hubiera perjudicado a la Iglesia, sino que hubiese sido beneficioso para ella; al trabajar por su destrucción, la Iglesia hubiera trabajado solícitamente por la causa de Dios.

El papado del siglo xv, mientras se adaptó a Italia, era demasiado mundano y seglar, demasiado abiertamente inmoral para satisfacer la piedad de los países del norte. Al final, en los países teutones, la rebelión moral se hizo demasiado fuerte para permitirle obrar libremente por motivos económicos. Hubo una negativa general a pagar los tributos a Roma y los príncipes y nobles se apoderaron de las tierras de la Iglesia. Pero esto no hubiera sido posible sin la revuelta doctrinal del protestantismo, que nunca se hubiera producido sin el gran cisma y los escándalos del papado del Renacimiento. Si la fuerza moral de la Iglesia no se hubiera debilitado interiormente, sus asaltantes no hubieran tenido fuerza moral de su lado y hubieran sido vencidos como fue vencido Federico II.

Es interesante observar en relación con esto lo que dice Maquiavelo con respecto a los principados eclesiásticos en el capítulo XL de *El Príncipe*:

Réstame hablar ahora de los principados eclesiásticos, en cuya adquisición y posesión no existe dificultad alguna, pues no se requiere al efecto ni valor ni buena fortuna. Tampoco su conservación y mantenimiento necesita de una de ambas cosas, o de las dos reunidas, por cuanto el príncipe se sostiene en ellos por un ministerio de instituciones que, fundadas de inmemorial, son tan poderosas y poseen tales propiedades que le aferran a su Estado, de cualquier modo que proceda y se conduzca. Únicamente estos príncipes tienen Estados sin verse obligados a defenderlos, y súbditos sin experimentar la molestia de gobernarlos. Los Estados, aunque indefensos, no les son arrebatados, y los súbditos, aun careciendo de gobierno, no se preocupan de ello lo más mínimo, ni piensan en mudar de soberano en modo alguno, y ni siquiera podrían hacerlo, por lo cual semejantes principados son los únicos en que reinan la prosperidad y la seguridad. Pero, como son gobernados por causas superiores, a que la razón no alcanza, los pasaré en silencio. ¿No habría temeridad presuntuosa en discurrir sobre unas soberanías establecidas y conservadas por Dios mismo?

Estas palabras fueron escritas durante el pontificado de León X, que es en el que comenzó la Reforma. Para los piadosos alemanes se hizo gradualmente imposible creer que el despiadado nepotismo de Alejandro VI o la rapacidad financiera de León pudieran ser «exaltadas y mantenidas por Dios». Lutero, «un hombre presuntuoso e imprudente», deseaba completamente entrar a discutir el poder papal que no se atrevió a tratar Maquiavelo. Y como existían motivos morales y teológicos para oponerse a la Iglesia, los motivos de interés personal contribuyeron a extender rápidamente esa oposición. Desde el momento en que el poder de la Iglesia se había basado en el poder de las llaves de san Pedro, era natural que la oposición se asociase con una nueva doctrina de la justificación. La teología de Lutero permitió a los príncipes laicos despojar a la Iglesia sin miedo a la condenación y sin incurrir en la condenación moral de sus súbditos.

Aunque los motivos económicos contribuyeron mucho a la difusión de la Reforma, es evidente que no son suficientes para explicarla, puesto que han estado actuando durante siglos. Muchos emperadores trataron de resistir al papa; así lo hicieron los soberanos en todas partes, por ejemplo Enrique II y el rey Juan en Inglaterra. Pero sus intentos eran considerados perversos y, por consiguiente, fracasaron. Solamente después que el papado abusó de tal modo de sus poderes tradicionales durante largo tiempo, hasta provocar una revuelta moral, fue posible la resistencia con éxito.

La ascensión y la decadencia del poder papal son dignos de estudio para el que quiera comprender el logro del poder mediante la propaganda. No es bastante decir que los hombres eran supersticiosos y creían en el poder de las llaves. A lo largo de toda la Edad Media hubo herejías que se hubieran difundido, como se difundió el protestantismo, si los papas no hubieran merecido veneración en su conjunto. Y sin herejía, los gobernantes seglares realizaron vigorosos intentos para subordinar la Iglesia al Estado, intentos que fracasaron en Occidente aunque lograron éxito en Oriente. Para esto había varias razones.

Primera: el papado no era hereditario y, en consecuencia, no fue perturbado por largas minorías de edad como sucedía a los reinos seculares. Un hombre no puede elevarse fácilmente a la cumbre de la Iglesia, si no es por su piedad, su cultura y sus dotes de estadista. En consecuencia, muchos papas fueron hombres que estaban en muchos respectos considerablemente por encima de los hombres comunes. Podía suceder que los soberanos laicos fuesen también capaces, pero generalmente ocurría lo contrario; además, no tenían la práctica para dominar sus pasiones que tenían los eclesiásticos. Repetidamente, los reyes se encontraron en aprietos por su deseo de divorciarse, lo cual, como era un asunto de la Iglesia, les colocaba a merced del papa. A veces utilizaron los procedimientos de Enrique VIII para vencer esas dificultades, pero eso impresionaba mal a sus súbditos, sus vasallos quedaban libres de su juramento de lealtad y, al final, el rey tenía que someterse o caer.

Otra gran fuerza del papado era su continuidad impersonal. En la disputa con Federico II es sorprendente observar lo poco que variaba la situación la muerte de un papa. Había un cuerpo de doctrina y una tradición del arte de gobernar a los cuales los reyes no podían oponer nada igualmente sólido. Solamente con el nacimiento del nacionalismo los gobiernos seculares adquirieron una continuidad y una tenacidad de propósitos comparables.

En los siglos XI, XII y XIII los reyes, por lo general, eran ignorantes, mientras que la mayoría de los papas eran cultos y estaban bien informados. Además, los reyes estaban engolfados en el sistema feudal, el cual era engorroso, en constante peligro de anarquía y hostil a las fuerzas económicas más nuevas. En conjunto, durante esos siglos, la Iglesia representó una civilización más alta que la que representaba el Estado. Pero la fuerza más grande de la Iglesia era con mucho el respeto moral que inspiraba. Heredó, como una especie de capital moral, la gloria de las persecuciones en los antiguos tiempos. Sus victorias, como hemos visto, estaban asociadas con la observancia del celibato, y la mente medieval encontró al celibato muy impresionante. Muchos eclesiásticos, inclusive no pocos papas, sufrieron innumerables penalidades antes que ceder en un punto de principio. Era evidente para la generalidad de los hombres que en un mundo de una rapacidad sin freno, de licenciosidad y egoísmo, los eminentes dignatarios de la Iglesia vivían con bastante frecuencia para fines impersonales, a los cuales subordinaban voluntariamente su fortuna privada. En los siglos subsiguientes, hombres de una santidad impresionante —Hildebrando, san Bernardo, san Francisco— deslumbraron a la opinión pública e impidieron el descrédito moral que hubieran producido de otro modo las fechorías de otros hombres religiosos.

Pero para una organización que tiene objetivos ideales y por consiguiente una excusa para amar el poder, una reputación de virtud superior es peligrosa y es seguro que a la larga produce una superioridad que es solamente una tenacidad inescrupulosa. La Iglesia predicaba el desprecio de las cosas de este mundo y con ello adquiriría el dominio sobre los monarcas. Los frailes hacían voto de pobreza, lo cual impresionaba tanto al mundo que aumentaba la ya enorme riqueza de la Iglesia. San Francisco, al predicar el amor fraterno, producía el entusiasmo necesario para la prosecución victoriosa de una guerra larga y atroz. Al final, la Iglesia del Renacimiento perdió todos los propósitos morales a los que debía su riqueza y su poder y fue necesario el sacudimiento de la Reforma para producir la regeneración.

Todo esto es inevitable donde la virtud superior es utilizada como un medio de conseguir el poder tiránico para una organización.

Excepto cuando se debe a la conquista exterior, el colapso del poder tradicional es siempre el resultado de su abuso por hombres que creen, como creía Maquiavelo, que su dominio de las voluntades humanas es demasiado firme para que pueda ser sacudido por los mayores crímenes.

Actualmente, en los Estados Unidos, la veneración que los griegos dispensaban a los oráculos y la Edad Media al papa se otorga a la Corte Suprema. Los que han estudiado la Constitución norteamericana saben que la Corte Suprema es parte de las fuerzas destinadas a la protección de la plutocracia. Pero de los hombres que saben esto, unos están del lado de la plutocracia y en consecuencia nada hacen para debilitar la veneración tradicional por la Corte Suprema, mientras otros están desacreditados a los ojos de los ciudadanos ordinariamente tranquilos, pues se les llama subversivos y bolcheviques. Sería necesaria la adhesión ciega a un partido en un grado mucho mayor antes de que un Lutero fuese capaz de atacar con éxito la autoridad de los intérpretes oficiales de la Constitución.

El poder teológico es mucho menos afectado por la derrota en la guerra que el poder secular. Es verdad que Rusia y Turquía después de la Gran Guerra sufrieron una revolución tanto teológica como política, pero en ambos países la religión tradicional estaba íntimamente relacionada con el Estado. El ejemplo más importante de la supervivencia teológica a pesar de la derrota en la guerra es la victoria de la Iglesia sobre los bárbaros en el siglo V. San Agustín, en *La ciudad de Dios*, que fue inspirada por el saqueo de Roma, explica que el poder temporal no era lo que se había prometido al verdadero creyente y, por consiguiente, no podía ser esperado como resultado de la ortodoxia. Los paganos sobrevivientes en el Imperio argüían que Roma fue vencida como un castigo por haber abandonado a los dioses, pero no obstante lo plausible de este argumento no consiguió un apoyo general; entre los invasores prevaleció la civilización superior de los vencidos y los vencedores adoptaron la fe cristiana. Así, por mediación de la Iglesia, la influencia de Roma sobrevivió entre los bárbaros, ninguno de los cuales antes de Hitler consiguió hacer vacilar la tradición de la antigua cultura.

5

EL PODER REAL

El origen de los reyes, como el de los sacerdotes, es prehistórico, y los primeros grados de la evolución de la monarquía sólo pueden ser conjeturados por lo que existe todavía entre los salvajes más atrasados. Cuando la institución se ha desarrollado por completo, pero todavía no ha comenzado a declinar, el rey es un hombre que dirige a su tribu o nación en la guerra, decide cuándo hacer la guerra y cuándo la paz, y con frecuencia, aunque no siempre, hace las leyes y fiscaliza la administración de justicia. Su título al trono es generalmente hereditario en mayor o menor grado. Además, es una persona sagrada: si no es él mismo un dios, por lo menos es el ungido.

Pero una monarquía de esta clase presupone una larga evolución del gobierno y una comunidad mucho más altamente organizada que la de los salvajes. Inclusive el jefe salvaje, tal como lo imaginan muchos europeos, no se encuentra en las sociedades realmente primitivas. El hombre que consideramos como jefe puede no tener otras funciones que cumplir que las religiosas y ceremoniales; a veces, como el Lord Mayor, solamente se espera que dé banquetes. A veces declara la guerra, pero no toma parte en la lucha porque es demasiado sagrado. A veces su *mana* es tal que ningún súbdito puede contemplarlo; esto le impide efectivamente tomar mucha parte en los negocios públicos. Él no puede hacer las leyes, pues éstas son decididas por la costumbre; no es necesario para su administración, pues en una pequeña comunidad el castigo puede ser administrado espontáneamente por los vecinos. Algunas comunidades salvajes tienen dos jefes, uno profano y otro religioso, como el shogun y el mikado en el viejo Japón, pero no como el emperador y el papa, desde que el jefe religioso posee, por lo general, un poder únicamente ceremonial. Entre los salvajes primitivos la mayor parte de las cosas se deciden generalmente por la costumbre y muy pocas por un gobierno formal, de tal modo que los hombres preeminentes que los europeos llaman jefes solamente poseen débiles principios de poder real.

La migración y la invasión extranjera son fuerzas poderosas para la destrucción de las costumbres y en consecuencia para crear la necesidad de un gobierno. En el grado más bajo de la civilización en que hay gobernantes que merecen el nombre de reyes, la familia real es a veces de origen extraño y ha conseguido inicialmente el respeto de su pueblo gracias a alguna superioridad bien definida. Pero si ésta es o no una etapa común en la evolución de la monarquía es una cuestión muy discutida entre los antropólogos.

Es evidente que la guerra debe haber jugado un papel muy importante en el aumento del poder de los reyes, desde el momento que en la guerra es obvia la necesidad de un mando unificado. Hacer hereditaria a la monarquía es el medio más fácil para evitar los peligros de una sucesión disputada; aun cuando el rey tenga el poder de designar a su sucesor, es casi seguro que elegirá a alguien de su familia. Pero las dinastías no duran siempre y cada familia real comienza con un usurpador o un conquistador extranjero. Generalmente la religión legitima a la nueva familia por medio de alguna ceremonia tradicional. El poder sacerdotal aprovecha estas ocasiones desde que se convierte en un apoyo esencial del prestigio real. «Sin obispo no hay rey», dijo Carlos I, y esta máxima ha sido cierta en todas las edades en que han existido los reyes. La posición del rey aparece tan deseable a los ambiciosos que solamente las poderosas sanciones religiosas les pueden hacer renunciar a la esperanza de adquirirla.

Cualesquiera que hayan sido las etapas a través de las cuales el jefe primitivo llegó a convertirse en el rey histórico, el proceso se había cumplido ya en Egipto y Babilonia en el período más antiguo que se recuerda. Se considera que la gran pirámide fue construida con anterioridad al año 3.000 a.c. y su construcción solamente pudo ser posible para un monarca que poseía un inmenso poder sobre sus súbditos. Babilonia, en ese período, tenía numerosos reyes, ninguno de los cuales poseía un territorio comparable con el de Egipto, pero eran auténticos gobernantes de sus áreas respectivas. Antes de terminar el tercer milenio anterior a Jesucristo nos encontramos con el gran rey Hammurabi (2123-2081, a.C.) quien hizo todas las cosas que puede hacer un rey. Es más conocido por su código de leyes que le fueron dadas por el Dios-Sol y demuestran que consiguió lo que nunca pudieron alcanzar los reyes medievales, es decir, subordinar la justicia eclesiástica a la civil. Pero se distinguió también como soldado y como ingeniero. Los poetas patriotas elogian sus conquistas:

> En todos los tiempos ha mostrado su poderosa fuerza el potente guerrero, Hammurabi, el Rey, que destruye a los enemigos, verdadera tormenta en la batalla, que limpia los campos de adversarios, aniquila la guerra, termina con la rebelión y destruye como muñecos de arcilla a los malignos.

Él mismo recuerda sus empresas de irrigación: «Cuando Anu y Enli (un dios y una diosa) me dieron las tierras de Sumer y Akkad para que las gobernara y me confiaron su cedro, abrí el canal *Hammurabi - abundancia - del - pueblo*, que repartió las aguas por las tierras de Sumer y Akkad. Reuní a los pobladores diseminados de Sumer y Akkad y les proveí de pastos y de aguas; les proporcioné alimentos en abundancia y les alojé en moradas pacíficas».

La monarquía como institución alcanzó su mayor grado de desarrollo en Egipto en el tiempo de la gran pirámide y en Babilonia en el tiempo de Hammurabi. Los reyes posteriores poseyeron grandes territorios, pero ninguno de ellos alcanzó un dominio tan completo de su reino. El poder de los reyes de Egipto y de Babilonia terminó únicamente por la conquista exterior, no por rebelión interna. Es cierto que no podían atreverse a reñir con el sacerdocio, puesto que la sumisión de sus súbditos dependía del significado religioso de la monarquía, pero con excepción de esto su autoridad era ilimitada.

Los griegos se desembarazaron en muchas ciudades de sus reyes como gobernantes políticos antes o en el comienzo del período histórico. Los reyes romanos son prehistóricos y los romanos mantuvieron a todo lo largo de su historia una aversión invencible al nombre del rey.

El emperador romano, en Occidente, nunca fue un monarca en el sentido completo de la palabra. Su origen era extralegal y dependió siempre del ejército. Para los civiles podía declararse a sí mismo un dios, pero para los soldados seguía siendo simplemente un general que hacía, o no hacía, donativos adecuados. Excepto ocasionalmente y por cortos períodos, el Imperio no fue hereditario. El poder verdadero fue siempre el ejército y el emperador fue simplemente su representante en el tiempo presente.

La invasión de los bárbaros volvió a introducir la monarquía, pero con una diferencia. Los nuevos reyes eran los jefes de las tribus germanas y su poder no era absoluto, pues dependía siempre de la cooperación de algún consejo de ancianos o de algún grupo de parientes. Cuando alguna tribu germana conquistaba una provincia romana, su jefe se convertía en rey, pero sus compañeros más importantes se convertían en nobles con cierto grado de independencia. Desde que se inició el sistema feudal, todos los monarcas de la Europa occidental quedaron a merced de los barones turbulentos.

En consecuencia, la monarquía siguió siendo débil, hasta que venció a la Iglesia y a la nobleza feudal. Ya hemos considerado las causas del debilitamiento de la Iglesia. La nobleza fue vencida en la guerra con el rey, tanto en Inglaterra como en Francia, porque era un obstáculo para un gobierno ordenado. En Alemania sus jefes se habían convertido en pequeños reyes, con el resultado de que Alemania se hallaba a merced de Francia. En Polonia, la anarquía aristocrática continuó hasta la partición. En Inglaterra y en Francia, después de la guerra de los Cien Años y de la guerra de las Rosas, los ciudadanos se vieron obligados a poner su fe en un rey poderoso. Eduardo IV venció con la ayuda de la ciudad de Londres, en la cual inclusive eligió a su reina. Luis XI, el enemigo de la aristocracia feudal, era amigo de la alta burguesía, que le ayudó contra los nobles mientras él la ayudó contra los artesanos. «Gobernó como un gran capitalista», según el veredicto oficial de la *Enciclopedia Británica.*

Las monarquías del Renacimiento tenían una gran ventaja comparadas con los primeros reyes en sus conflictos con la Iglesia, pues la educación no era ya monopolio de los eclesiásticos. La ayuda de las leyes laicas fue incalculable para el establecimiento de la nueva monarquía.

Las nuevas monarquías en Inglaterra, en Francia y en España estaban por encima de la Iglesia y de la aristocracia. Su poder dependía del apoyo de dos grandes fuerzas, el nacionalismo y el comercio. En tanto que eran consideradas útiles para ambos, las monarquías eran fuertes, pero cuando fallaban a ese respecto se producía la revolución. Los Tudor no incurrieron en falta alguna a ese respecto, pero los Stuart estorbaron el comercio mediante monopolios concedidos a los cortesanos y permitieron que Inglaterra fuese arrastrada por el carro de España, primero, y después de Francia. La monarquía francesa favoreció el comercio y aumentó el poder nacional hasta el final del régimen de Colbert. Después de ese tiempo, la revolución del edicto de Nantes, una serie creciente de guerras desastrosas, los pesados impuestos y la exención del clero y de los nobles de las cargas financieras hicieron que el comercio y el nacionalismo se volvieran contra el rey y al final se produjo la revolución. España se desvió en la conquista del Nuevo Mundo; pero el mismo Nuevo Mundo, cuando se rebeló, lo hizo principalmente para poder comerciar con Inglaterra y los Estados Unidos.

El comercio, aunque ayudó a los reyes contra la anarquía feudal, ha sido siempre republicano cuando se ha sentido lo suficientemente fuerte. Lo era así en la antigüedad, en las ciudades hanseáticas y del norte de Italia durante la Edad Media y en Holanda durante sus grandes días. La alianza entre los reyes y el comercio era, por consiguiente, muy inquieta. Los reyes apelaban al «derecho divino» y se proponían, en todo lo posible, convertir su poder en tradicional y casi religioso. En esto tuvieron un éxito parcial: la ejecución de Carlos I fue sentida como una impiedad y no simplemente como un crimen ordinario. En Francia, san Luis fue convertido en una figura legendaria y parte de su santidad descendió como una capa inclusive sobre Luis XV, quien todavía era «el rey cristianísimo». Habiendo creado una nueva aristocracia cortesana, los reyes tendían a preferirla a la burguesía. En Inglaterra, la alta aristocracia y la burguesía se combinaron e instalaron un rey con un título simplemente parlamentario, que no tenía ninguna de las viejas propiedades mágicas de la majestad. Jorge I, por ejemplo, no pudo curar la enfermedad real, aunque lo pudo la reina Ana. En Francia, el rey se impuso a la aristocracia y sus cabezas cayeron juntas bajo la guillotina.

La alianza del comercio y del nacionalismo, que comenzó con la Liga Lombarda en el tiempo de Federico Barbarroja, se extendió gradualmente por Europa alcanzando su último y más breve triunfo en la Revolución de febrero en Rusia. En dondequiera que alcanzó el poder se volvió contra el poder hereditario basado en la tierra, primero en alianza con la monarquía y luego en oposición a ella. Al final, los reyes desaparecieron en todas partes o quedaron reducidos a figuras decorativas. En los tiempos actuales el nacionalismo y el comercio se han separado; en Italia, Alemania y Rusia ha triunfado el nacionalismo. El movimiento liberal, que se inició en Milán en el siglo xii, ha seguido su curso.

El poder tradicional, cuando no es destruido por dentro adquiere casi siempre cierto desarrollo. Animado por el respeto que inspira, llega a descuidar la aprobación general, pues cree que nunca puede perderla. Mediante la pereza, los desatinos o la crueldad, obliga gradualmente a los hombres a hacerse escépticos con respecto a sus alegaciones de autoridad divina. Dado que estas alegaciones no tienen una fuente mejor que la costumbre, la crítica, una vez suscitada, dispone fácilmente de ellos. Una creencia nueva, útil para los rebeldes, ocupa el lugar de la antigua; y a veces, como en el caso de Haití cuando consiguió libertarse de Francia, sucede el simple caos. Por lo general, es necesario un largo período de desgobierno muy flagrante antes de que se extienda la rebelión mental; y en muchos casos los rebeldes consiguen apropiarse de parte o de toda la vieja autoridad. Así Augusto absorbió en sí mismo la dignidad tradicional del Senado; los protestantes mantuvieron la veneración por la Biblia, mientras rechazaban la veneración por la Iglesia católica; el Parlamento británico adquirió gradualmente el poder del rey, sin destruir el respeto por la monarquía.

Sin embargo, todas éstas fueron revoluciones limitadas; las más completas implicaron grandes dificultades. La sustitución de la forma republicana de gobierno por la monarquía hereditaria, donde se ha producido repentinamente, ha llevado generalmente a diferentes clases de disturbios, pues la nueva Constitución no estaba apoyada en los hábitos mentales y solamente podía ser respetada, hablando francamente, en tanto que estuviese de acuerdo con los intereses particulares. En consecuencia, los hombres ambiciosos procuran hacerse dictadores y solamente desisten después de un considerable período de fracasos. Si no existe tal período, una Constitución republicana no conseguiría adquirir ese apoyo en el pensamiento de los hombres que es necesario para su estabilidad. Los Estados Unidos son casi el único ejemplo de una república nueva que ha tenido estabilidad desde el principio.

El principal movimiento revolucionario de nuestro tiempo es el ataque del socialismo y del comunismo al poder económico de las personas privadas. Encontraremos en él la característica común de semejantes movimientos, manifiesta, por ejemplo, en el nacimiento del cristianismo, del protestantismo y de la democracia política. Pero de este asunto tendré más que decir en un capítulo posterior.

6

EL PODER DESNUDO

Según decaen los hábitos y las creencias que han sostenido el poder tradicional, dan lugar gradualmente ya sea a un poder basado en una nueva creencia o a un poder «desnudo», es decir, a esa clase de poder que no necesita la aquiescencia de los súbditos. Tal es el poder del carnicero sobre la oveja, de un ejército invasor sobre la nación conquistada y de la policía sobre los conspiradores detenidos. El poder de la Iglesia católica sobre los católicos es tradicional, pero su poder sobre los herejes perseguidos es desnudo. El poder del Estado sobre los ciudadanos leales es tradicional, pero su poder sobre los rebeldes es desnudo. Las organizaciones que poseen durante mucho tiempo el poder pasan generalmente por tres fases: primera, la de la creencia fanática pero no tradicional que lleva a la conquista; segunda, la de la aquiescencia general con respecto al nuevo poder, que rápidamente se hace tradicional; y tercera, aquella en que el poder, al ser utilizado contra los que rechazan la tradición, se hace otra vez desnudo. El carácter de una organización cambia mucho según va pasando por las tres fases.

El poder conferido por la conquista militar cesa con frecuencia después de un período de tiempo más largo o más corto para ser simplemente militar. Todas las provincias conquistadas por los romanos, excepto Judea, se hicieron pronto súbditos leales del imperio y dejaron de sentir deseo alguno de independencia. En Asia y en África, los países cristianos conquistados por los mahometanos se sometieron con poca repugnancia a sus nuevos gobernantes. Gales accedió gradualmente al gobierno de Inglaterra, aunque Irlanda no lo hizo. Después que los herejes albigenses fueron reducidos por la fuerza militar, sus descendientes se sometieron tanto interior como exteriormente a la autoridad de la Iglesia. La conquista normanda produjo en Gran Bretaña una familia real que, después de algún tiempo, se consideró que poseía el derecho divino al trono. La conquista militar es estable únicamente cuando es seguida por la conquista psicológica, pero los casos en que ha ocurrido eso son muy numerosos.

El poder desnudo, en el gobierno interno de una comunidad no sometida recientemente a una conquista exterior, nace en dos circunstancias diferentes: primero, donde dos o más doctrinas fanáticas luchan por el predominio; segundo, donde han decaído todas las creencias tradicionales, sin que las hayan sustituido otras nuevas, de modo que no existen límites para la ambición personal. El primer caso no es puro, desde el momento en que los adherentes a la doctrina dominante no están sujetos al poder desnudo. La consideraré en el próximo capítulo bajo el título de poder revolucionario. En este capítulo me limitaré al segundo caso.

La definición del poder desnudo es psicológica, y un gobierno puede ser desnudo en relación con algunos de sus súbditos, pero no en relación con otros. Los ejemplos más completos que conozco, aparte de la conquista extranjera, son las últimas tiranías griegas y algunos de los Estados de la Italia renacentista.

La historia griega proporciona, como un laboratorio, un gran número de experimentos en pequeña escala, de gran interés para quienes estudian el poder político. La monarquía hereditaria de la edad homérica termina antes de comenzar los recuerdos históricos y fue sucedida por una aristocracia hereditaria. En el momento en que comienza la historia conocida de las ciudades griegas existía una lucha entre la aristocracia y la tiranía. Excepto en Esparta, la tiranía triunfó en todas partes durante algún tiempo, pero fue sucedida ya sea por la democracia o por la restauración de la aristocracia, a veces en forma de plutocracia. Esta primera edad de la tiranía cubrió la mayor parte de los siglos VI y VII a.C. No fue una edad de poderes desnudos, como fue el período posterior al que me referiré especialmente, pero sin embargo preparó el camino para la ilegalidad y la violencia de los últimos tiempos.

La palabra «tirano» no implica originalmente malas cualidades en el gobernante, sino únicamente la ausencia de un título legal o tradicional. Muchos de los tiranos de los primeros tiempos gobernaron sabiamente y con el consentimiento de la mayoría de sus súbditos. Sus únicos enemigos implacables eran, generalmente, los aristócratas. Muchos de los tiranos de los primeros tiempos fueron hombres muy ricos, que compraron su poder y se mantuvieron en él más por medios económicos que militares. Deben ser comparados más bien con los Medici que con los dictadores de nuestros días.

La primera edad de la tiranía fue aquella en que se comenzó a utilizar el sistema monetario, lo cual tuvo el mismo efecto para aumentar el poder de los ricos que el que han tenido en tiempos recientes el crédito y el papel moneda. Se ha mantenido* —no soy competente para juzgar con qué verdad— que la introducción de la moneda está relacionada con el nacimiento de la tiranía. Ciertamente, la posesión de minas de plata es una ayuda para cualquier hombre que se propusiera ser y que llegara a ser un tirano. El uso de la moneda, cuando es nuevo, perturba profundamente las antiguas costumbres, como puede verse en las zonas de África

---

* P. N. URE, *The Origin of Tyranny.*

que no han estado mucho tiempo bajo el dominio europeo. En los siglos VII y VI a.c. el efecto era aumentar el poder de comercio y disminuir el de las aristocracias territoriales. Hasta que los persas adquirieron el Asia Menor, las guerras eran pocas y sin importancia en el mundo griego y no mucha de la labor de producción era realizada por esclavos. Las circunstancias eran ideales para el poder económico, que debilitaba el mantenimiento de la tradición casi del mismo modo que el industrialismo en el siglo XIX.

En cuanto le era posible a todo el mundo vivir prósperamente, el debilitamiento de la tradición hizo más bien que mal. Provocó entre los griegos el avance más rápido en la civilización que se ha producido nunca, con la posible excepción de los tres siglos últimos. La libertad del arte, de la ciencia y de la filosofía griegos es la de una edad próspera no embarazada por la superstición. Pero la estructura social no tenía la solidez necesaria para resistir la desgracia y los individuos no poseían el nivel moral necesario para evitar crímenes desastrosos cuando la virtud ya no podía alcanzar buen éxito. Una larga serie de guerras disminuyeron la población libre y aumentaron el número de los esclavos. La Grecia propiamente dicha cayó finalmente bajo la dominación de Macedonia, mientras la Sicilia helénica, a pesar de las crecientes revoluciones violentas, de las guerras civiles y de las tiranías, continuó luchando contra el poder de Cartago y después el de Roma. Las tiranías de Siracusa merecen nuestra atención, porque proporcionan uno de los ejemplos más perfectos del poder desnudo y porque influyeron en Platón, quien se enemistó con Dionisio el Viejo y trató de convertir en discípulo a Dionisio el Joven. La opinión de los griegos posteriores y de las edades subsiguientes sobre los tiranos griegos en general está muy influida por las relaciones desafortunadas de los filósofos con Dionisio el Viejo y sus sucesores en el desgobierno siracusano.

«La maquinaria del fraude —dice Grote—* por medio de la cual el pueblo era engañado dentro de una sumisión temporal, como un preludio de la maquinaria de fuerza mediante la cual esa sumisión iba a perpetuarse contra su consentimiento, era el caballo de batalla de los usurpadores griegos.» Hasta qué punto las tiranías primitivas se perpetuaron sin el consentimiento popular puede ser puesto en duda, pero es ciertamente verdad de las últimas tiranías, que eran militares más que económicas. Tomemos, por ejemplo, la descripción de Grote, basada en Diodoro, del momento crítico en la ascensión de Dionisio el Viejo. Las armas de Siracusa habían sufrido derrotas y desgracias bajo un régimen más o menos democrático, y Dionisio, el jefe elegido por los campeones de una guerra vigorosa, pedía el castigo de los generales derrotados.

Entre el silencio y la inquietud que reinaba en la asamblea de Siracusa, Dionisio fue el primero que se levantó para dirigirles la palabra. Se extendió sobre un tema apropiado para el temperamento de sus oyentes y para sus propósitos. Denunció con vehemencia a los generales por haber traicionado la seguridad de Siracusa, dejándola a merced de los cartagineses, y les acusó de ser culpables de la ruina de Agrigento y del peligro inminente en que todos se hallaban. Expuso sus delitos, reales o supuestos, no solamente con abundancia y acrimonia, sino con una violencia feroz, sobrepasando todos los límites de un debate legítimo e intentó condenarles a un asesinato ilegal, como la muerte reciente de los generales en Agrigento. «Ahí tenéis a los traidores. No esperéis un juicio o un veredicto legal, sino tomadlos inmediatamente en vuestras manos e infligidles una justicia sumaria.» Semejante exhortación brutal era una ofensa contra la ley tanto como contra el orden parlamentario. Los magistrados que presidían la asamblea reprobaron a Dionisio como un perturbador del orden y le multaron, como

---

* *History of Greece*, cap. LXXXI.

estaban autorizados a hacerlo por la ley. Pero sus partidarios se agitaron en su ayuda. Filistos no solamente pagó toda la multa en el mismo momento, sino que proclamó públicamente que seguiría pagando todas las multas que se le impusieran e incitó a Dionisio a persistir en aquel lenguaje que él consideraba propio. Lo que había comenzado como una ilegalidad se agravaba ahora con un desafío abierto a la ley. Estaba ya tan debilitada la autoridad de los magistrados y era tan vehemente la gritería contra ellos, dada la situación de la ciudad, que no les era posible ni castigar ni hacer callar al orador. Dionisio continuó su arenga en un tono todavía más inflamado no solamente acusando a los generales de haber corrompido y traicionado a Agrigento, sino denunciando a los ciudadanos más conspicuos y ricos como oligarcas que ejercían un predominio tiránico, que trataban a la mayoría con desprecio y se beneficiaban con las desgracias de la ciudad. Siracusa, decía, «nunca podría ser salvada a menos que hombres de un carácter completamente diferente fuesen investidos con la autoridad, hombres, no elegidos por su riqueza y su situación, sino de nacimiento humilde, pertenecientes al pueblo por su posición y bondadosos en su conducta por la conciencia de su propia debilidad».

Y de este modo se convirtió en tirano. Pero la historia no nos dice que los pobres y humildes consiguieron con ello ventaja alguna. Es cierto que confiscó las propiedades de los ricos, pero las entregó a su cuerpo de guardia. Su popularidad se desvaneció pronto, pero no su poder. Unas páginas más adelante dice Grote:

> Sintiendo más que nunca que su dominación repugnaba a los siracusanos, y descansando únicamente en la fuerza desnuda, se rodeó de precauciones más severas probablemente que las que acumuló nunca otro déspota griego.

La historia griega es peculiar en el hecho de que, excepto en Esparta, la influencia de la tradición era extraordinariamente débil; además, casi no había moralidad política. Heródoto declara que ningún espartano podía resistir el soborno. En ninguna parte de Grecia tenía utilidad acusar a un político de que había sido sobornado por el rey de Persia, pues sus opositores hacían lo mismo si llegaban a ser lo suficientemente poderosos para merecer ser comprados. El resultado era una arrebatiña general del poder personal, conseguido por la corrupción, la lucha callejera y los asesinatos. En estos asuntos, los amigos de Sócrates y de Platón se contaban entre los más inescrupulosos. La consecuencia final, como se podía haber previsto, fue el sometimiento a las potencias extranjeras.

Se acostumbra a lamentar la pérdida de la independencia griega y a considerar a todos los griegos como si hubieran sido Solón y Sócrates. Cuán poca razón hay para deplorar la victoria de Roma puede verse en la historia de la Sicilia helénica. No conozco un ejemplo mejor del poder desnudo que la carrera de Agatocles, contemporáneo de Alejandro el Grande, que vivió desde el año 361 hasta el 289 a.C. y fue tirano de Siracusa durante los últimos veintiocho años de su vida.

Siracusa era la mayor de las ciudades griegas, quizá la mayor del Mediterráneo. Su única rival era Cartago, con la cual estuvo siempre en guerra, excepto durante un corto tiempo después de una seria derrota de ambas partes. Las otras ciudades griegas de Sicilia estaban a veces del lado de Siracusa y otras veces del lado de Cartago, de acuerdo con los turnos de los partidos políticos. En todas las ciudades los ricos favorecían a la oligarquía y los pobres favorecían a la democracia. Cuando triunfaban los partidarios de la democracia, su caudillo se convertía generalmente en tirano. Muchos miembros del partido vencido eran desterrados y se unían a los ejércitos de las ciudades en las que mandaba su partido. Pero el grueso de las tropas se componía de mercenarios, la mayoría no helenos. Agatocles* era hombre de humilde origen, hijo de un alfarero. Debido a su belleza se convirtió en el favorito de un siracusano rico llamado Demas, quien le dejó todo su dinero y con cuya viuda se casó. Habiéndose distinguido en la guerra, se pensó que aspiraba a la tiranía. Fue desterrado en consecuencia y se dieron órdenes de que se le diera muerte en el camino. Pero él lo previó y cambió sus vestidos con un pobre, que fue muerto en su lugar por los asesinos asalariados. Más tarde levantó un ejército en el interior de Sicilia, con el que aterrorizó tanto a los siracusanos que hicieron un tratado con él. Fue admitido de nuevo en Siracusa y juró en el templo de Ceres que no haría nada en perjuicio de la democracia.

En ese tiempo el gobierno de Siracusa parece haber sido una mezcla de democracia y de oligarquía. Había un consejo de seiscientos miembros, todos ellos hombres ricos. Agatocles defendió la causa de los pobres contra aquellos oligarcas. En el curso de una conferencia con cuarenta de ellos les lanzó sus soldados y dio muerte a los cuarenta, alegando que se trataba de un complot contra él. A continuación dirigió su ejército contra la ciudad, prometiendo a los soldados el saqueo de los seiscientos ciudadanos principales. Los soldados lo hicieron así y dieron muerte a muchos ciudadanos que salieron de sus casas para ver lo que sucedía. Además otros muchos fueron muertos en busca del botín. Como dice Diodoro: «Más aún: no había seguridad ni siquiera para los que acudían a los templos a ponerse bajo la protección de los

---

* Lo que sigue se apoya en la autoridad de Diodoro Sículo. Algunas autoridades modernas dicen que es parcial y que Agatocles fue un gobernante admirable. Pero es difícil creer que Diodoro no sea veraz en los hechos principales.

dioses; el respeto a los dioses fue superado por la crueldad de los hombres. Los griegos luchaban contra los griegos en su propio país, los parientes contra los parientes en tiempos de paz, sin consideración alguna por las leyes de la naturaleza, ni por las ligas, ni por la separación de los dioses; por todo lo cual, no solamente los amigos, sino inclusive los mismos enemigos y todos los hombres cuerdos no podían sino compadecer la miserable condición de ese pueblo angustiado».

Los partidarios de Agatocles se pasaban el día asesinando hombres y al caer la noche volvían su atención a las mujeres.

Después de dos días de matanza, Agatocles sacó a los prisioneros y les dio muerte a todos, excepto a su amigo Dinocrates. Luego convocó la Asamblea, acusó a los oligarcas y dijo que iba a purgar a la ciudad de todos los amigos de la monarquía y que él se iba a retirar a la vida privada. Al decir esto se quitó el uniforme y se vistió de muftí. Pero los que habían robado bajo su dirección deseaban que estuviera en el poder y fue designado único general. «Muchos de los más pobres, los que tenían deudas estaban muy contentos con esta revolución», pues Agatocles prometió la remisión de las deudas y el reparto de las tierras a los pobres. Luego se condujo moderadamente durante algún tiempo.

En la guerra, Agatocles era abundante en recursos y bravo, pero temerario. Hubo un momento en que pareció que los cartagineses iban a triunfar por completo; asediaba a Siracusa y su armada ocupaba el puerto. Pero Agatocles, con una gran flota, se hizo a la vela al África, donde quemó sus buques para evitar que cayesen en poder de los cartagineses. Por temor a una revuelta durante su ausencia, tomó niños como rehenes; y, después de algún tiempo, su hermano, que le representaba en Siracusa, desterró a ochocientos políticos opositores, a los cuales ampararon los cartagineses. Al principio tuvo en África un éxito sorprendente; tomó Túnez y sitió Cartago, cuyo gobierno se alarmó y ordenó que se hiciesen rogativas a

Moloch. Sucedió que los aristócratas cuyos hijos debían ser sacrificados al dios habían adquirido la costumbre de comprar niños pobres para sustituirlos. Esta práctica fue ahora severamente castigada, pues se sabía que a Moloch le agradaba mucho más el sacrificio de los niños ricos. Después de esta reforma la suerte de los cartagineses comenzó a mejorar.

Agatocles, sintiendo necesidad de refuerzos, envió convoyes a Cirene, que entonces pertenecía a los Ptolomeos y era gobernada por Ofelas, uno de los capitanes de Alejandro. Los enviados tenían instrucciones de decir que con la ayuda de Ofelas podía ser destruida Cartago y que Agatocles sólo deseaba estar seguro en Sicilia, pues no tenía ambiciones en África, y que todas las conquistas que hicieran juntos en África pertenecerían a Ofelas. Tentado por estas ofertas, Ofelas marchó a través del desierto con su ejército, y después de grandes penalidades se reunió con Agatocles. Apenas llegó, le dio muerte Agatocles y declaró a su ejército que su única esperanza de salvación estaba en ponerse al servicio del asesino de su jefe anterior.

Luego sitió Utica, donde, llegando inesperadamente, hizo trescientos prisioneros en el campo de batalla y les colocó delante de sus máquinas de sitio, de modo que los soldados de Utica, para defenderse, tenían que dar muerte a sus propios conciudadanos. Aunque tuvo éxito en esta empresa, su posición era difícil, sobre todo porque tenía razones para temer que su hija Arcagato suscitase el descontento en el ejército. En consecuencia regresó secretamente a Sicilia, y el ejército, furioso por esa deserción, dio muerte a Arcagato y a su otro hijo. Esto lo enfureció de tal manera que dio muerte a todo hombre, mujer o niño de Siracusa que tuviera parentesco con algún soldado del ejército amotinado.

Su poder en Sicilia sobrevivió durante algún tiempo a todas esas vicisitudes. Tomó Egesta, mató a todos los hombres más pobres de la ciudad y torturó a los ricos hasta que le revelaron dónde habían ocultado sus riquezas. Vendió a las muchachas y a los niños como esclavos.

Su vida de hogar, lamento decirlo, no era del todo feliz. Su esposa tuvo relaciones con su hijo, uno de sus nietos dio muerte al otro y luego indujo a un sirviente del viejo tirano a envenenar los mondadientes del abuelo. La última acción de Agatocles, cuando vio que podía morirse, fue convocar al Senado y pedirle venganza contra su nieto. Pero debido al veneno, sus encías estaban tan doloridas que no podía hablar. Los ciudadanos se levantaron, Agatocles fue llevado a la pira funeraria antes de haber muerto, sus bienes fueron confiscados y se nos dice que la democracia fue restaurada.

El Renacimiento italiano presenta un estrecho paralelo con la antigua Grecia, pero la confusión es aún mayor. Había repúblicas oligárquicas comerciales, tiranías según el modelo griego, principados de origen feudal y, además, Estados de la Iglesia. El papa, excepto en Italia, era venerado, pero no sus hijos, y César Borgia tuvo que apoyarse en el poder desnudo.

César Borgia y su padre Alejandro VI son importantes, no solamente por sí mismos, sino por haber inspirado a Maquiavelo. Un incidente de su carrera, que comenta Creighton, puede servir para ilustrar aquella edad. Los Colonna y los Orsini habían sido el azote de los papas durante siglos; los Colonna habían caído ya, pero los Orsini se mantenían. Alejandro VI hizo un tratado con ellos e invitó a su jefe, el cardenal Orsini, a ir al Vaticano, por haber oído que César había detenido a dos Orsini importantes acusados de traición. El cardenal Orsini fue detenido tan pronto como llegó a presencia del Papa; su madre pagó al Papa dos mil ducados por el privilegio de enviarle la comida y su amante se presentó a Su Santidad con una valiosa perla que él ambicionaba. No obstante, el cardenal Orsini murió en la prisión, por medio de un vino envenenado que se le dio, según se dijo, por orden de

Alejandro VI. Los comentarios de Creighton a este respecto ilustran el carácter de un régimen de poder desnudo:

> Es sorprendente que esa traición no suscitara protestas y alcanzara un éxito tan completo; pero en la política artificial de Italia todo dependía de la habilidad de los jugadores. Los condotieros eran solamente representantes de sí mismos y cuando eran destituidos, aunque fuera por una traición, nada quedaba de ellos. No había partido ni interés que pudieran ser ultrajados con la caída de los Orsini o de los Vitellozzo. Los ejércitos de los condotieros eran formidables en tanto que seguían a sus generales. Cuando los generales desaparecían, los soldados se dispersaban y se enganchaban en otros ejércitos. Muchos admiraban la frialdad consumada de César Borgia en estos asuntos... No se ofendía de la moralidad corriente... Muchas personas aceptaban en Italia como suficiente la frase de Maquiavelo con respecto a César Borgia: «Está bien engañar a quienes se han mostrado maestros de la traición». La conducta de César era juzgada según sus éxitos. (CREIGHTON, *Historia del papado*, vol. V, pág. 42.)

En el Renacimiento italiano, como en la antigua Grecia, se combinaba un nivel muy alto de civilización con un nivel muy bajo de la moralidad. Ambas edades exhiben las mayores alturas del genio y las mayores profundidades de la bribonería y en ambas los bribones y los hombres de genio no son en modo alguno antagónicos los unos de los otros. Leonardo erigió fortificaciones para César Borgia; algunos de los discípulos de Sócrates se contaron entre los peores de los treinta tiranos: los discípulos de Platón estuvieron mezclados con hechos vergonzosos en Siracusa y Aristóteles se casó con la sobrina de un tirano. En ambas edades el arte, la literatura y el crimen florecieron juntos durante cerca de ciento cincuenta años y se extinguieron juntos gracias a la acción de las menos civilizadas pero más coherentes naciones del oeste y del norte. En ambos casos la pérdida de la independencia política implicó, no solamente la decadencia cultural, sino la pérdida de la supremacía comercial y el empobrecimiento catastrófico.

Los períodos de poder desnudo son generalmente breves. Terminan casi siempre de uno de tres modos. El primero es la conquista exterior, como en los casos de Grecia y de Italia que hemos considerado anteriormente. El segundo es el establecimiento de una dictadura estable, que se hace pronto tradicional. El ejemplo más notable de esto es el imperio de Augusto, después del período de las guerras civiles desde Mario hasta la derrota de Antonio. El tercero es la aparición de una religión nueva, empleando la palabra en un sentido más amplio. Un ejemplo evidente de esto es la manera como Mahoma unió a las tribus guerreras de Arabia. El reinado de la fuerza desnuda en las relaciones internacionales después de la Gran Guerra pudo haber terminado en la adopción del comunismo en toda Europa si Rusia hubiese tenido un excedente exportable de alimentos.

Donde existe el poder desnudo, no sólo internacionalmente, sino en el gobierno interno del Estado, los métodos de adquirir el poder son mucho más crueles que en otras partes. Este tema ha sido tratado de una vez por todas por Maquiavelo. Véase, por ejemplo, su referencia laudatoria a las medidas de César Borgia para protegerse en caso de que muriera Alejandro VI:

> Decidió obrar de cuatro maneras. Primero, exterminando a las familias de aquellos señores a quienes había despojado, a fin de evitar ese pretexto por parte del Papa. Segundo, ganando para sí mismo a todos los caballeros de Roma, de modo que fuese capaz de contener al Papa, con su ayuda. Tercero, atrayéndose más al Colegio de Cardenales. Cuarto, adquiriendo tal poder antes de que muriese el Papa que pudiera resistir la conmoción con sus propios medios. De estos cuatro proyectos había realizado ya

tres cuando murió Alejandro, pues había dado muerte a tantos señores desposeídos como pudo echar mano y muy pocos se le escaparon, etcétera.

El segundo, el tercero y el cuarto de estos métodos pueden ser empleados en cualquier tiempo, pero el primero conmovería a la opinión pública en un período de gobierno tranquilo. Un primer ministro británico no puede esperar la consolidación de su posición dando muerte al caudillo de la oposición. Pero donde existe el poder desnudo esas restricciones morales son inoperantes.

El poder es desnudo cuando los que están sometidos a él lo respetan únicamente porque es poder y no por otra razón. Así, una forma de poder que ha sido tradicional se convierte en desnuda tan pronto como la tradición deja de ser aceptada. De aquí se deduce que los períodos de pensamiento libre y de crítica vigorosa tienden a desarrollarse en los períodos de poder desnudo. Así sucedió en Grecia y así en el Renacimiento italiano. La teoría apropiada para el poder desnudo ha sido establecida por Platón en el primer libro de la *República* por boca de Trasímaco, quien se siente molesto con Sócrates por su amable intento de encontrar una definición ética de la justicia. «Mi doctrina —dice Trasímaco— es que la justicia es simplemente el interés del más fuerte.» Y prosigue:

Cada gobierno tiene sus leyes destinadas a servir a sus propios intereses. Una democracia hace leyes democráticas, una autocracia hace leyes despóticas, y así sucesivamente. Ahora bien, con este modo de proceder esos gobiernos declaran que lo que está en su interés es justo para sus súbditos, y que lo que se desvía de él es castigado por ello como culpable de ilegalidad y de injusticia. En consecuencia, mi buen señor, mi opinión es que en todas las ciudades la misma cosa, es decir, el interés del gobierno establecido, es lo justo. Y supongo que la fuerza superior se encontrará del lado del gobierno. Así, pues, la conclusión que se saca de un razonamiento recto es que la misma cosa, es decir, el interés del más fuerte, es lo justo en todas partes.

En dondequiera que este punto de vista es aceptado generalmente, los gobernantes dejan de estar sujetos a las restricciones morales, pues lo que hacen para conservar el poder no sorprende a nadie sino a los que sufren directamente. Igualmente los rebeldes sólo están contenidos por el miedo al fracaso; si pueden triunfar por medios crueles es preciso que no tengan miedo de que esa crueldad les haga impopulares.

La doctrina de Trasímaco, donde es aceptada generalmente, hace la existencia de una comunidad ordenada, enteramente dependiente de la fuerza física directa a disposiciones del gobierno. Lo cual hace inevitable la tiranía militar. Otras formas de gobierno únicamente pueden ser estables donde hay alguna creencia difundida que inspira respeto por la distribución de poder existente. Las creencias que han tenido éxito a este respecto han sido generalmente de tal clase que no han podido resistir la crítica intelectual. El poder se ha limitado algunas veces, con el consentimiento general, a las familias reales, a los aristócratas, a los ricos, a los hombres en oposición a las mujeres y a los blancos en oposición a los hombres de otro color. Pero la difusión de la inteligencia entre los súbditos les ha llevado a rechazar esas limitaciones y los poseedores del poder se han visto obligados a ceder o a apoyarse en la fuerza desnuda. Si un gobierno ordenado ha de contar con el consentimiento general, debe encontrarse algún modo de persuadir a la mayoría de la humanidad de que acepte una doctrina diferente de la de Trasímaco.

Dejo para un capítulo posterior la consideración de los medios de obtener el consentimiento general para una forma de gobierno de otro modo que por medio de la superstición, pero serán apropiadas en este lugar unas observaciones preliminares. En primer lugar, el problema no es esencialmente insoluble, puesto que fue resuelto en los Estados Unidos. (Difícilmente puede decirse que ha sido resuelto en Gran Bretaña, pues el respeto por la corona ha sido un elemento esencial en la estabilidad británica.) En segundo lugar, las ventajas de un gobierno ordenado pueden comprobarse generalmente; esto implica usualmente la existencia de oportunidades, para los hombres enérgicos, de hacerse ricos o poderosos por los medios constitucionales. Cuando una clase que contiene individuos hábiles y enérgicos es apartada de la carrera deseada, existe un elemento de inestabilidad que llevará probablemente a la rebelión más pronto o más tarde. En tercer lugar, habrá necesidad de alguna convención social adoptada deliberadamente en interés del orden y no tan flagrantemente injusta como para provocar una oposición muy extendida. Semejante convención, si tiene éxito durante algún tiempo, se hará pronto tradicional y poseerá toda la fuerza que corresponde al poder tradicional.

El contrato social de Rousseau no le parece muy revolucionario a un lector moderno y es difícil comprender por qué era considerado tan peligroso por los gobiernos. La razón principal es, según creo, que basa el poder gubernamental en una convención adoptada por motivos racionales y no en la veneración supersticiosa por los monarcas. El efecto de las doctrinas de Rousseau en el mundo muestra la dificultad de que los hombres se pongan de acuerdo sobre una base de gobierno no supersticiosa. Quizá eso no es posible cuando la superstición es barrida demasiado repentinamente: es necesaria cierta práctica en la cooperación voluntaria como una preparación preliminar. La gran dificultad es que el respeto a la ley es esencial para el orden social, pero es imposible bajo un régimen tradicional que no cuenta ya con el consentimiento general y es necesariamente desatendido en una revolución. Pero aunque el problema es difícil puede ser resuelto si la existencia de las comunidades ordenadas es compatible con el libre ejercicio de la inteligencia. La naturaleza de este problema ha sido mal entendida algunas veces. No es suficiente hallar con el pensamiento una forma de gobierno que según los teóricos parece no proporcionar un motivo adecuado para la revuelta; es necesario encontrar una forma de gobierno que pueda ser traída actualmente a la existencia y más adelante, si existe, merezca la lealtad suficiente para poder suprimir o prevenir toda revolución. Éste es un problema práctico de habilidad estadista, que debe tomar por su cuenta todas las creencias y prejuicios de la población respectiva. Hay quienes creen que casi todos los grupos humanos, una vez que se ha puesto en marcha la maquinaria del Estado, pueden, por medio de la propaganda, asegurar el consentimiento general. Hay, sin embargo, evidentes limitaciones para esa doctrina. La propaganda del Estado se ha mostrado en los tiempos recientes impotente cuando se oponía al sentimiento nacional, como en la India y (antes de 1921) en Irlanda. Es difícil obrar contra un fuerte sentimiento religioso. Hasta qué punto y por cuánto tiempo puede prevalecer sobre el propio interés de la mayoría es una cuestión todavía dudosa. Puede admitirse, sin embargo, que la propaganda del Estado se hace cada vez más eficaz; el problema de asegurar el consentimiento se hace en consecuencia más fácil para los gobiernos. Las cuestiones que hemos planteado serán consideradas más completamente en capítulos posteriores; al presente basta con tenerlas en cuenta.

He hablado hasta aquí del poder político, pero en la esfera económica el poder desnudo es por lo menos igualmente importante. Marx consideraba todas las relaciones económicas, excepto en la comunidad socialista del futuro, como gobernadas enteramente por el poder desnudo. Por el contrario, Elie Halévy, el historiador del benthanismo, mantuvo una vez que, hablando en general, lo que se le paga a un hombre por su trabajo es lo que él cree que se le debe pagar. Yo estoy seguro de que esto no es cierto de los autores: en mi caso siempre me he encontrado con que cuanto más creía que valía un libro tanto menos me pagaban por él. Y si los hombres de negocios que tienen éxito creen realmente que su trabajo merece lo que les produce, deben ser más estúpidos de lo que parecen. Sin embargo, hay una parte de verdad en la teoría de Halévy. En una comunidad estable no debe haber una clase considerable con un ardiente sentimiento de injusticia. Hay que suponer, por lo tanto, que donde no existe un gran descontento económico la mayoría de los hombres no se consideran mal pagados. En las comunidades no desarrolladas en las cuales el modo de vida de un hombre depende del derecho escrito más que de un contrato, se considerará generalmente que lo que constituye la costumbre es lo justo. Pero aun entonces la fórmula de Halévy invierte la causa y el efecto: la costumbre es la causa del sentimiento de lo que es justo y no viceversa. En este caso el poder económico es tradicional y solamente se hace desnudo cuando las viejas costumbres cambian o cuando por alguna razón se convierten en objeto de la crítica.

En la infancia del industrialismo no existían costumbres para regular los sueldos que había que pagar y los empleados no estaban organizados todavía. En consecuencia, la relación del patrono con el empleado estaba de acuerdo con el poder desnudo, dentro de los límites consentidos por el Estado; y al principio esos límites eran muy amplios. Los economistas ortodoxos han dicho que los jornales por una labor no técnica pueden tender siempre a caer al nivel de la subsistencia, pero no se han dado cuenta de que eso depende de la exclusión de los jornaleros del poder político y de los beneficios de la combinación. Marx dijo que se trataba de una cuestión de poder, pero yo opino que subestimó el poder político comparado con el poder económico. Los sindicatos, que aumentan inmensamente el poder contractual de los jornaleros, pueden ser suprimidos si los jornaleros no tienen participación en el poder político; una serie de decisiones legales les hubiera perjudicado en Inglaterra a no ser por el hecho de que desde 1868 en adelante los trabajadores urbanos poseen el derecho del voto. Desde que existe la organización de los sindicatos los jornales ya no están determinados por el poder desnudo, sino por el contrato, como en la compra y venta de comodidades.

La parte desempeñada por el poder desnudo en la economía es mucho mayor de lo que se pensaba que era antes de que la influencia de Marx se haya dejado sentir. En ciertos casos, eso es evidente. El botín obtenido de su víctima por un salteador de caminos o de la nación vencida por un conquistador es evidentemente una materia de poder desnudo. Así es la esclavitud, cuando el esclavo no consiente en ella gracias a una larga costumbre. Un pago es obtenido por el poder desnudo si ha sido hecho a pesar de la indignación de quien lo hace. Esa indignación existe en dos clases de casos: cuando el pago no es usual y cuando, debido a un cambio de punto de vista, lo que era usual se considera ahora injusto. Antiguamente un hombre tenía el completo dominio de la propiedad de su esposa, pero el movimiento feminista produjo una revuelta contra esa costumbre, lo que llevó a un cambio en la ley. Antiguamente los patronos no tenían responsabilidad por los accidentes de sus empleados; en esto también cambió el sentimiento, lo que trajo consigo una alteración de la ley. Los ejemplos de esta clase son innumerables.

Un obrero socialista puede sentir que es injusto que sus ingresos sean menores que los de su patrón; en ese caso es el poder desnudo el que le obliga a conformarse. El viejo sistema de desigualdad económica es tradicional y no despierta indignación por sí mismo, sino en aquellos que se rebelan contra la tradición. Así, el crecimiento de la opinión socialista hace más desnudo el poder del capitalista. El caso es análogo al de la herejía y el poder de la Iglesia católica. Existen, como hemos visto, ciertos peligros que son inherentes al poder desnudo, en oposición al poder que se basa en el consentimiento. En consecuencia, el aumento de la opinión socialista tiende a hacer más dañino el poder de los capitalistas, excepto en aquello que la crueldad de su ejercicio puede ser mitigada por el miedo. Dada una comunidad organizada completamente según el modelo marxista, en la cual todos los obreros son socialistas convencidos y todos los demás son igualmente defensores convencidos del sistema capitalista, el partido victorioso, cualquiera de ellos que sea, no dejará de utilizar la fuerza desnuda para dominar a sus opositores. Esta situación, que ya profetizó Marx, sería muy grave. La propaganda de sus discípulos, en la medida del éxito obtenido, tiende a ponerlo por obra.

La mayor parte de las grandes abominaciones de la historia humana están relacionadas con el poder desnudo, no solamente las asociadas con la guerra, sino también otras igualmente terribles si bien menos espectaculares. La esclavitud y el comercio de esclavos, la explotación del Congo, los horrores del primitivo industrialismo, la crueldad con los niños, las torturas judiciales, las leyes criminales, las prisiones, los hospicios, las persecuciones religiosas, las campañas antisemitas, las crueles frivolidades de los déspotas, la increíble iniquidad en el tratamiento de los opositores políticos en Alemania y en Rusia en los presentes días, todos ellos son ejemplos del uso del poder desnudo contra sus víctimas indefensas.

Muchas formas de poder injusto que están profundamente arraigadas en la tradición pueden haber sido desnudas en algún tiempo. Las esposas cristianas obedecieron durante muchos siglos a sus esposos porque san Pablo dijo que debían hacerlo así; pero la historia de Jasón y Medea ilustra las dificultades que han tenido que vencer los hombres antes de que la doctrina de san Pablo fuese aceptada generalmente por las mujeres.

Puede existir el poder de los gobernantes y el de los aventureros anarquistas. Debe ser un poder desnudo cuando se trata de los rebeldes que obran contra un gobierno de criminales ordinarios. Pero si la vida humana ha de ser para la masa de la humanidad algo mejor que una triste miseria salpicada de momentos de horror, debe haber el menos poder desnudo que sea posible. El ejercicio del poder, si ha de ser algo mejor que la imposición de caprichosas torturas, debe ser limitado por la ley y la costumbre y solamente debe ser permitido después de la debida deliberación, a cargo de hombres que están estrechamente relacionados con los intereses de aquellos que les están sujetos.

Yo no pretendo que esto sea fácil. Implica, desde luego, la eliminación de la guerra, pues toda guerra es un ejercicio del poder desnudo. Implica un mundo libre de esas opresiones intolerables que provocan las rebeliones. Implica la elevación del nivel de vida en todo el mundo, y especialmente en la India, en China y en el Japón por lo menos a la altura que alcanzó en los Estados Unidos antes de la depresión. Implica instituciones análogas a la de los tribunos romanos, no para el pueblo en conjunto, sino para cada sección que está sujeta a la opresión, como las minorías y los criminales. Implica, sobre todo, una opinión pública vigilante, con oportunidades de averiguar los hechos.

Es inútil confiar en la virtud de algunos individuos o de algún grupo de individuos. El rey filósofo fue descartado hace tiempo como un sueño aislado, pero el partido filósofo, aunque igualmente falso, es jaleado como un gran descubrimiento. No puede encontrarse una solución real del problema del poder en el gobierno irresponsable de una minoría ni en ningún otro método abreviado. Pero la discusión de esta materia debe ser dejada para otro capítulo.

7

EL PODER REVOLUCIONARIO

Observamos que un sistema tradicional puede originarse de dos modos diferentes. Puede suceder que las creencias y los hábitos mentales en los que se basaba el viejo régimen dejen lugar al simple escepticismo; en ese caso, la cohesión social solamente puede ser preservada por el ejercicio del poder desnudo. O puede suceder que una nueva creencia, que implica nuevos hábitos mentales, adquiera un creciente arraigo en los hombres y al final se haga lo bastante fuerte para sustituir a un gobierno en armonía con las nuevas convicciones que sustituyen a las que resultan ya anticuadas. En ese caso, el nuevo poder revolucionario tiene características diferentes de las del poder tradicional y de las del poder desnudo. Es cierto que si la revolución tiene buen éxito, el sistema que establece se convierte pronto en tradicional; es cierto también que la lucha revolucionaria, si es severa y prolongada, degenera con frecuencia en una lucha por el poder desnudo. Sin embargo, los adherentes a un nuevo credo son psicológicamente muy diferentes de los aventureros ambiciosos y sus efectos pueden ser más importantes y más permanentes.

Ilustraré el poder revolucionario considerando cuatro ejemplos: I) la cristiandad primitiva; II) la Reforma; III) la Revolución francesa y el nacionalismo; IV) el socialismo y la Revolución rusa.

I) *El cristianismo primitivo*. Me refiero al cristianismo solamente en cuanto afecta al poder y a la organización social y no, excepto incidentalmente, en lo que respecta a la religión personal.

El cristianismo fue en los primeros tiempos enteramente apolítico. Los mejores representantes de la tradición primitiva en nuestro tiempo son los cristadelfianos, que creen que es inminente el fin del mundo y se niegan a tener participación alguna en los asuntos seculares. Esta actitud, sin embargo, solamente le es posible a una pequeña secta. Según creció el número de los cristianos y la Iglesia se hizo más poderosa, era inevitable que aumentase también su deseo de influir en el Estado. La persecución de Diocleciano debió fortalecer mucho ese deseo. Los motivos de la conversión de Constantino siguen siendo más o menos oscuros, pero es evidente que fueron principalmente políticos, lo que implica que la Iglesia se había hecho ya políticamente influyente. La diferencia entre las enseñanzas de la Iglesia y las doctrinas tradicionales del Estado romano eran tan grandes que la revolución que se produjo en la época de Constantino debe ser contada entre las más importantes de la historia.

En relación con el poder, la más importante de las doctrinas cristianas era: «Debemos obedecer a Dios más bien que al hombre». Nunca había existido antes un precepto análogo a éste, excepto entre los judíos. Existían, es verdad, deberes religiosos, pero no se hallaban en conflicto con los deberes para con el Estado, excepto entre los judíos y los cristianos. Los paganos consentían voluntariamente en el culto al emperador, aun cuando consideraban que su pretensión de divinidad estaba totalmente desprovista de verdad metafísica. Para los cristianos, por el contrario, la verdad metafísica era de la mayor importancia: creían que si realizaban un acto de adoración a alguien que no fuera el verdadero Dios incurrirían en el peligro de condenación y preferían el martirio como un peligro menor.

El principio de que debemos obedecer a Dios antes que a los hombres ha sido interpretado por los cristianos de dos maneras diferentes. Los mandamientos de Dios pueden ser transmitidos a la conciencia individual, ya sea directamente, ya indirectamente por medio de la Iglesia. Nadie, excepto Enrique VIII y Hegel, ha sostenido hasta nuestros días que pueden ser transmitidos por medio del Estado. La enseñanza cristiana ha implicado, por consiguiente, un debilitamiento del Estado, ya sea en favor del derecho al juicio privado, ya sea en favor de la Iglesia. Lo primero, teóricamente, implica la anarquía; lo último implica dos autoridades, la Iglesia y el Estado, sin principio alguno de acuerdo con el cual sean delimitadas las dos esferas. ¿Cuáles son las cosas que pertenecen a César y cuáles son las que pertenecen a Dios? Para un cristiano es seguramente natural decir que todas las cosas pertenecen a Dios. Las pretensiones de la Iglesia, en consecuencia, es probable que sean tales que el Estado las encuentre intolerables. El conflicto entre la Iglesia y el Estado nunca ha sido resuelto teóricamente y continúa hasta el presente en materias como la educación.

Pudo haberse supuesto que la conversión de Constantino llevaría a la armonía entre la Iglesia y el Estado. Sin embargo, no fue ése el caso. Los primeros emperadores cristianos fueron arrianos, y el período de los emperadores ortodoxos en Occidente fue muy breve, debido a las incursiones de los godos arrianos y de los vándalos. Últimamente, cuando la adhesión de los emperadores de Occidente a la fe católica fue incuestionable, Egipto era monofisita y gran parte del Asia occidental era nestoriana. Los herejes de esos países acogieron a los seguidores del Profeta y les persiguieron menos que el gobierno bizantino. La Iglesia resultaba en todas partes victoriosa en las disputas con el Estado cristiano; únicamente la nueva religión del islam dio al Estado poder para dominar a la Iglesia.

La naturaleza del conflicto entre la Iglesia y el Imperio arriano de los últimos cuatro siglos es ilustrada por la lucha entre la emperatriz Justina y san Ambrosio, arzobispo de Milán, en el año 385. Su hijo Valentiniano era menor de edad y ella actuaba como regente; ambos eran arrianos. Hallándose en Milán durante la Semana Santa, la emperatriz «se persuadió de que un emperador romano podía reclamar en su dominio el ejercicio público de su religión, y propuso al arzobispo, como una concesión moderada y razonable, que se resignase al uso de una sola iglesia tanto en la ciudad como en los suburbios de Milán». Pero la conducta de Ambrosio obedecía a principios muy diferentes. Los palacios de la tierra podían pertenecer ciertamente al César, pero la iglesia era la casa de Dios, y dentro de los límites de su diócesis, él era, como sucesor legal de los apóstoles, el único ministro de Dios. Los privilegios del cristianismo, tanto los temporales como los espirituales, pertenecían únicamente a los verdaderos creyentes, y Ambrosio estaba convencido de que sus opiniones teológicas eran modelos de verdad y de ortodoxia. El arzobispo, que se negó a mantener conferencia o negociación alguna con los instrumentos de Satán, declaró con modesta ferocidad su resolución de morir como mártir antes que ceder al sacrilegio impío.

Pronto pareció, sin embargo, que no tenía necesidad de temer el martirio. Cuando fue llamado ante el Consejo fue seguido por una gran muchedumbre encolerizada, que amenazó con invadir el palacio y quizá dar muerte a la emperatriz y a su hijo. Los mercenarios godos, aunque eran arrianos, dudaron en actuar contra un hombre tan santo y, para evitar una revolución, la emperatriz se vio obligada a ceder. «La madre de Valentiniano nunca pudo olvidar el triunfo de Ambrosio y el joven príncipe exclamó apasionadamente que sus sirvientes estaban dispuestos a traicionarle y entregarle a un sacerdote insolente» (GIBBON, cap. XXVI).

Al año siguiente (386), la emperatriz intentó de nuevo imponerse al santo. Fue pronunciado contra él un edicto de destierro. Pero él se refugió en la catedral, donde fue ayudado día y noche por los fieles y los que recibían la caridad eclesiástica. Para mantenerlos despiertos, «introdujo en la iglesia de Milán la útil institución de una salmodia fuerte y regular». El celo de sus seguidores fue reforzado por los milagros y, al final, «el débil soberano de Italia se encontró incapaz de contender con el favorito del Cielo».

Estas contiendas, que se producían con mucha frecuencia, establecieron el poder independiente de la Iglesia. Su victoria fue debida en parte a las limosnas, en parte a la organización, pero principalmente al hecho de que no se le oponía ninguna doctrina o sentimiento vigorosos. Mientras Roma conquistaba, un romano podía sentir fuertemente la gloria del Estado, porque halagaba su orgullo imperial; pero en el siglo IV ese sentimiento se había extinguido hacía largo tiempo. El entusiasmo por el Estado, como una fuerza comparable con la religión, revivió únicamente con la aparición del nacionalismo en los tiempos modernos.

Toda revolución triunfante conmueve la autoridad y hace más difícil la cohesión social. Así sucedió con la revolución que dio el poder a la Iglesia. No solamente debilitó mucho al Estado, sino que dio el modelo para las revoluciones subsiguientes. Además, el individualismo, que fue un elemento importante de la enseñanza cristiana en los primeros días, subsistió como una fuente peligrosa de rebelión teológica y de rebelión laica. La conciencia individual, cuando no podía aceptar el veredicto de la Iglesia, podía encontrar apoyo en los Evangelios para negarse a someterse. La herejía podía ser molesta para la Iglesia, pero no era contraria al espíritu del cristianismo primitivo.

Esta dificultad es inherente a toda autoridad que debe su origen a la revolución. Debe sostener que la revolución original era justificada y no puede, lógicamente, pretender que todas las revoluciones subsiguientes sean malas.*

El fuego anárquico se mantuvo en el cristianismo aunque profundamente enterrado, a través de la Edad Media; con la Reforma surgió repentinamente a la superficie, produciendo una gran conflagración.

II) *La Reforma.* Desde el punto de vista del poder, la Reforma tiene dos aspectos que nos interesan: por un lado, su anarquismo teológico debilitó a la Iglesia; por el otro lado, al debilitar a la Iglesia fortaleció al Estado. La Reforma fue importante principalmente como destrucción parcial de una gran organización internacional que repetidamente ha demostrado ser más fuerte que cualquier gobierno secular. Lutero, para poder triunfar contra la Iglesia y los extremistas, se vio obligado a apoyarse en los príncipes seculares; la Iglesia luterana no mostró nunca, hasta los tiempos de Hitler, deslealtad alguna a los gobiernos que no eran católicos. La revuelta de los aldeanos dio a Lutero otra razón para predicar la sumisión a los príncipes. La Iglesia, como un poder independiente, dejó prácticamente de existir en los países luteranos y se convirtió en una parte de la maquinaria para predicar la sumisión al gobierno laico.

---

* El intento de hacerlo así tiene a veces extraños resultados. En Rusia, en la actualidad, se impide a los jóvenes cuidadosamente que lean los relatos laudatorios del movimiento revolucionario de los días del zarismo. *La carta de un viejo bolchevique* (GEORGE ALLEN y UNWIN), después de referirse a un supuesto plan de algunos estudiantes para matar a Stalin, continúa: «Desde los estudiantes acusados se tendían hilos hacia los *profesores de ciencia política y de historia partidaria.* Es fácil encontrar en cualquier lectura de la historia del movimiento revolucionario ruso páginas que conducen hoy en día al cultivo de las actitudes críticas con respecto al gobierno y los jóvenes exaltados prefieren siempre apoyar sus conclusiones con respecto al presente en la cita de hechos que se les ha enseñado en la escuela como oficialmente establecidos. Todo lo que Agranov tuvo que hacer fue apoyarse en los profesores que, en su opinión, debían ser considerados como compañeros de conspiración».

En Inglaterra, Enrique VIII tomó en sus manos el asunto con su característico vigor y crueldad. Al declararse a sí mismo jefe de la Iglesia de Inglaterra comenzó a trabajar para hacer a la religión secular y nacional. Él no quería que la religión de Inglaterra fuese parte de la religión universal de la cristiandad; quería que la religión inglesa fuese administrada para su gloria más bien que para la gloria de Dios. Por medio de Parlamentos subordinados, alteró los dogmas como le plugo y no tuvo dificultad en ejecutar a aquellos a quienes no agradaban sus alteraciones. La disolución de los monasterios le produjo beneficios, que le permitieron destruir fácilmente insurrecciones católicas como la de la Peregrinación de las Indulgencias. La pólvora y la guerra de las Rosas habían debilitado a la vieja aristocracia feudal, cuyas cabezas cortó dondequiera que lo juzgó necesario. Wolsey, que se apoyaba en el antiguo poder de la Iglesia, cayó; Cromwell y Cranmer eran instrumentos subordinados de Enrique. Éste era un iniciador que mostró el primero al mundo cuál podía ser el poder del Estado con el eclipse de la Iglesia.

La obra de Enrique VIII pudo no haber sido permanente a no ser por el hecho de que bajo la reina Isabel una forma de nacionalismo asociada con el protestantismo se hizo a la vez necesaria y lucrativa. La propia defensa exigía la derrota de la España católica y adoptó la forma agradable de capturar los barcos españoles que transportaban los tesoros de las Indias. Después de esa época el único peligro para la Iglesia anglicana procedía de la izquierda y no de la derecha. Pero el ataque desde la izquierda fue vencido y fue sucedido por

> *Good King Charles's golden days,*
> *When loyalty no harm meant.*

El *Vicar of Bray* documenta la derrota de la Iglesia por el Estado en los países protestantes. Mientras la tolerancia religiosa no fue considerada posible, el erastianismo fue el único sustituto posible de la autoridad del papa y de concilios generales.

El erastianismo, sin embargo, nunca podía satisfacer a los hombres en los que estaba arraigada fuertemente la religión personal. Había algo de grotesco en pedir a los hombres que se sometieran a la autoridad del Parlamento en cuestiones como la existencia del purgatorio. Los independientes rechazaron igualmente la autoridad teológica del Estado y de la Iglesia y reclamaron el derecho al juicio privado, con el corolario de la tolerancia religiosa. Este punto de vista se asoció rápidamente con la revuelta contra el despotismo laico. Si cada individuo tenía el derecho a sus propias opiniones teológicas, ¿no tendría también otros derechos? ¿No existían límites determinados para lo que los gobiernos podían hacer con los ciudadanos privados? De aquí la doctrina de los Derechos del Hombre, llevados a través del Atlántico por los secuaces vencidos de Cromwell, representados por Jefferson en la Constitución Norteamericana y devueltos a Europa por la Revolución francesa.

III) *La Revolución francesa y el nacionalismo*. El mundo occidental, desde la Reforma hasta 1848, estaba sufriendo un trastorno continuo que puede llamarse la Revolución de los Derechos del Hombre. En 1848, ese movimiento comenzó a transformarse en nacionalismo al este del Rin. En Francia, la asociación había existido desde 1792 y en Inglaterra desde el comienzo. En América existía desde 1776. El aspecto nacionalista del movimiento se había supeditado gradualmente al aspecto de los Derechos del Hombre, pero éste fue al principio el más importante.

Es costumbre en nuestros días desdeñar los Derechos del Hombre como una pieza de retórica superficial del siglo XVIII. Es cierto que, considerada filosóficamente, la doctrina es indefendible; pero histórica y pragmáticamente era útil y ahora gozamos de muchas libertades que ella ayudó a conseguir. Un partidario de Bentham, para quien la concepción abstracta de los «derechos» es inadmisible, hace constar aquello que para los fines prácticos representa esa doctrina en los siguientes términos: «La felicidad general aumenta si se define cierta esfera dentro de la cual cada individuo es libre de actuar como le plazca, sin intervención de ninguna autoridad externa». La administración de la justicia era también una materia que interesaba a los defensores de los Derechos del Hombre; sostenían que ningún hombre puede ser privado de la vida o de la libertad sin el debido proceso legal. Ésta es una opinión que, sea verdadera o falsa, no implica un absurdo filosófico.

Es evidente que la doctrina es, por su origen y su sentimiento, antigubernamental. El súbdito de un gobierno despótico sostiene que debe ser libre para elegir su religión como le plazca, que debe realizar sus negocios por todos los medios legales sin intervenciones burocráticas, casarse con quien ama y rebelarse contra una dominación extraña. Donde son necesarias las decisiones gubernamentales, éstas deben ser —según pretenden los defensores de los Derechos del Hombre— decisiones de la mayoría o de sus representantes, no de una autoridad arbitraria o simplemente tradicional como la de los reyes y sacerdotes. Estas opiniones han prevalecido gradualmente en todo el mundo civilizado y han producido la mentalidad peculiar del liberalismo, que conserva, aun cuando esté en el poder, cierta suspicacia con respecto a la acción gubernamental.

El individualismo tiene evidentemente relaciones lógicas e históricas con el protestantismo, el cual proclamó sus doctrinas en la esfera teológica, aunque con frecuencia las abandonó cuando adquirió el poder. En el protestantismo hay una relación con el cristianismo primitivo y con su hostilidad al Estado pagano. También hay una profunda conexión con el cristianismo debido a su relación con el alma individual. De acuerdo con la ética cristiana, ninguna necesidad del Estado puede justificar que las autoridades obliguen a un hombre a realizar una acción pecaminosa. La Iglesia sostiene que un matrimonio es nulo si las partes están sujetas a compulsión. Inclusive en la persecución la teoría es todavía individualista: el propósito es llevar al hereje a la retractación y al arrepentimiento, más bien que conseguir un beneficio para la colectividad. El principio de Kant de que cada hombre es un fin para sí mismo se deriva de la enseñanza cristiana. En la Iglesia católica el largo ejercicio del poder ha oscurecido algo el individualismo del cristianismo primitivo; pero el protestantismo, especialmente en sus formas más extremas, lo revivió y lo aplicó a la teoría del gobierno.

Cuando una doctrina revolucionaria y una doctrina tradicional luchan por la supremacía, como sucede en la Revolución francesa, el poder de los vencedores sobre los vencidos es un poder desnudo. Los ejércitos revolucionarios y napoleónicos mostraron una combinación de fuerza propagandística de una nueva doctrina y de poder desnudo en una escala mayor que la que se había visto antes en Europa, y su efecto sobre la imaginación del continente ha durado hasta los días actuales. El poder tradicional fue desafiado en todas partes por los jacobinos, pero fueron los ejércitos de Napoleón los que hicieron efectivo el desafío. Los enemigos de Napoleón lucharon en defensa de los antiguos abusos y establecieron un sistema reaccionario cuando al final quedaron victoriosos. Bajo su triste represión se olvidaron su violencia y su extorsión; la inercia de la Gran Paz hizo que la guerra pareciera espléndida y las bayonetas las precursoras de la libertad. El culto byroniano de la violencia creció durante los años de la Santa Alianza y moldeó gradualmente los pensamientos cotidianos de los hombres. Todo esto es atribuible al poder desnudo de Napoleón y a su relación con los gritos guerreros de emancipación de la Revolución. Hitler y Mussolini, no menos que Stalin, deben su éxito a Robespierre y a Napoleón.

El poder revolucionario, como lo demuestra el caso de Napoleón, es muy propenso a degenerar en poder desnudo. El choque de los fanatismos rivales, ya sea en la conquista exterior, en las persecuciones religiosas o en la guerra de clases, se distingue, es verdad, del poder desnudo por el hecho de que es un grupo y no un individuo el que busca el poder y porque lo busca, no por su cuenta, sino en beneficio de su doctrina. Pero desde que su propósito es el poder y desde que en un largo conflicto el fin puede ser olvidado, hay una tendencia, especialmente si la lucha es larga y severa, a que el fanatismo se transforme gradualmente en la simple persecución de la victoria. La diferencia entre el poder revolucionario y el poder desnudo es, en consecuencia, mucho menor con frecuencia que lo que parece a primera vista. En la Hispanoamérica la revuelta contra España fue dirigida al principio por los liberales y demócratas, pero terminó en muchos casos con el establecimiento de una serie de dictaduras inestables separadas entre sí por motines. Solamente donde la fe revolucionaria es fuerte y está muy extendida, y la victoria no se retrasa demasiado, puede sobrevivir el hábito de la cooperación al sacudimiento que implica la revolución y capacita al nuevo gobierno para apoyarse más en el consentimiento que en la fuerza militar. Un gobierno sin autoridad psicológica es una tiranía.

IV) *La Revolución rusa.* Es demasiado pronto para juzgar la importancia de la Revolución rusa en la historia del mundo. Solamente podemos hablar de algunos de sus aspectos. Como el cristianismo primitivo, predica doctrinas internacionales y aun antinacionales; como el islam, pero no como el cristianismo, es esencialmente política. Sin embargo, la única parte de su doctrina que ha demostrado ser eficaz es el rechazo del liberalismo. Hasta noviembre de 1917 el liberalismo solamente había sido combatido por los reaccionarios; los marxistas, como los otros progresistas, abogaban en favor de la democracia, de la palabra libre, de la prensa libre y del resto del aparato político liberal. El gobierno soviético, cuando alcanzó el poder, volvió a las enseñanzas de la Iglesia católica de los primeros días: que la misión de la autoridad es propagar la verdad, ya sea mediante la enseñanza positiva, ya mediante la supresión de las doctrinas rivales. Esto implicaba, por supuesto, el establecimiento de una dictadura antidemocrática cuya estabilidad dependía del Ejército Rojo. Lo nuevo era la amalgama del poder político y económico que hizo posible un enorme aumento de la fiscalización gubernamental.

La parte internacional de la doctrina comunista ha demostrado ser ineficaz, pero el rechazo del liberalismo ha tenido un éxito extraordinario. Desde el Rin hasta el océano Pacífico en todas partes son rechazadas sus doctrinas principales; primero Italia y después Alemania adoptaron la técnica política del bolcheviquismo; aun en los países que siguen siendo democráticos, la fe liberal ha perdido su fervor. Los liberales sostienen, por ejemplo, que cuando los edificios públicos son destruidos por incendios, la policía y los juzgados deben procurar descubrir a los culpables; pero los hombres de pensamiento moderno, como Nerón, sostienen que la culpa debe ser atribuida mediante testimonios manufacturados, a cualquier partido que no les agrade personalmente. Sostienen, como san Ambrosio, que debe haber libertad para su partido, pero no para otro alguno.

El resultado de semejantes doctrinas es transformar todo el poder, primero en poder revolucionario y luego, mediante las gradaciones inevitables, en poder desnudo. Este peligro es inminente; pero nada diré de los medios de evitarlo hasta un capítulo posterior.

La decadencia del liberalismo tiene muchas causas, tanto técnicas como psicológicas. Pueden encontrarse en la técnica de la guerra, en la técnica de la producción, en el aumento de las facilidades para la propaganda, y en el nacionalismo, que es en sí mismo una consecuencia de las doctrinas liberales. Todas esas causas, especialmente donde el Estado tiene un poder tanto económico como político, han aumentado inmensamente el poder de los gobiernos. Los problemas de nuestro tiempo, en lo que se refiere a la relación del individuo con el Estado, son problemas nuevos que Locke y Montesquieu no serían capaces de resolver. Una comunidad moderna, tanto como las del siglo xviii, requiere, si ha de seguir siendo feliz y próspera, una esfera de iniciativa individual, pero esa esfera debe ser definida de nuevo y defendida por nuevos métodos.

8

EL PODER ECONÓMICO

El poder económico, a diferencia del poder militar, no es primario sino derivado. Dentro del Estado depende de la ley; en los asuntos internacionales solamente depende de la ley en sus problemas menores, pero cuando se trata de los problemas mayores depende de la guerra o de la amenaza de guerra. Ha sido una costumbre aceptar el poder económico sin análisis, y eso ha llevado en los tiempos modernos a un indebido énfasis sobre la economía, como opuesta a la guerra y a la propaganda, en la interpretación causal de la historia.

Aparte del poder económico del trabajo, todo otro poder económico, en último análisis, consiste en ser capaz de decidir, mediante el uso de la fuerza armada si es necesario, a quién se permitirá permanecer en determinado trozo de terreno, colocar cosas en él y tomar cosas de él. En algunos casos eso es evidente. El petróleo de Persia pertenece a la Anglo-Persian Oil Company, porque el gobierno británico ha decretado que ningún otro podrá tener acceso a él y desde entonces ha sido lo suficientemente fuerte para mantener su deseo; pero si Gran Bretaña fuese derrotada en una guerra seria, la propiedad cambiaría probablemente. Los yacimientos de oro de Rodesia pertenecen a ciertos ricos porque la democracia británica lo creyó conveniente con objeto de que esos ricos fuesen a la guerra con Lobengula. El petróleo de los Estados Unidos pertenece a ciertas compañías porque poseen un título legal para ello; y las fuerzas armadas de los

Estados Unidos están dispuestas a reforzar esa ley; los indios a los que pertenecían originalmente esas regiones petroleras no tienen título legal porque fueron vencidos en la guerra. El mineral de hierro de Lorena pertenece a los ciudadanos de Francia y de Alemania según quien haya resultado victorioso en la guerra más reciente entre ambos países. Y podríamos citar otros ejemplos.

Pero el mismo análisis puede aplicarse a otros casos menos evidentes. ¿Por qué debe un agricultor pagar renta por su granja y por qué puede vender su cosecha? Debe pagar la renta porque la tierra «pertenece» al terrateniente. El terrateniente posee la tierra porque la ha adquirido mediante la compra o la herencia de alguna otra persona. Siguiendo la historia de ese título retrospectivamente, llegamos en último término a algún hombre que ha adquirido la tierra mediante la fuerza, ya sea el poder arbitrario de un rey ejercido en favor de algún cortesano, o una conquista en gran escala como las de los sajones y normandos. En los intervalos entre esos actos de violencia, el poder del Estado es utilizado para asegurar que la propiedad se transmita de acuerdo con la ley. Y en cuanto a la propiedad territorial, es el poder el que decide quién podrá permanecer en la tierra. Por este permiso paga renta el agricultor y en virtud de él puede vender su cosecha.

El poder del industrial es de la misma clase; descansa, en último análisis, en el lock-out, es decir, en el hecho de que el propietario de una factoría puede acudir a las fuerzas del Estado para impedir que entren en ella personas no autorizadas. En ciertos estados de la opinión pública el Estado puede sentir repugnancia a atender la invitación del propietario a ese respecto; la consecuencia es que son posibles las huelgas de brazos caídos. Tan pronto como son toleradas por el Estado, la propiedad deja de pertenecer completamente al patrón y comienza a ser compartida en algún grado por los empleados.

El crédito es más abstracto que las otras clases de poder económico, pero no es esencialmente diferente. Depende del derecho legal a transferir un exceso de comodidades consumibles de los que las han producido a los que se dedican a un trabajo que no es inmediatamente productivo. En el caso de una persona o de una corporación privadas que piden dinero prestado, las obligaciones pueden ser reforzadas por la ley, pero en el caso de un gobierno, la última sanción es el poder militar de los otros gobiernos. Esta sanción puede fallar, como en Rusia después de la Revolución; cuando falla, el prestatario adquiere simplemente la propiedad del prestamista. Por ejemplo, es el gobierno soviético y no los accionistas de la preguerra quien tiene el poder de decidir, quien puede tener acceso a los yacimientos de oro de Lena.

Así, pues, el poder económico de las personas privadas depende de la decisión de su gobierno de emplear las fuerzas armadas, si es necesario, de acuerdo con una serie de reglamentos referentes a la propiedad de la tierra; en tanto que el poder económico de los gobiernos depende en parte de sus fuerzas armadas y en parte del respeto de los otros gobiernos a los tratados y leyes internacionales.

La conexión del poder económico con el gobierno es hasta cierto punto recíproca; es decir, un grupo de hombres puede, mediante una combinación, adquirir el poder militar y, una vez lo haya adquirido, puede poseer el poder económico. La adquisición del poder económico en último término puede ser, en efecto, el motivo original de su combinación. Consideremos, por ejemplo, las condiciones semianárquicas que prevalecían entre los buscadores de oro en California en 1849 o en Victoria unos pocos años después. Un hombre que poseía oro adquirido legalmente con su esfuerzo no podía decir que poseía poder económico hasta que depositaba su oro en el banco. Hasta entonces se hallaba expuesto a ser robado y muerto. En un estado de anarquía *completa*, que implica la guerra de todos contra todos, el oro puede no tener utilidad excepto para un hombre tan rápido y seguro en el manejo de su revólver que sea capaz de defenderse contra cualquier asaltante; y aun para él sólo será un objeto agradable de contemplar, desde que puede satisfacer sus necesidades mediante la amenaza de muerte sin necesidad de hacer pago alguno. Semejante estado de los negocios será necesariamente inestable, con excepción probablemente de tratarse de una población muy esparcida y bien abastecida. La agricultura es imposible a menos que existan medios de impedir las transgresiones y el robo de las cosechas. Es evidente que una comunidad anárquica compuesta de individuos más o menos civilizados como la de los buscadores de oro necesitará pronto un gobierno de cualquier clase, algo como un comité de vigilantes. Los hombres enérgicos se combinarán para impedir que los otros les despojen. Si no hay una autoridad exterior que intervenga, ellos pueden despojar a los otros, pero lo harán con moderación, por miedo a matar la gallina de los huevos de oro. Pueden, por ejemplo, vender la protección a cambio de un porcentaje en los beneficios. Esto se llama impuesto sobre las rentas. Tan pronto como existen leyes que determinan el otorgamiento de la protección, el reinado de la fuerza militar se disfraza de reinado de la ley y la anarquía deja de existir. Pero la base última de la ley de las relaciones económicas es todavía el poder militar de los vigilantes.

El desarrollo histórico ha sido, por supuesto, diferente, porque ha sido gradual y no dependiente, en general, de los hombres acostumbrados a instituciones más civilizadas que aquellas bajo las cuales vivían en el momento. Mucho de eso ocurre igualmente cuando se trata de una conquista exterior, particularmente si los conquistadores son una pequeña minoría; y la propiedad de la tierra puede ser trazada de nuevo de acuerdo con esta conquista. En las relaciones económicas internacionales, todavía no hemos alcanzado la situación representada por la primera formación del comité de vigilantes: las naciones más fuertes individualmente obtienen cada una su dinero de las más débiles mediante la amenaza de muerte. Esto queda demostrado por las recientes discusiones de Gran Bretaña con México con motivo de la cuestión del petróleo, o mejor todavía por la doctrina Monroe. Un ejemplo más eficaz son las cláusulas de reparación del Tratado de Versalles. Pero en los sistemas económicos internos de los países civilizados los fundamentos legales son complejos. La riqueza de la Iglesia depende de la tradición; los obreros se han aprovechado en cierto modo de los sindicatos y de la acción política; las viudas y los niños poseen derechos basados en los sentimientos morales de la comunidad. Pero cualesquiera puedan ser las leyes económicas hechas por el Estado, es necesario el poder militar en el fondo para defenderlas.

En el caso de las personas privadas, los reglamentos hechos por el Estado constituyen la parte principal de la ley. Esa parte de la ley, como cualquier otra, solamente es eficaz cuando está apoyada por la opinión pública. La opinión pública, de acuerdo con el séptimo mandamiento, reprueba el robo y define al «ladrón» como el que toma la propiedad de una manera condenada por la ley. De este modo el poder económico de las personas privadas se apoya últimamente en la opinión, es decir, en la condenación moral del robo, juntamente con el sentimiento que permite que el robo sea definido por la ley. Donde ese sentimiento es débil o no existe, la propiedad está en peligro. Stalin, por ejemplo, comenzó su carrera como un bandido virtuoso que practicaba su vocación en interés del comunismo. Hemos visto como el poder del papa para eximir a los hombres de las obligaciones morales del séptimo mandamiento le incapacitó para manejar a los banqueros italianos en el siglo XIII.

El poder económico dentro del Estado, aunque derivado en último término de la ley de la opinión pública, adquiere fácilmente cierta independencia. Puede influir en la ley mediante la corrupción y en la opinión pública mediante la propaganda. Puede colocar a los políticos bajo obligaciones que embarazan su libertad. Puede amenazar con provocar una crisis financiera. Pero hay límites bien definidos para lo que puede alcanzar. César contó con la ayuda de sus acreedores para subir al poder, pues aquellos no vieron esperanza alguna de cobrar sino en la ascensión de César; pero cuando triunfó fue lo suficientemente poderoso para desafiarles. Carlos V pidió prestado a los Fugger el dinero necesario para comprar su posición de emperador, pero cuando se hizo emperador se burló de ellos y perdieron lo que le habían prestado.* La Banca de Londres, en nuestros días, ha tenido una experiencia similar al ayudar al restablecimiento económico de Alemania y lo mismo le ha sucedido a Thyssen al ayudar a Hitler a subir al poder.

Consideremos por un momento el poder de la plutocracia en un país democrático. Ha sido incapaz de introducir a los trabajadores asiáticos en California o en Australia, excepto en pequeño número en los primeros días. Ha sido incapaz de destruir el sindicalismo. Ha sido incapaz, especialmente en Gran Bretaña, de evitar el impuesto pesado a los ricos. Y ha

---

* Los Fugger nunca pudieron oponerse a hacer un préstamo a los Habsburgo. Prestaron dinero, no solamente a Carlos V, sino antes de él al emperador Maximiliano y después de él a sus descendientes españoles. La introducción de *Fuggers News Letters* dice: «Por lo menos cuatro millones de ducados fueron ardidos prestados a los Fugger por los reyes españoles y nunca devueltos y no hay exageración en decir que las pérdidas debidas a sus transacciones con los Habsburgo en el Oeste y en el Este son estimadas en ocho millones de florines. Mas para ellos (los Fugger) la Reforma hubiera triunfado probablemente en Alemania sin oposición. Los miembros más capaces de esa casa trabajaron arduamente durante un siglo, pero a sus innumerables herederos no les quedó nada sino una pila de pergaminos extraordinariamente costosa y una propiedad territorial pesadamente hipotecada».

sido incapaz de evitar la propaganda socialista. Por contra, puede impedir que los gobiernos formados por socialistas introduzcan el socialismo, y, si son obstinados, puede derribar a esos gobiernos por medio de una crisis económica o de la propaganda. Si estos medios fracasan, puede provocar una guerra civil para impedir el establecimiento del socialismo. Es decir, que donde el problema es simple y la opinión pública está definida, es indecisa o está desconcertada por la complejidad del problema, la plutocracia puede asegurar el resultado político que desea.

El poder de los gremios obreros es inverso al poder del rico. Los gremios obreros pueden excluir a los trabajadores de color, impedir su propia extinción, asegurar pesados impuestos sobre las rentas y mantener la libertad de su propaganda. Pero hasta ahora no han conseguido implantar el socialismo ni mantener en el poder a gobiernos que a ellos les gustaban, pero de los que desconfiaba la mayoría de la nación.

Así, pues, el poder de las organizaciones económicas para influir en las decisiones políticas de una democracia está limitado por la opinión pública, la cual, en muchos problemas importantes, se niega a dejarse influir ni siquiera por una propaganda muy intensa. La democracia, donde existe, tiene más realidad que la que quisieran admitir muchos enemigos del capitalismo.

Aunque el poder económico, en cuanto es regulado por la ley, depende en último término de la propiedad territorial, no son los terratenientes nominales quienes tienen la mayor participación en él en una comunidad moderna. En los tiempos feudales, los hombres que poseían la tierra tenían el poder; podían tratar de los salarios mediante organizaciones como el Estatuto de los Labradores y el naciente poder del crédito gracias a los programas. Pero donde se ha desarrollado el industrialismo, el crédito se ha hecho más poderoso que la posesión nominal de la tierra. Los terratenientes piden prestado, cuerda o equivocadamente, y al hacerlo dependen de los bancos. Esto es un lugar común y generalmente se lo considera como una consecuencia de los cambios en la técnica de la producción. En realidad, sin embargo, como puede verse en el hecho de que haya ocurrido en la India, donde la técnica agrícola no es moderna, es también el resultado del poder y de la determinación del Estado para hacer cumplir la ley. Donde la ley no es todopoderosa, los prestamistas de dinero suelen ser asesinados de vez en cuando por sus deudores, quienes al mismo tiempo queman todos los documentos que testimonian su deuda. Todas las personas relacionadas con la tierra, desde el príncipe hasta el aldeano, han sido aficionadas a pedir prestado, pero solamente donde la ley es respetada y hay obligación de cumplirla, el prestatario tiene que pagar los intereses hasta que se arruina. Donde eso sucede, el poder económico derivado de la propiedad territorial pasa del prestatario al prestamista. Y en una comunidad moderna el prestamista es generalmente un banco.

En una gran corporación moderna, la propiedad y el poder no están de ningún modo necesariamente combinados. Esta materia, en lo que se refiere a los Estados Unidos, está tratada autorizadamente en un libro muy importante, *The Modern Corporation and Private Property* (La corporación moderna y la propiedad privada), escrito por Berle y Means en 1932. Los autores sostienen que aunque la propiedad es centrífuga, el poder económico es centrípeto; mediante una investigación muy cuidadosa y completa llegan a la conclusión de que dos mil individuos administran la mitad de la industria de los Estados Unidos. Consideran al moderno poder ejecutivo como análogo al de los reyes y papas de los tiempos antiguos; en su opinión, se puede aprender mucho más con respecto a los motivos de su acción estudiando a hombres como Alejandro Magno que considerándolo como el sucesor de los mercaderes que aparecen en las páginas de Adam Smith. La concentración del poder en esas vastas organizaciones económicas es análoga —así arguyen— a la de la Iglesia medieval o la del Estado Nacional y es tal que capacita a las corporaciones para competir en iguales términos con el Estado.

Es fácil ver cómo se ha producido esa concentración. El accionista ordinario de una compañía ferroviaria, por ejemplo, no tiene voto en la administración del ferrocarril; en teoría puede tener tanto como el votante ordinario en una elección parlamentaria tiene en la administración del país, pero en la práctica tiene menos que éste. El poder económico del ferrocarril está en las manos de pocos hombres; en América es corriente que esté en las manos de un solo hombre. En todo país desarrollado la mayor parte del poder económico pertenece a un pequeño grupo de individuos. A veces esos hombres son capitalistas privados, como sucede en los Estados Unidos, Francia y Gran Bretaña; otras veces son políticos, como en Alemania, Italia y Rusia. El último sistema tiene lugar donde se han unido el poder económico y el político. La tendencia del poder económico a concentrarse en unas pocas manos es un lugar común, pero esa tendencia se aplica al poder en general, no solamente al poder económico. Un sistema en el cual el poder económico y el político se han unido pertenece a una etapa del desarrollo posterior a la del sistema en la cual están separados, así como una asociación de industrias del acero pertenece a una etapa posterior a la de un número de pequeños manufactureros de acero que compiten entre sí. Pero yo no quiero discutir ahora el Estado totalitario.

La posesión del poder económico puede llevar a la posesión del poder militar o de propaganda, pero lo mismo se puede producir el proceso contrario. En condiciones primitivas el poder militar es generalmente la fuente de las otras clases de poder, en lo que se refiere a las relaciones entre diferentes países. Alejandro no era tan rico como los persas, y los romanos no eran tan ricos como los cartagineses; pero mediante sus victorias en la guerra, los conquistadores, en ambos casos, se hicieron más ricos que sus enemigos. Los mahometanos, en el comienzo de su carrera de conquistas, eran mucho más pobres que los bizantinos, y los invasores teutónicos eran más pobres que el Imperio de Occidente. En todos esos casos, el poder militar fue la fuente del poder económico. Pero dentro de la nación árabe, el poder militar y económico del Profeta y su familia se derivó de la propaganda; así sucedió con el poder y la riqueza de la Iglesia en Occidente.

Hay cierto número de ejemplos de Estados que han adquirido el poder militar a consecuencia de su potencia económica. En la antigüedad, las ciudades marítimas de Grecia y Cartago fueron los ejemplos más notables. En la Edad Media, las repúblicas italianas; y en los tiempos modernos, primero Holanda y luego Gran Bretaña. En todos estos casos, con la excepción parcial de Inglaterra después de la revolución industrial, el poder económico se basaba en el comercio y no en la propiedad de materias primas. Ciertas ciudades o Estados adquirieron el monopolio parcial del comercio mediante una combinación de habilidad con ventajas geográficas. Las últimas por sí solas no pueden ser suficientes, como puede verse en la decadencia de España en el siglo XVII. La riqueza obtenida mediante el comercio fue invertida, en parte, en el salario de los mercenarios, y eso se hacía como un medio de obtener el poder militar. Este método tiene, sin embargo, el inconveniente de que implica un peligro constante de amotinamiento o de traición en gran escala. Por esa razón, Maquiavelo lo desaprueba y recomienda los ejércitos compuestos de ciudadanos. La recomendación puede ser útil en el caso de un gran país enriquecido por el comercio, pero en el caso de una ciudad-estado de los griegos o de una pequeña república italiana no era utilizable. El poder económico basado en el comercio solamente puede ser estable cuando pertenece a una gran comunidad o a un Estado mucho más civilizado que sus vecinos. El comercio, sin embargo, ha perdido su importancia. Debido a la mejora de los medios de comunicación, la situación geográfica es ahora menos importante que lo que era en otros tiempos; y debido al imperialismo, los Estados importantes tienen menos necesidad de un comercio exterior que la que tenían antes. La forma importante del poder económico en las relaciones internacionales es ahora la posesión de materias primas y de alimentos; y las materias primas más importantes son las necesarias para la guerra. Así, pues, el poder militar y el económico llegan apenas a distinguirse. Tomemos el petróleo, por ejemplo: un país no puede luchar sin petróleo y no puede poseer yacimientos petrolíferos si no puede luchar. Una de las dos condiciones puede fallar: el petróleo de Persia no tenía utilidad para los persas porque carecían de ejércitos adecuados, y las fuerzas armadas de Alemania serían inútiles para los alemanes si no pudieran obtener petróleo. Una situación similar existe con respecto a los alimentos. Una máquina de guerra poderosa requiere una inmensa desviación de las energías nacionales en la producción de alimentos, y por lo tanto depende del dominio militar de grandes extensiones de terreno fértil.

El poder económico y el militar nunca estuvieron en el pasado tan estrechamente relacionados como lo están al presente. Ninguna nación puede ser poderosa sin desarrollar sus industrias y tener acceso a las materias primas y a los alimentos. *Per contra*, únicamente por el poder militar adquieren las naciones el acceso a las materias primas que no pueden obtener en su propio territorio. Los alemanes, durante la guerra, adquirieron mediante la conquista el petróleo de Rumania y las cosechas de Ucrania; y los Estados que obtienen las materias primas de los trópicos mantienen sus colonias por la fuerza militar o por la de sus aliados.

La parte desempeñada por la propaganda en el poder nacional ha aumentado con la difusión de la cultura. Una nación no puede triunfar en una guerra moderna a menos que la mayor parte de los ciudadanos estén dispuestos a sufrir penalidades y muchos a dar su vida. Para producir ese estado de ánimo los gobernantes deben persuadir a sus súbditos de que la guerra es algo importante, tan importante que merece el sacrificio. La propaganda fue en gran parte la causa de la victoria de los aliados en la Gran Guerra y casi la única causa de la victoria de los soviets entre los años 1918 y 1920. Es evidente que las mismas causas que llevan a la unión del poder militar con el económico tienden también a la unificación de ambos con el poder de la propaganda. Hay en realidad una tendencia general hacia la combinación de todas las formas del poder en una organización única, que necesariamente debe ser el Estado. A no ser que entren en juego fuerzas contrarias, la distinción entre las diferentes clases de poder tendrá pronto solamente un interés histórico.

A este respecto podemos considerar una opinión que el marxismo ha hecho familiar, es decir, que el capitalismo tiende a provocar la guerra de clases que en último término domina a todas las otras formas de conflicto. No es de ninguna manera fácil interpretar a Marx, pero parece probado que en los tiempos de paz todo el poder económico pertenece a los terratenientes y capitalistas, que quieren explotar su dominio hasta el máximo, con lo cual impulsan al proletariado a la revuelta. El proletariado, siendo la gran mayoría, vencerá en la guerra tan pronto como esté unido e instituirá un sistema en el cual el poder económico derivado de la tierra y del capital será transferido a la comunidad en su conjunto. Sea o no exactamente esta teoría la de Marx, es, de una manera general, la de los actuales comunistas y en consecuencia merece ser examinada.

La opinión de que todo el poder económico pertenece a los terratenientes y a los capitalistas, aunque es cierta en general y aunque hasta ahora la he dado por supuesta, tiene importantes limitaciones. Los terratenientes y los capitalistas nada pueden hacer sin los obreros, y las huelgas, cuando son lo suficientemente decididas y extensas, pueden asegurar a los obreros una participación en el poder económico. Pero las posibilidades de la huelga constituyen un tema tan corriente que no hablaré más de él.

La segunda cuestión que se plantea es la siguiente. ¿Pueden en realidad los capitalistas explotar su dominio hasta el máximo? Cuando son prudentes no lo hacen, por temor a las consecuencias que previó Marx. Si conceden a los obreros alguna participación en la prosperidad pueden impedir que se hagan revolucionarios; donde los obreros son instruidos resultan, en su mayoría, conservadores.

La suposición de que el proletariado constituye la mayoría es muy discutible. Es definitivamente incierto en los países agrícolas, donde predomina la propiedad rústica. Y en los países donde existe una riqueza más asentada, muchos hombres que desde el punto de vista económico son proletarios, están políticamente del lado de los ricos, porque sus empleos dependen de las demandas del lujo. Si se produce una guerra de clases no es de ningún modo seguro que la ganaría el proletariado.

Finalmente, en una crisis, la mayor parte del pueblo se siente más leal con su nación que con su clase. Puede no ser siempre éste el caso, pero todavía no hay síntomas de un cambio desde 1914, cuando todos los internacionalistas nominales se convirtieron en patriotas belicosos. La guerra de clases, en consecuencia, aunque sigue siendo una posibilidad para un futuro lejano, difícilmente se producirá mientras el peligro de las guerras nacionalistas siga siendo tan grande como al presente.

Puede decirse que la pasada guerra civil en España y su repercusión en los demás países demuestran que la guerra de clases prevalece al presente sobre las consideraciones nacionalistas. Sin embargo, no creo que el curso de los acontecimientos confirme esta opinión. Alemania e Italia tuvieron motivos nacionalistas para ayudar a Franco; Gran Bretaña y Francia tuvieron motivos nacionalistas para oponerse a él. Es cierto que la oposición británica a Franco ha sido mucho menor hasta ahora que lo que hubiera sido únicamente si los intereses británicos hubieran determinado la acción de nuestro gobierno, ya que los conservadores simpatizan naturalmente con el general rebelde. Sin embargo, tan pronto como entran en cuestión problemas como el de los minerales de Marruecos o el dominio naval del Mediterráneo, los intereses británicos dejan de lado las simpatías políticas. La agrupación de las grandes potencias es otra vez la misma que antes de 1914, a pesar de la Revolución rusa. Los liberales sentían aversión por el zar, como los conservadores sienten aversión por Stalin; pero ni sir Edward Grey ni míster Chamberlain pueden permitir que estos asuntos de simpatía obstaculicen la defensa de los intereses británicos.

Para resumir lo que se ha dicho en este capítulo: el poder económico de una unidad militar (que puede estar compuesta de varios Estados independientes) depende: a) de su capacidad para defender su territorio; b) de su poder para amenazar el territorio de los otros; c) de su posesión de materias primas, alimentos y técnica industrial; d) de su poder para suministrar mercaderías o servicios que necesitan las otras unidades militares. En todos estos casos, los factores militares y económicos están mezclados inexplicablemente. Por ejemplo, el Japón, por medios puramente militares, ha adquirido en China las materias primas que son esenciales para una gran fuerza militar, y de la misma manera Gran Bretaña y Francia han adquirido petróleo en el cercano Oriente, pero ambas cosas hubieran sido imposibles sin un grado considerable de desarrollo industrial previo. La importancia de los factores económicos en la guerra crece rápidamente según la guerra se va haciendo más mecánica y científica, pero no se puede suponer con seguridad que la parte que posee recursos económicos superiores saldrá necesariamente victoriosa. La importancia de la propaganda para crear un sentimiento nacional ha aumentado tanto como la de los factores económicos.

En las relaciones económicas internas de un solo Estado la ley pone límites a lo que se puede hacer para extraer la riqueza de los otros. Un individuo o un grupo pueden poseer un monopolio completo o parcial de algo que los otros desean. Los monopolios pueden ser creados por la ley; por ejemplo, las patentes de propiedad literaria y la propiedad territorial. También pueden ser creados por una combinación, como en los casos de las asociaciones industriales o de los gremios obreros. Aparte de lo que los individuos privados o los grupos pueden obtener mediante convenios, el Estado conserva el derecho de tomar por la fuerza lo que considere necesario. Y los grupos privados influyentes pueden inducir al Estado a usar ese derecho, como el poder de hacer la guerra, de una manera ventajosa para ellos mismos aunque no necesariamente para la nación en conjunto. También pueden hacer que la ley sea a la medida de sus conveniencias, por ejemplo, permitiendo las combinaciones de los patronos, pero no las de los obreros. Así, pues, el grado actual de poder económico poseído por un individuo o por un grupo depende de la fuerza militar y de la influencia de la propaganda tanto como de los factores considerados generalmente en la economía. La economía, como ciencia separada, es irreal y engañosa si se la toma como una guía práctica. Es un elemento —un elemento muy importante, es verdad— en un estudio más amplio: la ciencia de poder.

9

EL PODER SOBRE LA OPINIÓN

Es fácil resolver el problema diciendo que la opinión es omnipotente y que todas las demás formas de poder se derivan de ella. Los ejércitos son inútiles si los soldados no creen en la causa por la que luchan o, en el caso de los mercenarios, si no tienen confianza en la capacidad de su comandante para llevarles a la victoria. La ley es importante si no es respetada por todos. Las instituciones económicas dependen del respeto a la ley; considérese, por ejemplo, lo que sucedería a los bancos si la mayoría de los ciudadanos no rechazasen las falsificaciones. La opinión religiosa ha demostrado con frecuencia ser más poderosa que el Estado. Si en algún país una gran mayoría estuviese en favor del socialismo, el capitalismo sería imposible. Puede decirse, pues, que la opinión es el poder decisivo en los asuntos sociales.

Pero esto sería solamente una verdad a medias si se desconocen las fuerzas que producen la opinión. Así como es cierto que la opinión es un elemento esencial de la fuerza militar, es igualmente cierto que la fuerza militar puede influir en la opinión. Casi todos los países europeos profesan en este momento la religión que profesaba su gobierno en el siglo XVI y eso puede ser atribuido principalmente al control de la persecución y de la propaganda por medio de las fuerzas armadas en los distintos países. Es tradicional considerar a la opinión como debida a causas mentales, pero eso es verdad solamente de las causas inmediatas; en el fondo se halla la fuerza acostumbrada al servicio de alguna doctrina.

Per contra, ninguna doctrina tiene fuerza a su disposición en un principio, y los primeros pasos en la producción de una opinión difundida deben darse únicamente por medio de la persuasión.

Tenemos, pues, una especie de vaivén: primero, la persuasión pura que lleva a la conversión de una minoría; luego, la fuerza ejercida para asegurar que el resto de la comunidad acepte la propaganda justa; y finalmente, una creencia auténtica por parte de la gran mayoría, lo que hace otra vez innecesario el uso de la fuerza. Algunos cuerpos de opinión nunca van más allá del primer grado, algunos alcanzan el segundo y luego fracasan, y otros alcanzan los tres. La Sociedad de Amigos nunca ha ido más allá de la persuasión. Los otros no conformistas adquirieron las fuerzas del Estado en el tiempo de Cromwell, pero fracasaron en su propaganda después de alcanzar el poder. La Iglesia católica, después de tres siglos de persuasión, se apoderó del Estado en el tiempo de Constantino, y luego, por la fuerza, estableció un sistema de propaganda que convirtió a casi todos los paganos y capacitó al cristianismo para sobrevivir a la invasión de los bárbaros. La doctrina marxista ha alcanzado la segunda etapa, si no la tercera, en Rusia, pero en los demás países está todavía en la primera.

Hay, sin embargo, algunos ejemplos importantes de influencias en la opinión sin la ayuda de la fuerza en ninguna de las etapas. El más notable de ellos es la ascensión de la ciencia. En la actualidad la ciencia, en los países civilizados, es estimulada por el Estado, pero en los tiempos antiguos no era ése el caso. Galileo se vio obligado a retractarse; Newton quedó inutilizado cuando se le hizo director de la Casa de Moneda; Lavoisier fue guillotinado con el pretexto de que «La République n'a pas besoin de savants». Sin embargo, esos hombres, y algunos otros como ellos, eran los creadores del mundo moderno; su influencia en la vida social ha sido mayor que la de cualesquiera otros hombres conocidos en la historia, sin excluir a Cristo y a Aristóteles. El único hombre cuya influencia fue comparable a la de ellos es Pitágoras y su existencia es dudosa.

Es costumbre en nuestros días desacreditar a la razón como una fuerza en los asuntos humanos, aunque la ascensión de la ciencia sea un argumento abrumador en su favor. Los hombres de ciencia demostraron a los legisladores inteligentes que cierta clase de perspectivas intelectuales ayudan a las proezas militares y a la riqueza; estos objetivos eran tan ardientemente deseados, que las nuevas perspectivas intelectuales se impusieron a las de la Edad Media, a pesar de la fuerza de la tradición, de los beneficios de la Iglesia y de los sentimientos asociados con la teología católica. El mundo dejó de creer que Josué hizo detenerse el sol, porque la astronomía copernicana era útil para la navegación; abandonó la física de Aristóteles, porque la teoría de Galileo sobre la caída de los cuerpos hizo posible calcular la trayectoria de una bala de cañón; rechazó la historia del Diluvio Universal, porque la geología es útil para la explotación de las minas; y así por el estilo. Ahora se reconoce generalmente que la ciencia es indispensable, tanto para la guerra como para la industria de tiempo de paz y que sin la ciencia, una nación no puede ser ni rica ni poderosa.

La ciencia ha alcanzado todo ese efecto sobre la opinión únicamente acudiendo a los hechos: lo que puede decir la ciencia por medio de teorías generales puede ser discutible, pero sus resultados en cuanto a la técnica son bienes patentes. La ciencia dio al hombre blanco el dominio del mundo, que ha comenzado a perder únicamente desde que los japoneses adquirieron su técnica.

En ese ejemplo se puede aprender algo del poder de la

razón en general. En el caso de la ciencia, la razón prevaleció sobre el prejuicio porque proporcionó medios de realizar los propósitos existentes y porque la prueba de que lo hizo así era abrumadora. Los que mantienen que la razón no ejerce poder en los asuntos humanos tienen a la vista estas dos condiciones. Si en nombre de la razón se le pide a un hombre que altere sus propósitos fundamentales —por ejemplo, que persiga la felicidad general antes que su propio poder— se fracasará y se merecerá el fracaso, pues la razón sola no puede determinar los fines de la vida, y se puede fracasar igualmente si se atacan los prejuicios hondamente arraigados mientras los argumentos están todavía abiertos a la discusión o son tan difíciles que únicamente los hombres de ciencia pueden advertir su fuerza. Pero si se puede probar, con la evidencia que convence a todos los hombres sanos que se toman la molestia de examinarlo, que poseemos un medio de facilitar la satisfacción de los deseos, se puede esperar, con cierto grado de confianza, que los hombres creerán finalmente lo que decimos. Por supuesto, esto implica el requisito de que los deseos que podemos satisfacer son los de los hombres que tienen el poder y la capacidad para adquirirlos.

Ya hemos dicho bastante sobre el poder de la razón en los asuntos humanos. Ahora trataremos de otra forma de persuasión sin violencia, a saber, la de los fundadores de religiones. Aquí el proceso, reducido a su fórmula desnuda, es el siguiente: si cierta proposición es verdadera, seré capaz de realizar mis deseos; en consecuencia, deseo que esa proposición sea verdadera; en consecuencia, a menos que posea un excepcional dominio intelectual sobre mí mismo, creo que es verdadera. Se me dice que la ortodoxia y una vida virtuosa me permitirán ir al cielo cuando me muera; es agradable creer en esto y en consecuencia lo creeré probablemente si se me presenta de una manera eficaz. El motivo de la creencia no es en este caso, como en el de la ciencia, la evidencia de los hechos, sino los sentimientos agradables derivados de la creencia, juntamente con el suficiente vigor de aserción en el ambiente para que la creencia no parezca increíble. El poder del anuncio pertenece a la misma categoría. Es agradable creer en estas o aquellas píldoras porque dan la esperanza de una salud mejor; es posible creer en ellas si se ve asegurada su excelencia frecuente y llamativamente. La propaganda no racional puede, como la racional, apelar a los deseos existentes, pero sustituye la apelación a los hechos por la repetición.

La oposición entre un llamamiento racional y uno irracional es, en la práctica, menos clara que en el análisis anterior. Generalmente hay alguna evidencia racional, pero no lo bastante para ser concluyente; la irracionalidad consiste en atribuirle demasiado peso. La creencia, cuando no es simplemente tradicional, es producto de varios factores: el deseo, la evidencia y la repetición. Cuando no existen ni el deseo ni la evidencia, no habrá creencia; cuando no hay una afirmación exterior, la creencia sólo puede producirse en los caracteres excepcionales, como los fundadores de religiones, los descubridores científicos y los lunáticos. Para producir una opinión en masa, que sea socialmente importante, deben existir en algún grado los tres elementos; pero si un elemento aumenta mientras otro disminuye, el aumento de opinión que resulta puede no ser alterado. Es necesaria más propaganda para conseguir la aceptación de una opinión de la que hay poca evidencia que de una cuya evidencia es fuerte, si ambas son igualmente satisfactorias para el deseo; y así sucesivamente.

Gracias a la fuerza de la repetición los poseedores del poder adquieren su capacidad para influir en la opinión. La propaganda oficial tiene formas viejas y nuevas. La Iglesia tiene una técnica que es en muchos aspectos admirable, pero se ha desarrollado antes del descubrimiento de la imprenta y ahora resulta menos eficaz que lo que solía ser anteriormente. El Estado ha empleado ciertos métodos durante muchos siglos: la cabeza del rey en las monedas, la coronación y los jubileos, los aspectos espectaculares del ejército y de la armada, etcétera. Pero son mucho menos potentes que los métodos modernos: la educación, la prensa, el cinematógrafo, la radio, etcétera. Estos métodos son empleados al máximo en los Estados totalitarios, pero es demasiado pronto para juzgar sus resultados.

Dije que la propaganda debe apelar al deseo y esto puede ser confirmado por el fracaso de la propaganda del Estado cuando se opone al sentimiento nacional, como en grandes partes de Austria-Hungría antes de la guerra, en Irlanda hasta 1922 y en la India hasta los tiempos presentes. La propaganda únicamente tiene buen éxito cuando está en armonía con algo del que es objeto de ella: su deseo de un alma inmortal, de riqueza, de la grandeza de su nación, etcétera. Cuando no hay una razón fundamental para el sentimiento, las aserciones de la autoridad son recibidas con cínico escepticismo. Una de las ventajas de la democracia, desde el punto de vista gubernamental, es que es más fácil engañar al ciudadano medio, pues considera al gobierno como su gobierno. La oposición a una guerra que no es ganada rápidamente se produce mucho menos pronto en una democracia que bajo otra forma cualquiera de constitución. En una democracia, una mayoría solamente puede volverse contra el gobierno si admite primero con respecto a sí misma que estaba equivocada en su primera opinión sobre sus jefes, lo cual es difícil y desagradable.

La propaganda sistemática en gran escala se divide al presente en los países democráticos entre las iglesias, los anunciantes de negocios, los partidos políticos, la plutocracia y el Estado. En lo principal todas esas fuerzas trabajan del mis-

mo lado con la excepción de los partidos políticos opositores, y aun ellos, si tienen alguna esperanza de conseguir el
poder, no es probable que se opongan a los fundamentos de
la propaganda del Estado. En los países totalitarios, el Estado es virtualmente el único propagandista. Pero a pesar de
todo el poder de la propaganda moderna, yo no creo que el
punto de vista oficial sería aceptado por la mayoría en el
caso de una derrota en la guerra. Esta situación da repentinamente a un gobierno la impotencia que corresponde a los
gobiernos extraños opuestos por sentimientos nacionalistas;
y cuanto más se haya utilizado la expectativa de la victoria
para estimular el ardor guerrero, tanto mayor será la reacción cuando se vea que la victoria es imposible. Debe esperarse, en consecuencia, que la próxima guerra, como la pasada, terminará con una serie de revoluciones, que serán más
terribles que las de 1917 y 1918, porque la guerra habrá
sido más destructora. Es de esperar que los gobernantes se
den cuenta del peligro que correrán de ser muertos por la
muchedumbre, peligro tan grande por lo menos como el que
corren los soldados de morir a manos del enemigo.

Es fácil sobrestimar el poder de la propaganda oficial, especialmente cuando no hay competencia. En tanto que se de-
dica a producir la creencia en proposiciones falsas, cuya falsedad se encargará de proclamar el tiempo, se halla en tan
mala posición como los aristotelianos en su oposición a Galileo. Dados dos grupos opuestos de Estados, cada uno de los
cuales se esfuerza por infundir la seguridad de la victoria en
la guerra, una de las partes, si no ambas, puede experimentar
una dramática refutación de las declaraciones oficiales. Cuando está prohibida toda propaganda opositora, los gobernantes pueden creer que todo el mundo está convencido y pueden
volverse presuntuosos y descuidados. Inclusive las mentiras
necesitan ser discutidas para conservar su vigor.

El poder sobre la opinión, como todas las demás formas

del poder, tiende a la unión y a la concentración y se convierte lógicamente en un monopolio de Estado. Pero aparte de la guerra, sería imprudente suponer que el monopolio de la propaganda por el Estado puede hacer a un gobierno invulnerable. A la larga, los que poseen el poder se hacen probablemente demasiado notoriamente indiferentes a los intereses del hombre común, como lo eran los papas en el tiempo de Lutero. Más pronto o más tarde, algún nuevo Lutero desafiará la autoridad del Estado y, como su predecesor, tendrá un éxito tan rápido que será imposible suprimirlo. Esto sucederá porque los gobernantes creen que no puede suceder. Pero es imposible prever si el cambio será para mejorar.

El efecto de la organización y de la unificación en materia de propaganda y en otras materias es aplazar la revolución, pero hacerla más violenta cuando se produce. Cuando sólo se permite oficialmente una doctrina, los hombres no adquieren práctica en el pensamiento y en el peso de las alternativas; únicamente una gran oleada de revuelta apasionada puede destronar a la ortodoxia; y, a fin de hacer a la oposición lo suficientemente enérgica y violenta para triunfar, parecerá necesario negar inclusive lo que era cierto en el dogma gubernamental. La única cosa que no se negará será la importancia de establecer inmediatamente alguna ortodoxia, pues ello será considerado necesario para la victoria. En consecuencia, desde el punto de vista racionalista, la probabilidad de una revolución en un Estado totalitario no es necesariamente un motivo de regocijo. Lo que más se debe desear es un aumento gradual del sentimiento de seguridad, que conduzca a una disminución del celo y de una oportunidad para la pereza, pues la mayor de todas las virtudes del gobernante de un estado totalitario será la única excepción de la no existencia.

10

LAS DOCTRINAS COMO FUENTES DE PODER

El poder de una comunidad depende no solamente del número de sus miembros, de sus recursos económicos y de su capacidad técnica, sino también de sus doctrinas. Una doctrina fanática, mantenida por todos los miembros de una comunidad, con frecuencia aumenta mucho su poder. A veces, sin embargo, lo disminuye. Como las doctrinas fanáticas están ahora mucho más de moda que lo estaban durante el siglo XIX, la cuestión de su efecto sobre el poder es de la mayor importancia práctica. Uno de los argumentos contra la democracia es que una nación de fanáticos unidos tiene más probabilidades de éxito en la guerra que una nación que contiene una gran proporción de hombres cuerdos. Examinemos este argumento a la luz de la historia.

Puede observarse que los casos en que el fanatismo ha llegado al buen éxito son naturalmente más conocidos que aquellos en que los ha llevado al fracaso, pues los casos de fracaso han quedado comparativamente en la oscuridad. Así, pues, un examen demasiado rápido puede engañarnos; pero si estamos advertidos contra esa posible fuente de error, no es difícil evitarla.

El ejemplo clásico de poder conseguido gracias al fanatismo es el triunfo del islam. Nada añadió Mahoma a los conocimientos o a los recursos materiales de los árabes, y, sin embargo, a los pocos años de su muerte éstos habían adquirido un gran imperio al derrotar a sus vecinos más poderosos. Sin duda, la religión fundada por el Profeta era un elemento esencial en el éxito de la nación. En el mismo final de su vida declaró la guerra al Imperio bizantino. «Los musulmanes estaban desanimados; alegaban la necesidad de dinero, de caballos, de provisiones, la estación de la cosecha y el calor intolerable del verano. El infierno es mucho más caliente, les dijo el Profeta indignado. No quiso obligarles al servicio, pero a su vuelta amonestó a los más culpables y les impuso una excomunión de cincuenta días.» (GIBBON, cap. L.) Mientras vivió Mahoma y unos pocos años después de su muerte, el fanatismo unió a la nación árabe, le dio confianza en la batalla y estimuló el valor con la promesa del paraíso para los que caían luchando contra los infieles.

Pero aunque el fanatismo inspiró las primeras empresas de los árabes, debieron a otras causas su prolongada serie de victorias. Los imperios bizantino y persa estaban debilitados por guerras largas e indecisas; y los ejércitos romanos fueron en todos los tiempos débiles contra la caballería. Los jinetes árabes eran increíblemente móviles y estaban acostumbrados a penalidades que sus vecinos sibaritas encontraban intolerables. Estas circunstancias fueron esenciales para los primeros éxitos de los musulmanes.

Muy pronto —más pronto que en el comienzo de cualquier otra religión— el fanatismo fue desalojado del gobierno. Alí, el yerno del Profeta, mantuvo vivo el entusiasmo original entre una parte de los fieles, pero fue vencido en la guerra civil y finalmente asesinado. Le sucedió en el Califato la familia de los Omeyas, que habían sido los más enconados adversarios de Mahoma y nunca habían dado sino un asentimiento político a su religión. «Los perseguidores de Mahoma usurparon la herencia de sus descendientes, y los campeones de la idolatría se hicieron los más altos jefes de su religión y del imperio. La oposición de Aben Sofian, padre del nuevo califa Moabiya, había sido feroz y obstinada; su conversión fue tardía y a desgana; su nueva fe se fortaleció con la necesidad y el interés; sirvió, luchó y quizá creyó; y los pecados del tiempo de ignorancia fueron expiados por los méritos recientes de la familia de los Omeyas.» (GIBBON, cap. L.) Desde ese momento en adelante, durante largo tiempo el Califato se distinguió por su latitudinarismo de libre pensamiento, mientras los cristianos seguían siendo fanáticos. Desde el principio, los mahometanos se mostraron tolerantes en sus relaciones con los cristianos vencidos, y a su tolerancia —que se hallaba en fuerte contraste con el celo perseguidor de la Iglesia católica— se debieron principalmente sus conquistas y la estabilidad de su imperio.

Otro caso de éxito aparente del fanatismo es la victoria de los independientes bajo Cromwell. Pero puede discutirse hasta qué punto el fanatismo tiene que ver con los éxitos de Cromwell. En su disputa con el rey triunfó el Parlamento principalmente porque contaba con Londres y con los condados del Este; tanto su poder humano como los recursos económicos excedían con mucho a los del rey. Los presbiterianos —como sucede siempre con los moderados en una revolución— fueron dejados gradualmente de lado porque no deseaban la victoria de todo corazón. El mismo Cromwell cuando alcanzó el poder se convirtió en un político práctico, ansioso de sacar el mejor partido de una situación difícil; pero no podía ignorar el fanatismo de sus perseguidores, el cual era tan impopular que al final llevó al partido a su completo derrumbe. No se puede decir que a la larga el fanatismo hiciese algo más que proporcionar el triunfo a los independientes ingleses y en consecuencia a sus predecesores, los anabaptistas de Münster.

En una escala más amplia, la historia de la Revolución francesa es análoga a la de la Commonwealth en Inglaterra: fanatismo, victoria, despotismo, colapso y reacción. Inclusive en estos dos casos más favorables, el éxito de los fanáticos fue de corta duración.

Los casos en los que el fanatismo sólo ha traído el desastre son mucho más numerosos que aquellos en los que ha alcanzado éxitos temporales. El fanatismo arruinó a Jerusalén en el tiempo de Tito y a Constantinopla en 1453, cuando el Oeste fue rechazado a consecuencia de las mismas diferencias doctrinales entre la Iglesia oriental y la occidental. Produjo la decadencia de España, primero a consecuencia de la expulsión de los judíos y los moros, y luego a consecuencia de la rebelión de los Países Bajos y del largo cansancio de las guerras de religión. Por otro lado, las naciones más prósperas de los tiempos modernos han sido las menos adictas a la persecución de los herejes.

Sin embargo, existe actualmente la creencia muy extendida de que la uniformidad doctrinal es esencial para la fuerza nacional. Esta opinión es mantenida y puesta en práctica con el mayor vigor en Alemania y en Rusia y con una severidad ligeramente menor en Italia y el Japón. Muchos opositores del fascismo en Francia y Gran Bretaña se inclinan a conceder que la libertad de pensamiento es una fuente de debilidad militar. Examinemos, sin embargo, esta cuestión una vez más, de una manera más abstracta y analítica.

La pregunta que hago no es la siguiente, demasiado amplia: ¿debe ser estimulada o por lo menos tolerada la libertad de pensamiento? Yo hago una pregunta más limitada: ¿hasta qué punto puede ser una fuente de poder una doctrina uniformada, ya sea espontánea o ya impuesta por la autoridad? Y por otro lado, ¿hasta qué punto es una fuente de poder la libertad de pensamiento?

Cuando una expedición militar británica invadió el Tíbet en 1905, los tibetanos avanzaron al principio audazmente, porque los lamas les habían dado amuletos mágicos contra las balas. Pero cuando, no obstante, tuvieron bajas, los lamas observaron que las balas eran niqueladas y explicaron que sus amuletos sólo tenían eficacia contra el plomo. Después de eso, los ejércitos tibetanos mostraron menos valor. Cuando Bela Kun y Kurt Eisner hicieron sus revoluciones comunistas confiaban en que el materialismo dialéctico luchaba en su favor. No sé qué explicación de su fracaso dieron los lamas al Comintern. En estos dos casos, la uniformidad de creencias no llevó a la victoria.

Para alcanzar la verdad en esta materia es necesario hallar un compromiso entre dos perogrulladas opuestas. La primera de ellas es: los hombres que obran de acuerdo con sus creencias pueden cooperar más sinceramente que los hombres que no obran así. La segunda es: los hombres cuyas creencias están de acuerdo con los hechos tienen más probabilidad de triunfar que los hombres cuyas creencias son equivocadas. Examinemos cada una de estas perogrulladas.

Es evidente que el acuerdo es una ayuda para la cooperación. En la guerra civil de España ha sido difícil la cooperación entre los anarquistas, los comunistas, los vascos nacionalistas, aunque todos deseaban igualmente la derrota de Franco. De la misma manera, aunque en un grado menor, en el otro lado ha sido difícil la cooperación entre los carlistas y los fascistas de estilo moderno. Es necesario el acuerdo en cuanto a los fines inmediatos y también cierta congenialidad temperamental, pues donde existen, las grandes diferencias de opinión pueden resultar innocuas. Sir William Napier, el historiador de la guerra peninsular, admiraba a Napoleón y sentía antipatía por Wellington; su libro demuestra que consideraba lamentable la derrota de Napoleón. Pero su sentimiento de casta y su sentido del deber militar se imponían a sus convicciones puramente intelectuales y censuró al francés tan competentemente como si hubiera sido un alto tory. De igual modo, si la ocasión se presentara, los torys ingleses de nuestro tiempo lucharían contra Hitler tan vigorosamente como lo harían si no le admirasen.

La uniformidad necesaria para dar el poder a una nación, a una religión o a un partido es una uniformidad en la práctica que depende del sentimiento y del hábito. Donde existe, pueden ser ignoradas las convicciones intelectuales. Existe en la actualidad en Gran Bretaña, pero no existió hasta después de 1745. No existía en Francia en 1792, ni en Rusia durante la Gran Guerra y en los siguientes años de guerra civil. No existe en España en estos momentos. No es difícil para un gobierno conceder la libertad de pensamiento cuando puede descansar en la lealtad de la acción; pero cuando no puede, el asunto es mucho más difícil. Es evidente que la libertad de propaganda es imposible durante una guerra civil; y cuando hay un peligro inminente de guerra civil, el motivo para restringir la propaganda es poco menos evidente. En consecuencia, en las situaciones difíciles hay un fuerte motivo para imponer la uniformidad.

Examinemos ahora la segunda perogrullada: la de que es ventajoso tener creencias que estén de acuerdo con los hechos. En lo que se refiere a las ventajas *directas*, solamente es verdad con respecto a una clase limitada de creencias: primero, en los asuntos técnicos, como las propiedades de los altos explosivos y de los gases ponzoñosos; segundo, en los asuntos que se refieren al poder relativo de las fuerzas opuestas. Inclusive con respecto a estos asuntos puede decirse que únicamente los que deciden la política y las operaciones militares necesitan tener opiniones definidas: es necesario que el populacho se sienta seguro de la victoria y menosprecie los peligros de los ataques aéreos. Únicamente el gobierno, los jefes militares y sus consejeros técnicos necesitan conocer los hechos; entre los otros lo más deseable es la confianza y la obediencia a ciegas.

Si los asuntos humanos pudieran calcularse como el ajedrez y los políticos y generales fuesen tan hábiles como los buenos jugadores de ajedrez, habría alguna verdad en esa opinión. Las ventajas de una guerra victoriosa son dudosas, pero las desventajas de una guerra perdida son ciertas. Si, en consecuencia, los superhombres que están al frente de los asuntos pudiesen prever quién ganará la guerra, no habría guerras. Pero de hecho hay guerras y en cada guerra el gobierno de una de las partes, si no los de ambas, deben calcular mal sus probabilidades. Para esto hay muchas razones: el orgullo, la vanidad, la ignorancia y la excitación contagiosa. Cuando el populacho es mantenido en una confianza ignorante, su confianza y su sentimiento belicoso pueden comunicarse fácilmente a los gobernantes, que difícilmente pueden atribuir el mismo peso a los hechos desagradables que ellos conocen, pero que ocultan, que a los hechos agradables que son proclamados en todos los diarios y en todas las conversaciones. La historia y la megalomanía son contagiosas y los gobiernos no están inmunizados contra ellas.

Cuando se produce la guerra, la política de ocultación puede producir efectos exactamente opuestos a los que se pretendía. Por lo menos algunos de los hechos desagradables que se trataban de ocultar se hacen patentes para todos y cuanto más hombres se hayan acostumbrado a vivir en un falso paraíso, tantos más quedarán horrorizados y desanimados por la realidad. La revolución o el colapso repentino es mucho más probable en esas circunstancias que cuando la discusión ha preparado al público para los sucesos dolorosos.

Una actitud de obediencia, cuando es impuesta a los subordinados, es enemiga de la inteligencia. En una comunidad en la que los hombres están obligadas a aceptar, por lo menos en apariencia, una doctrina evidentemente absurda, los hombres se harán estúpidos o desafectos. Habrá, en consecuencia, un rebajamiento del nivel intelectual, que en un tiempo no muy largo puede influir en el progreso técnico. Esto es especialmente cierto cuando la doctrina oficial es tal que muy pocos hombres inteligentes pueden aceptarla honestamente. Los nacionalsocialistas han desterrado a los alemanes más capaces, y eso, tarde o temprano, debe tener efectos desastrosos sobre su técnica militar. Es imposible para la técnica progresar largo tiempo sin la ciencia o para la ciencia florecer donde no hay libertad de pensamiento. En consecuencia, la insistencia en la uniformidad doctrinal, inclusive en materias muy alejadas de la guerra, es fatal en último término para la eficiencia militar en una edad científica.

Ahora podemos llegar a la síntesis práctica de nuestras dos perogrulladas. La cohesión social exige una doctrina, o un código de conducta, o un sentimiento prevaleciente, o, mejor, una combinación de los tres; sin algo por el estilo una comunidad se desintegra y termina por quedar sujeta a un tirano o a un conquistador extranjero. Pero para que ese medio de cohesión sea efectivo debe ser sentido profundamente; puede ser impuesto por la fuerza a una pequeña minoría, con tal de que no sea especialmente importante por su excepcional inteligencia de carácter, pero debe ser auténtica y espontánea en la gran mayoría. La lealtad a un caudillo, el orgullo nacional y el fervor religioso han demostrado en la historia ser los mejores medios para asegurar la cohesión; pero la lealtad a un caudillo es menos permanentemente eficaz que lo que solía ser en otro tiempo, debido a la decadencia de la soberanía hereditaria, y el fervor religioso está amenazado por la difusión del librepensamiento. En cambio, el orgullo nacional se ha hecho relativamente más importante que en los tiempos anteriores. Ha sido interesante observar el renacimiento de este sentimiento en la Rusia soviética, a pesar de una doctrina oficial que se opone a él; aunque no más, después de todo, que el cristianismo.

¿Qué limitación de la libertad es necesaria para mantener el orgullo nacional? Las limitaciones que se producen actualmente tienen en vista principalmente esa finalidad. En Rusia, se cree que los que no están de acuerdo con la ortodoxia oficial obrarán probablemente de una manera antipatriótica; en Alemania y en Italia la fuerza del gobierno depende de su apelación al nacionalismo y se considera que cualquier oposición favorece los intereses de Moscú; en Francia, si se pierde la libertad, será probablemente para evitar la traición en favor de Alemania. En todos esos países la dificultad está en que el conflicto de clases incide en el conflicto entre las naciones, haciendo que los capitalistas de los países democráticos y los socialistas y comunistas de los países fascistas se guíen, hasta cierto punto, por otras consideraciones que las del interés nacional. Si esta diversificación de los objetos nacionalistas puede ser evitada, aumentará probablemente la fuerza de un país, pero no si es necesaria con el propósito de rebajar el nivel general de la inteligencia. El problema es difícil para los gobiernos, desde que el nacionalismo es un ideal estúpido y las personas inteligentes perciben que lleva a Europa a la ruina. La mejor solución es disimularlo bajo algún lema internacional, como democracia, comunismo o seguridad colectiva. Donde no se puede hacer eso, como en Italia y en Alemania, la uniformidad exterior reclama la tiranía y no produce fácilmente un auténtico sentimiento interior.

Para resumir: una doctrina o sentimiento de alguna clase es esencial para la cohesión social, pero si ha de ser una fuente de fuerza debe ser sentido auténtica y profundamente por la gran mayoría de la población, incluyendo a un considerable porcentaje de aquellos de quienes depende la eficacia técnica. Donde están ausentes esas condiciones, los gobiernos pueden buscar el modo de producirlas por medio de la censura y de la persecución; pero la censura y la persecución, si son severas, hacen que los hombres se aparten de la realidad e ignoren u olviden los hechos que es importante conocer. Desde el momento que aquellos que poseen el poder están influidos por su impulso hacia el poder, el aumento de las limitaciones de la libertad que conduce a la mayor parte al poder nacional será siempre menor que el que los gobiernos se inclinan a creer; y en consecuencia, es probable que se agregue a la fuerza nacional un sentimiento difuso contra la limitación, con tal de que no vaya tan lejos que lleve a la anarquía. Pero es imposible ir más allá de estas generalidades excepto en relación con los casos particulares.

A lo largo de la anterior discusión hemos considerado únicamente los efectos más inmediatos de una doctrina fanática. Los efectos a largo plazo son completamente diferentes. Una creencia que es utilizada como fuente de poder inspira durante algún tiempo grandes esfuerzos, pero esos esfuerzos, especialmente si no tienen mucho éxito, producen cansancio, y el cansancio produce el escepticismo. No se trata al principio de una incredulidad definida, la cual es una estructura enérgica de la mente, sino de la simple ausencia de una creencia firme.*

* A este respecto véase el muy interesante capítulo «Niebla de escepticismo sobre Rusia» del libro *Assignment in Utopia* de Lyons. Después de hablar del entusiasmo con que fue acogido el Plan de los Cinco Años y de la gradual desilusión que se produjo cuando no se realizaron las promesas de mayores comodidades, dice: «Observé como el escepticismo se extendía a la manera de una densa y húmeda niebla sobre Rusia, empapando la carne y el espíritu de hombres y mujeres. Enfrió los corazones de los jefes no menos que los de las masas. Los hombres que emplearon públicamente todo su tiempo en estimular el optimismo hablaban amargamente en privado de los malos resultados del plan, del terrible desgaste de sustancia y de energía, de la dislocación de la economía nacional, hinchada en algunos de sus miembros y mermada en otros. Se expresaron dudas sobre la eficacia del entusiasmo por medio de una imposición cada vez mayor de recompensas por un lado y de duros castigos por otro. Se inventaban casi semanalmente severos decretos para disciplinar y reprimir a los obreros. Por uno de esos decretos se castigaba la ausencia del trabajo durante un solo día con la pérdida del empleo, de la libreta de pan y del domicilio, lo que equivalía a una muerte lenta». En otro capítulo escribe: «Se ha dicho bien que los que viven bajo las dictaduras están condenados a una vida de

Cuanto mejor se hayan utilizado los métodos de propaganda para producir la excitación, tanto mayor será la reacción, hasta que finalmente una vida tranquila parezca lo único digno de poseerse. Cuando después de un período de reposo la población se haga otra vez capaz de excitación, será necesario un nuevo estímulo, porque todos los estímulos anteriores se han hecho ineficaces. Pues las doctrinas que son utilizadas demasiado intensamente son transitorias en sus efectos. En el siglo XIII las imaginaciones de las gentes estaban dominadas por tres grandes hombres: el papa, el emperador y el sultán. El emperador y el sultán han desaparecido y el poder del papa es una sombra pálida de lo que fue. En los siglos XVI y XVII llenaron Europa las guerras entre católicos y protestantes y se hacía una propaganda en gran escala en favor de una o de otra de las creencias. Sin embargo, la victoria final no correspondió a ninguna de las dos partes, sino a aquellos que juzgaron que no tenía importancia la sucesión de una a otra. Swift satirizó el conflicto en sus guerras entre los gigantes y los enanos; el hurón de Voltaire, hallándose en prisión con un jansenista, piensa que es igualmente necio por parte del gobierno pedir su retractación como por parte de él negarla. Si el mundo, en un futuro próximo, se divide entre comunistas y fascistas, la victoria final no pertenecería a ninguno de los dos, sino a aquellos que se encojan de hombros y que digan, como Cándido: «Cela est bien dit, mais il faut cultiver notre jardin». El límite último del poder de las doctrinas está marcado por el tedio, la pereza y el deseo de tranquilidad.

---

entusiasmo. Es una sentencia perezosa. De buena gana horadarían el corazón de su miseria y lamerían sus heridas en privado. Pero no se atreven a hacerlo, pues temen la traición en la próxima puerta. Como los soldados mortalmente cansados después de una larga marcha, deben alinearse elegantemente para la revista».

II

BIOLOGÍA DE LAS ORGANIZACIONES

Hemos venido considerando hasta ahora los sentimientos que constituyen las más importantes fuentes psicológicas de poder: la tradición, especialmente en la forma de respeto por los sacerdotes y los reyes; el miedo y la ambición personal, que son las fuentes del poder desnudo; la sustitución de una doctrina vieja por una nueva, que constituye la fuente del poder revolucionario; y las influencias recíprocas entre las creencias y otras fuentes del poder. Ahora llegamos a un nuevo aspecto de nuestro tema: el estudio de las organizaciones mediante las cuales se ejerce el poder, consideradas primero como organismos con vida propia, luego en relación con sus formas de gobierno, y finalmente en cuanto afectan a las vidas de los individuos que las componen. En esta sección de nuestro tema los organismos deben ser considerados en todo lo posible sin tener en cuenta sus propósitos, del mismo modo que los hombres son considerados por la anatomía y la bioquímica.

El tema que ha de discutirse en este capítulo, es decir, la biología de las organizaciones, depende del hecho de que una organización es también un organismo con vida propia y una tendencia a crecer y decaer. La competencia entre las organizaciones es análoga a la competencia entre los individuos, animales y plantas, y puede ser considerada de una manera más o menos darwiniana. Pero esta analogía, como otras, no debe ser llevada demasiado lejos. Debe servir para sugerir e iluminar, pero no para demostrar. Por ejemplo, no debemos suponer que la decadencia es inevitable cuando nos referimos a las organizaciones sociales.

El poder depende de la organización principalmente, pero no totalmente. El poder puramente psicológico, como el de Platón o Galileo, puede existir sin una organización social correspondiente. Pero, en general, ni siquiera ese poder tiene importancia si no es propagado por una iglesia, un partido político o algún organismo social análogo. Por el momento no me referiré a ningún poder que no esté relacionado con una organización.

Una organización es un conjunto de personas que se relacionan en virtud de actividades dirigidas a fines comunes. Puede ser puramente voluntaria, como un círculo social; puede ser un grupo biológico natural, como una familia o un clan; puede ser obligatoria, como el Estado; o puede ser una mezcla complicada, como una compañía ferroviaria. El propósito de la organización puede ser explícito o tácito, consciente o inconsciente; puede ser militar o político, económico o religioso, educacional o atlético, etcétera. Toda organización, cualquiera que sea su carácter y cualquiera que sea su propósito, implica cierta redistribución del poder. Debe haber un gobierno que tome decisiones en nombre de todo el cuerpo social y que tenga un poder mayor que los simples miembros de la organización, por lo menos en cuanto a los propósitos para los que existe la organización. Según los hombres se hacen más civilizados y la técnica se hace más complicada, las ventajas de la combinación se hacen cada vez más evidentes. Pero la combinación implica siempre cierta cesión de la independencia. Podemos adquirir un poder creciente sobre los demás, pero ellos también adquieren poder sobre nosotros. Cada vez más las decisiones importantes son tomadas por conjuntos de hombres, no por hombres individuales. Y las decisiones de los grupos de hombres, a no ser que sus miembros sean muy pocos, tienen influencia en los gobiernos. Por consiguiente, el gobierno desempeña necesariamente un papel mucho más importante en la vida de una moderna comunidad civilizada que en la de las sociedades preindustriales.

Aun un gobierno completamente democrático —si tal cosa fuera posible— implica una redistribución del poder. Si todos los hombres tienen una voz igual en las decisiones comunes y si son, por ejemplo, un millón de hombres, cada hombre tiene una millonésima parte del poder del millón total, en vez de un poder completo sobre sí mismo y ninguno sobre los demás, como lo tendría si fuese un animal solitario y salvaje. Esto produce una psicología muy diferente de la de una colección anárquica de individuos. Y donde —como puede suceder hasta cierto punto— el gobierno no es completamente democrático, el efecto psicológico aumenta. Los miembros del gobierno tienen más poder que los otros, aun cuando sean elegidos democráticamente; y así sucede con los funcionarios designados por un gobierno elegido democráticamente. Cuanto mayor sea la organización, tanto mayor será el poder de la comisión ejecutiva. En consecuencia, todo aumento en el tamaño de las organizaciones aumenta las desigualdades del poder por la disminución simultánea de la independencia de los miembros ordinarios y el aumento de la parte de iniciativa en favor del gobierno. El hombre común se somete, pues puede conseguir mucho más en cooperación con otros que aisladamente; el hombre que ama el poder excepcionalmente se regocija, puesto que ello le proporciona una oportunidad, a no ser que el gobierno sea hereditario o que el individuo que ama el poder pertenezca a un grupo (como los judíos en algunos países) al que no se le permite ocupar posiciones de importancia.

La competencia por el poder es de dos clases: entre las organizaciones y entre los individuos por la dirección dentro de una organización. La competencia entre las organizaciones solamente se produce cuando tienen objetivos más o menos similares, pero incompatibles; puede ser económica o militar o por los medios de propaganda, o puede implicar dos o tres de esos métodos. Cuando Napoleón III estaba empeñado en hacerse a sí mismo emperador, tuvo que crear una organización dedicada a sus intereses y luego asegurar su supremacía. Con ese propósito ofrecía cigarros a algunas personas, lo cual era economía; a otros explicaba que era sobrino de su tío, lo cual era propaganda; y finalmente dio muerte a cierto número de opositores, lo cual era militar. Sus opositores, mientras tanto, se habían limitado a elogiar la forma republicana de gobierno y habían descuidado los cigarros y las balas. La técnica para adquirir la dictadura sobre lo que ha sido una democracia es conocida desde los tiempos de los griegos y siempre implica la misma mezcla de soborno, de propaganda y de violencia. Esto no es, sin embargo, nuestro tema, sino la biología de las organizaciones.

Hay dos aspectos importantes en los que pueden diferir las organizaciones: uno es el tamaño y otro lo que se puede llamar la densidad del poder, con lo cual quiero decir el grado de fiscalización que ejerce sobre sus miembros. Debido al amor del poder que se debe esperar en aquellos que adquieren los puestos de gobierno, toda organización, en ausencia de una fuerza que actúe en sentido contrario, tenderá a aumentar en tamaño y en densidad de poder. Es posible que cada una de las formas de crecimiento sea detenida por causas intrínsecas; un círculo internacional de ajedrez, por ejemplo, puede llegar a contener a todos los jugadores de ajedrez de suficiente excelencia y no es probable que se desee fiscalizar las actividades de sus miembros, excepto las relacionadas con el ajedrez. Con un secretario enérgico, puede hacer que un número mayor de personas jueguen bien el ajedrez, pero no es probable que eso suceda si el secretario es un buen jugador de ajedrez; y si sucede, el círculo puede arruinarse por la defección de los mejores jugadores. Pero esos casos son excepcionales; cuando el propósito de la organización es hacer un llamamiento general —por ejemplo, a la riqueza o al dominio político—, el aumento de tamaño solamente es detenido, ya sea por la presión de las otras organizaciones o porque la organización en cuestión se extiende al mundo entero; y el aumento en densidad solamente es detenido cuando el amor a la independencia personal se hace abrumadoramente fuerte.

El ejemplo más evidente de esto es el Estado. Todo Estado que es lo suficientemente poderoso tiende a la conquista exterior; los ejemplos aparentes de lo contrario únicamente se producen donde un Estado sabe por experiencia que es menos fuerte de lo que parece, o por inexperiencia se cree menos fuerte de lo que es. La regla general es que un Estado conquiste todo lo que puede y sólo se detenga cuando alcanza una frontera en la cual otro Estado u otros Estados pueden ejercer una presión tan fuerte como la suya. Gran Bretaña no adquirió Afganistán porque Rusia es allí tan poderosa como los ingleses; Napoleón vendió Luisiana a los Estados Unidos porque para él era imposible defenderla, etcétera. En lo que se refiere a las fuerzas intrínsecas, todo Estado tiende a hacerse mundial. Pero el poder de un Estado es en mayor o menor extensión geográfico: generalmente irradia desde un centro y se desarrolla menos a medida que aumenta la distancia de ese centro. En consecuencia, a una distancia mayor o menor del centro, su poder se equilibra con el de algún otro Estado y allí deben fijarse las fronteras, a menos que intervenga la fuerza de la tradición.

Lo que acabamos de decir es demasiado abstracto para ser cierto sin modificaciones. Los pequeños Estados existen, no solamente por su poder, sino por los celos de los grandes; Bélgica, por ejemplo, existe porque su existencia es conveniente para Gran Bretaña y Francia. Portugal tiene grandes colonias porque las grandes potencias no pueden convenir en el modo de dividirlas. Puesto que la guerra es un asunto serio, un Estado puede, durante un tiempo considerable, retener un territorio que perdería si algún Estado fuerte quisiera apropiárselo. Pero semejantes consideraciones no destruyen nuestro principio general; únicamente introducen fuerzas de rozamiento que demoran la operación del poder bruto.

Puede aducirse que los Estados Unidos son una excepción en el principio de que un Estado conquista todo lo que puede. Es evidente que la conquista de México y la de toda Hispanoamérica no ofrecería serias dificultades si los Estados Unidos se preocupasen de realizar la empresa. Los motivos usuales para la conquista política están, sin embargo, prohibidos en este caso por varias fuerzas que se influyen recíprocamente. Antes de la guerra civil, los Estados del Sur tenían tendencias imperialistas, que encontraron una salida en la guerra de México, que llevó a la anexión de un territorio inmenso. Después de la guerra civil, el asentamiento del desarrollo económico en el Oeste era una tarea suficiente para absorber las energías de la nación más enérgica. Tan pronto como este asunto llegó a una especie de conclusión, la guerra hispanoamericana de 1898 trajo consigo un nuevo impulso hacia el imperialismo. Pero la anexión de territorio tiene dificultades bajo la Constitución norteamericana: implica la admisión de nuevos votantes, que pueden ser considerados indeseables, y —lo que es más importante— extiende el área de librecambio internacional y perjudica en consecuencia a intereses económicos importantes. La doctrina de Monroe, que implica un protectorado virtual sobre Hispanoamérica, es por lo tanto más satisfactoria para los intereses dominantes que lo que puede ser la anexión. Si la conquista política fuese ventajosa económicamente, no hay duda de que se realizaría.

La concentración del poder en la esfera política ha sido deseada siempre por los gobernantes y no siempre ha sido resistida por los gobernados. Nominalmente, fue más completa en los grandes imperios de la antigüedad que en los más dictatoriales de los regímenes modernos, pero en la práctica estaba limitada a lo que era posible técnicamente. El problema más urgente para los antiguos monarcas era el de la movilidad. En Egipto y en Babilonia, eso era facilitado por los grandes ríos; pero el gobierno de Persia dependía de los caminos. Heródoto describe la gran carretera real de Sardes a Susa, una distancia de alrededor de mil quinientas millas, a lo largo de la cual viajaban los mensajeros del rey en tiempos de paz y los ejércitos del rey en tiempos de guerra.

Voy a explicar —dice— lo que hay de realidad acerca de dicho camino. Por toda aquella carretera, caminando siempre por lugares poblados y seguros, hay de orden del rey distribuidas postas y bellos paradores; las postas para correr la Lidia y la Frigia son veinte, y con ellas se corren noventa y cuatro parasangas y media. Al salir de la Frigia se encuentra el río Halis, que tiene ahí sus puertas, y en ellas hay numerosa guarnición de soldados, siendo preciso que transite por allí el que quiera pasar aquel río. Entrado ya en Capadocia, el que la quisiere atravesar toda hasta ponerse en los confines de la Cilicia, hallará veintiocho postas y correrá con ellas ciento cuatro parasangas. En las fronteras de Cilicia se pasa por dos diferentes puertas y por dos cuerpos de guardia en ellas apostados. Saliendo de estos estrechos de Capadocia y caminando ya por la misma Cilicia, hay tres postas que hacer y quince parasangas y media que pasar. El término entre Cilicia y Armenia es un río llamado Éufrates, que se pasa con barca. Encuéntranse en Armenia quince mesones con su quince postas, con las cuales se hacen de camino cincuenta y seis parasangas y media. Cuatro son los ríos que por necesidad han de pasarse en barca, recorriendo la Armenia: el primero es el Tigris propiamente dicho; el segundo y tercero llevan también el nombre de Tigris, no siendo unos mismos con el primero, ni saliendo de un mismo sitio, pues el primer Tigris baja de la Armenia, al paso que los otros dos que se hallan después de él bajan de los Matienos; el cuarto río, que lleva el nombre de Gindes, es el mismo que sangró Ciro en 370 canales. Dejando la Armenia, hay en la provincia Matiena, donde se entra inmediatamente, cuatro postas que correr. Pasando de ésta a la región Cisia, se encuentran en ella once postas, y se corren cuarenta y dos parasangas y media, hasta que por fin se llega al río Coaspes, que se pasa con barca, y en cuyas orillas está edificada la ciudad de Susa. En suma, suben a ciento once todas las postas, a las que corresponden otros tantos mesones y paradores al viajar de Sardes a Susa. Ahora, pues, si se tomaren bien las medidas de dicha carretera o camino real, contando por parasangas y dando a cada una treinta estadios, que son los que realmente contiene, se hallará que hay cuatrocientas cincuenta parasangas, y en ellas trece mil quinientos estadios, yendo desde Sardes hasta los palacios Memnonios, que así llaman a Susa, de donde haciendo uno por día el camino de ciento cincuenta estadios, se ve que deben contarse para aquel viaje noventa días cabales. (HERÓDOTO, *Libro V*, caps. 52 y 53. Traducción castellana del padre Bartolomé Pou.)

Esa carretera, aunque hizo muy posible un imperio muy extenso, no capacitó al rey para ejercer una fiscalización detallada sobre los sátrapas de las provincias distantes. Un mensajero a caballo podía llevar noticias desde Sardes hasta Susa en un mes, pero un ejército necesitaba tres meses para marchar desde Susa hasta Sardes. Cuando los jonios se sublevaron contra Persia tenían, en consecuencia, cierto número de meses a su disposición antes de enfrentarse con las tropas del rey. Todos los imperios antiguos sufrieron revueltas, dirigidas a menudo por los gobernadores provinciales; y aun cuando no se producía una revuelta abierta, la autonomía local era casi inevitable excepto cuando la conquista era reciente, y con el transcurso del tiempo se podía convertir en independencia. Ningún gran Estado de la antigüedad era gobernado desde el centro hasta aproximadamente las mismas

extensiones que ahora se acostumbra, y la principal razón de
ello era la falta de movilidad. El Imperio romano aprendió de los persas, a través de los
macedonios, el modo de fortalecer el gobierno central por
medio de los caminos. Los mensajeros imperiales podían
viajar a un promedio de diez millas por hora, día y noche, a
través del este y del sureste de europa, del norte de África y
del oeste de Asia. Pero en cada provincia la posta imperial
era fiscalizada por el comando militar, que en consecuencia
podía movilizar sus ejércitos sin el conocimiento de nadie en
su línea de marcha. La velocidad de las legiones y la tardan-
za en recibir las noticias resultaban con frecuencia en ventaja de los rebeldes contra el emperador en Roma. Gibbon, al
hablar de la marcha de Constantino desde el norte de Galia
para invadir Italia, pone en contraste la facilidad de sus movimientos con la dificultad de los de Aníbal.

Cuando Aníbal marchó desde la Galia hasta Italia se vio obligado primero a descubrir y luego a abrir un camino por las montañas y a través de las naciones salvajes que nunca habían permitido el paso a un ejército regular. Los Alpes estaban guardados
entonces por la naturaleza; ahora están fortificados por el arte.
Pero en el curso del período intermedio, los generales que habían
intentado el paso raras veces habían experimentado dificultades
por la resistencia. En la edad de Constantino los aldeanos de las
montañas eran súbditos civilizados y obedientes; el país estaba
bien abastecido de provisiones y las estupendas calzadas que habían trazado los romanos a través de los Alpes abrían algunas
comunicaciones entre la Galia e Italia. Constantino prefirió el
camino de los Alpes Cotianos o del Mont Cenis, como ahora se
llama, y dirigió sus tropas con una diligencia tan activa que descendió a la llanura del Piamonte antes de que la corte de Majencio en Roma hubiera recibido noticia alguna de su partida de las
orillas del Rin.

El resultado fue que Majencio fue derrotado y que el cristianismo se convirtió en la religión del Estado. La historia del mundo pudo haber sido diferente si los romanos hubieran tenido peores caminos o medios más rápidos de transmitir las noticias.

Los buques de vapor, los ferrocarriles y finalmente los aeroplanos han permitido a los gobiernos ejercer el poder rápidamente en grandes distancias. Una revuelta en el Sáhara o en Mesopotamia puede ahora ser reprimida en unas pocas horas, mientras que hace cien años hubiera requerido meses para enviar un ejército y hubiese existido gran dificultad para evitar que ese ejército muriese de sed, como sucedió a los soldados de Alejandro en el Beluchistán.

Tan importante como la movilidad de las personas y de los efectivos es la rapidez en la transmisión de las noticias. En la guerra de 1812, la batalla de Nueva Orleans fue reñida después de la conclusión de la paz, pues ninguno de los ejércitos opuestos tenía noticias de ello. Al final de la guerra de los Siete Años, las fuerzas británicas se apoderaron de Cuba y las Filipinas, pero eso no se supo en Europa hasta después de firmada la paz. Hasta la invención del telégrafo, los embajadores en tiempo de paz y los generales en tiempo de guerra tenían necesariamente una gran libertad de acción, pues sus instrucciones podían resultar inútiles en virtud de los sucesos más recientes. Los agentes de un gobierno lejano eran llamados con mucha frecuencia para actuar de acuerdo con su opinión y de ese modo se convertían en mucho más que simples transmisores de una política dirigida centralmente.

Lo importante no es únicamente la completa rapidez en la transmisión de los mensajes, sino también, y todavía más, el hecho de que los mensajes viajen más rápidamente que los seres humanos. Hasta hace más o menos cien años ni los mensajes ni ningún otro medio de comunicación podía viajar con más rapidez que un caballo. Un criminal podía escapar a una ciudad vecina y llegar a ella antes que la noticia de su crimen. En la actualidad, desde el momento que las noticias llegan antes, es más difícil escaparse. En tiempo de guerra todos los medios rápidos de comunicación son fiscalizados por los gobiernos y esto aumenta su poder enormemente.

La técnica moderna, no solamente por la rapidez en la transmisión de los mensajes, sino también en los ferrocarriles, los telégrafos, el tráfico a motor y la propaganda gubernamental ha hecho que los grandes imperios sean mucho más estables que en otros tiempos. Los sátrapas persas y los procónsules romanos tenían bastante independencia para hacer fácil la rebelión. El imperio de Alejandro se dividió a su muerte. Los imperios de Atila y de Gengis Khan fueron transitorios, y las naciones de Europa perdieron muchas de sus posesiones en el Nuevo Mundo. Pero con la técnica moderna la mayoría de los imperios están a salvo, excepto contra los ataques externos, y la revolución sólo es posible después de una derrota en la guerra.

Podrá observarse que las causas técnicas no han influido *completamente* en el sentido de hacer más fácil el ejercicio del poder del Estado a distancia; en algunos aspectos han tenido el efecto contrario. El ejército de Aníbal subsistió durante muchos años sin mantener abierta su línea de comunicaciones, mientras que un gran ejército moderno no podría mantenerse más de dos o tres días en esas condiciones. Los navíos, mientras dependían de sus velas, podían realizar sus operaciones en todo el mundo; ahora, desde que necesitan reabastecerse con frecuencia de combustible, no pueden operar a larga distancia de su base. En los días de Nelson, si los ingleses dominaban los mares en una región los dominaban en todas partes; ahora, aunque dominen en las aguas territoriales, son débiles en el Lejano Oriente y no tienen acceso al Báltico.

Sin embargo, la regla general es que es más fácil ahora que en los tiempos pasados ejercer el poder a distancia del centro. El efecto de esto es aumentar la intensidad de la competencia entre los Estados y hacer más absoluta la victoria, desde que el aumento de tamaño resultante no necesita perjudicar la eficiencia. Un Estado mundial es ahora una posibilidad técnica y puede ser establecido por el victorioso en una guerra mundial realmente seria, o, más probablemente, por el más poderoso de los neutrales.

En lo que respecta a la densidad del poder, o a la intensidad de la organización (como puede llamarse también) las cuestiones envueltas son complejas y muy importantes. El Estado, en todos los países civilizados, es mucho más activo ahora que en cualquier tiempo anterior; en Rusia, en Alemania y en Italia interviene en casi todos los intereses humanos. Dado que los hombres aman el poder y dado que en general los que alcanzan el poder lo aman más que la mayoría, puede esperarse que en circunstancias normales los hombres que administran el Estado deseen el aumento de sus actividades internas tanto como el aumento de su territorio. Desde el momento en que hay razones sólidas para el aumento de las funciones del Estado, habrá una predisposición por parte de los ciudadanos ordinarios en favor de acceder a los deseos del gobierno a ese respecto. Existe, sin embargo, cierto deseo de independencia, que puede hacerse hasta cierto punto lo bastante fuerte para impedir, por lo menos temporalmente, cualquier aumento posterior en la intensidad de la organización. En consecuencia, el amor a la independencia en los ciudadanos y el amor al poder en los elementos oficiales, cuando la organización alcanza cierta intensidad, permanecerá en un equilibrio al menos temporal, de tal modo que, si la organización aumentase, el amor de la independencia se convertiría en la fuerza mayor, y si disminuyese, el amor al poder del elemento oficial sería más fuerte.

El amor a la independencia es, en muchos casos, no una aversión abstracta a la intervención externa, sino la aversión a alguna forma de fiscalización que el gobierno considera deseable, como la prohibición, la conscripción, la conformidad religiosa y qué se yo qué. A veces esos sentimientos pueden ser producidos gradualmente por medio de la propaganda y de la educación, que pueden debilitar indefinidamente el deseo de independencia personal. Muchas fuerzas conspiran para lograr la uniformidad en las comunidades modernas, como por ejemplo las escuelas, los diarios, el cinematógrafo, la radiotelefonía, la disciplina, etcétera. La densidad de población tiene el mismo efecto. La posición de equilibrio momentáneo entre el sentimiento de independencia y el amor al poder tiende, en consecuencia, en las condiciones modernas, a cambiar cada vez más en la dirección del poder, facilitando así la creación y el éxito de los Estados totalitarios. Mediante la educación, el amor a la independencia puede ser debilitado hasta un grado que al presente no conoce límites. Es imposible decir hasta qué punto puede aumentar gradualmente el poder interno del Estado sin provocar una revuelta. Pero no parece haber razón para dudar de que, dado el tiempo, puede ser aumentado mucho más allá del punto alcanzado al presente inclusive por los Estados más autocráticos.

Fuera de los Estados, las organizaciones están sujetas en general a leyes de la misma clase que las que hemos venido considerando, con la excepción de que ellas no pueden utilizar la fuerza. Omito en mi consideración aquellas que proporcionan poca salida a los impulsos hacia el poder, tales como los clubs. Las más importantes para nuestro propósito son los partidos políticos, las iglesias y las corporaciones de negocios. La mayoría de las iglesias aspiran a ser mundiales, aunque muy pocas de ellas pueden esperar que se realicen sus deseos; la mayoría de ellas procuran también regular algunos de los intereses más íntimos de sus miembros, como el matrimonio y la educación de los hijos. Donde se ha demostrado que es posible, las iglesias han usurpado las funciones del Estado, como en el Tíbet y en el patrimonio de San Pedro, y en alguna extensión en toda la Europa Occidental hasta la Reforma. Los impulsos hacia el poder de las iglesias, con algunas excepciones, se han limitado únicamente por falta de oportunidad y por el temor a una revuelta bajo la forma de herejía o de cisma. El nacionalismo, sin embargo, ha disminuido mucho su poder en muchos países y ha transferido al Estado muchas emociones que anteriormente encontraban su salida en la religión. La disminución de la fuerza de la religión es en parte la causa y en parte el efecto del nacionalismo y del aumento de la potencia de los Estados nacionales.

Los partidos políticos, hasta hace poco tiempo, eran organizaciones muy libres, que realizaban únicamente muy débiles intentos de fiscalizar las actividades de sus miembros. Durante todo el siglo XIX los miembros del Parlamento votaban frecuentemente contra los jefes del partido, con la consecuencia de que los resultados de las votaciones eran mucho más imprevisibles que lo son ahora. Walpole y el joven Pitt manejaban a sus partidarios, hasta cierto punto, por medio de la corrupción; pero cuando disminuyó la corrupción, y mientras los políticos eran todavía aristócratas, los gobiernos y los jefes de los partidos se quedaron sin medios para hacer efectiva la presión. Ahora, especialmente en el Partido Laborista, los hombres están sometidos a la ortodoxia, y la falta de cumplimiento de su promesa implica generalmente la extinción política y la pérdida financiera. Se exigen dos clases de lealtad: lealtad al programa en las opiniones que se profesan y lealtad a los jefes en su actuación diaria. El programa se decide de una manera que es nominalmente democrática, pero está muy influida por un pequeño número de intrigantes. Se deja a los caudillos que decidan, en sus actividades parlamentarias o gubernativas, si deben o no realizar el programa; si deciden no hacerlo, sus partidarios deben apoyar con sus votos su prevaricación, negando en sus discursos que se haya producido. Éste es el sistema que ha dado a los caudillos el poder de frustrar los deseos de sus partidarios y de abogar por reformas sin tener necesidad de decretarlas.

Pero aunque la densidad de la organización ha aumentado mucho en todos los partidos políticos, es todavía inmensamente menor en los partidos democráticos que entre los comunistas, los fascistas y los nacionalsocialistas. Estos últimos son el desarrollo, histórica y psicológicamente, no de un partido político, sino de una sociedad secreta. Bajo un régimen autocrático los hombres que desean un cambio radical son arrojados a la clandestinidad, y cuando se organizan, el temor a la traición les lleva a una disciplina muy estricta. Es natural que se pida cierto medio de vida como la salvaguardia contra los espías. El peligro, la clandestinidad, los sufrimientos presentes y la esperanza del triunfo futuro producen una exaltación casi religiosa y seducen a aquellos que son propensos a esa disposición de ánimo. Por lo tanto, dentro de una sociedad secreta revolucionaria, aunque su finalidad sea el anarquismo, es probable que exista un despotismo muy severo y una supervisión que se extienda mucho más allá de lo que suele ser considerado habitualmente como actividad política. Italia, después de la caída de Napoleón, se llenó de sociedades secretas a las cuales eran atraídos algunos por la teoría revolucionaria y otros por la práctica criminal. Lo mismo sucedió en Rusia con la aparición del terrorismo. Tanto los comunistas rusos como los fascistas italianos estaban profundamente impregnados de la mentalidad de la sociedad secreta, y los nacionalsocialistas fueron modelados por ella. Cuando algunos de sus caudillos adquirieron el gobierno, gobernaron el Estado con el mismo espíritu con que habían gobernado anteriormente sus partidos, y a sus partidarios se exige en todo el mundo el mismo espíritu correlativo de sumisión. El aumento de tamaño de las organizaciones económicas sugirió a Marx sus opiniones sobre la dinámica del poder. Mucho de lo que dijo a ese respecto ha demostrado ser cierto, pero es aplicable a todas las organizaciones que proporcionan una salida a los impulsos hacia el poder y no solamente a las que tienen funciones económicas. La tendencia en la producción ha sido dar origen a asociaciones de empresas que son coextensivas con algún gran Estado y sus satélites, pero pocas veces, fuera de la industria de los armamentos, con la formación de asociaciones de empresas de alcance mundial. Las tarifas y las colonias han hecho que los grandes negocios estén íntimamente asociados con el Estado. La conquista exterior en la esfera económica se ha hecho dependiente de la fuerza militar de la nación a la que pertenece el trust en cuestión; a no ser dentro de ciertos límites, ya no se conduce por los viejos métodos de la competencia puramente comercial. En Italia y en Alemania, la relación entre los grandes negocios y el Estado es más íntima y evidente que en los países democráticos, pero sería un error suponer que los grandes negocios, bajo el fascismo, manejan el Estado más que lo hacen en Gran Bretaña, en Francia o en los Estados Unidos. Por el contrario, en Italia y en Alemania el Estado ha utilizado el miedo al comunismo para adquirir la supremacía sobre los grandes negocios y sobre todo lo demás. Por ejemplo, en Italia se ha introducido un tributo muy severo al capital, en tanto que una forma mucho más modesta de esa medida, cuando fue propuesta por el Partido Laborista británico, produjo una gritería capitalista que obtuvo un éxito completo.

Cuando dos organizaciones con objetivos diferentes pero

no incompatibles se unen, el resultado es algo más poderoso que cada una de las dos organizaciones anteriores e inclusive que las dos juntas. Antes de la guerra, el ferrocarril Gran Norte iba desde Londres hasta York; el Noreste, desde York hasta Newcastle, y el Norte Británico, desde Newcastle hasta Edimburgo; ahora el LNER recorre todo el camino, y es evidentemente más fuerte que las tres antiguas compañías juntas. Igualmente, sería una ventaja que toda la industria del acero, desde la extracción del mineral hasta la construcción de buques, fuese administrada por una sola corporación. Por lo tanto, hay una tendencia natural a la corporación y eso es cierto no solamente en la esfera económica. La consecuencia lógica de ese proceso es que la organización más poderosa, generalmente el Estado, absorba a todas las demás. La misma tendencia podrá llevar algún día a la creación de un Estado mundial si los propósitos de los diferentes Estados no fuesen incompatibles. Si el objetivo de los Estados fuese la riqueza, la cultura o la felicidad de los ciudadanos, no habría incompatibilidad; pero como, tanto individual como colectivamente, esas cosas son consideradas menos importantes que el poder nacional, los objetivos de los diferentes Estados se hallan en conflicto y no pueden ser promovidos por la amalgama. En consecuencia, un Estado mundial sólo sería posible, si lo fuese, mediante la conquista del mundo por algún Estado nacional o mediante la adopción universal de alguna doctrina que trascienda el nacionalismo, como parecían serlo primero el socialismo y luego el comunismo en los primeros días.

La limitación del crecimiento de los Estados debido al nacionalismo es el ejemplo más importante de una limitación que puede verse también en los partidos políticos y en la religión. Me he esforzado en este capítulo por tratar las organizaciones como si tuvieran una vida independiente de su objeto. Considero importante advertir que, hasta cierto punto, ello es posible; pero, por supuesto, *solamente* es posible hasta cierto punto. Más allá de ese punto es necesario considerar la pasión a que apela la organización.

Los deseos de un individuo pueden ser reunidos en grupos, constituyendo cada grupo lo que algunos psicólogos llaman un «sentimiento». Habrá —para tomar los sentimientos importantes políticamente— el amor al hogar, a la familia, al país, al poder, al goce, etcétera; habrá también sentimientos de aversión, como el miedo al dolor, la pereza, la antipatía a los extranjeros, el odio a las doctrinas extrañas, etcétera. Los sentimientos de un hombre en un momento determinado son un producto complicado de su naturaleza, de su historia pasada y de sus actuales circunstancias. Cada sentimiento, en cuanto es tal que lo pueden satisfacer muchos hombres cooperativamente mejor que individualmente, puede producir, si se presenta la oportunidad, una o más organizaciones creadas para su satisfacción. Tomemos, por ejemplo, el sentimiento familiar. Este sentimiento ha dado origen, o ha ayudado a dar origen, a organizaciones para el alojamiento, la educación y el seguro de vida, que son materias en las cuales los intereses de las diferentes familias están en armonía. Pero también ha dado origen —en el pasado más que en el presente— a organizaciones que representan los intereses de una familia a expensas de las otras, como las de los paniaguados de los Montescos y de los Capuletos, respectivamente. El Estado dinástico era una organización de esa clase. Las aristocracias eran organizaciones de ciertas familias para conseguir sus privilegios a expensas del resto de la comunidad. Esa clase de organizaciones implica siempre, en mayor o menor grado, sentimientos de aversión: miedo, odio, descontento, etcétera. Cuando esos sentimientos son sentidos fuertemente, constituyen un obstáculo para el crecimiento de las organizaciones.

La teología proporciona ejemplos de esa limitación. Los judíos, excepto durante unos pocos siglos alrededor del comienzo de la era cristiana, no han tenido deseos de convertir a los gentiles; se han contentado con el sentimiento de superioridad que derivaba del hecho de ser el pueblo elegido. Shinto, cuando enseña que el Japón fue creado antes que el resto del mundo, no pretende que lo crean los que no son japoneses. Todos conocen la historia del viejo Lichts cuando llega al cielo y se le impide descubrir que allí hay otras personas por temor a inutilizar su goce de la bienaventura celestial. La misma clase de sentimiento puede adquirir una forma más siniestra: la persecución puede resultar tan agradable para el perseguidor que llegue a encontrar intolerablemente triste un mundo sin herejes. Similarmente, Hitler y Mussolini, puesto que enseñan que la guerra es la más noble de las actividades humanas, pueden no sentirse satisfechos si conquistan el mundo y no tienen enemigos con quien luchar. De la misma manera, los partidos políticos dejan de tener interés tan pronto como uno de ellos alcanza una supremacía indiscutible.

Por lo tanto, una organización que deriva el llamamiento al individuo de motivos como el orgullo, la envidia, el odio, el desprecio o el placer de la lucha, no puede cumplir su objeto si tiene alcance mundial. En un mundo en el que esas pasiones son fuertes, una organización que se hace mundial está casi segura de fracasar, pues habrá perdido su fuerza motriz.

Se verá que en lo que acabamos de decir hemos considerado más bien los sentimientos de los miembros de las organizaciones que los de sus gobiernos. Cualquiera que sea el objeto de una organización, su gobierno obtiene satisfacción con el poder y, en consecuencia, posee un interés que no es idéntico al de sus miembros. Por consiguiente, el deseo de la conquista universal será probablemente más fuerte en el gobierno que en los miembros.

No obstante, hay una diferencia importante entre la dinámica de las organizaciones que dan cuerpo a sentimientos que han de realizarse por medio de la cooperación y la de aquellas cuyos propósitos implican necesariamente un conflicto. Éste es un tema muy amplio y por el momento yo me limitaré a señalar las limitaciones en el estudio de las organizaciones sin referirme a sus objetivos.

He hablado del ofrecimiento de una organización y de su competencia con las organizaciones rivales. Para completar la analogía darwiniana debe decirse algo sobre la decadencia de una edad vieja. El hecho de que los hombres sean mortales no es por sí mismo una razón para esperar que mueran las organizaciones y, sin embargo, la mayoría de ellas mueren. A veces sufren una violenta muerte interna, pero eso no es lo que yo quiero considerar en este momento. Lo que yo quiero considerar es la debilidad y la lentitud del movimiento, análogas a las de un hombre viejo, que se observa a menudo en las organizaciones viejas. Uno de los mejores ejemplos es el del Imperio chino antes de la revolución de 1911. Era con mucho el más antiguo de los gobiernos del mundo; había realizado proezas militares en el tiempo de la ascensión de Roma y durante los grandes días del Califato; poseía una tradición continuada de alta civilización y una práctica largamente establecida de gobierno por hombres hábiles elegidos en un medio de indudable competencia. La fuerza de la tradición, la tiranía de siglos de hábito, fueron la causa del colapso. Era imposible para los literatos comprender que para imitar a las naciones de Occidente era necesario tener otros conocimientos que los de los clásicos confucianos, o que las máximas que habían sido adecuadas contra las razas fronterizas semibárbaras no servían contra los europeos. Lo que hace envejecer a una organización es la costumbre basada en el buen éxito; cuando se producen nuevas circunstancias, la costumbre es demasiado fuerte para dejarla de lado. En los tiempos revolucionarios, los que tienen la costumbre de mandar nunca se dan cuenta lo bastante a tiempo de que ya no pueden contar con la costumbre correlativa de la obediencia.

Además, el respeto exigido por las personas destacadas, originalmente con el propósito de confirmar su autoridad, con el tiempo se convierte en una etiqueta ceremoniosa que les estorba en la acción y les impide adquirir la destreza necesaria para el éxito. Los reyes ya no pueden ir a batallas porque son demasiado sagrados; no se les puede decir verdades desagradables porque mandarían dar muerte al que se las dijese. Con el tiempo se convierten en meros símbolos y un día el pueblo se da cuenta de que no simbolizan nada que merezca la pena.

Sin embargo, ésta no es una razón para que *todas* las organizaciones sean mortales. La Constitución norteamericana, por ejemplo, no inviste a ningún hombre ni cuerpo de hombres con esa clase de veneración que lleva a la ignorancia y a la impotencia, no está fácilmente dispuesta, excepto hasta cierto punto en relación con la Corte Suprema, a acumular hábitos y máximas que le impidan adaptarse a las nuevas circunstancias. No hay una razón evidente para que una organización de esa clase no pueda durar indefinidamente. Pienso, en consecuencia, que mientras muchas organizaciones mueren más pronto o más tarde, ya sea por rigidez o por causas externas, no hay razón alguna esencial que haga eso inevitable. En ese punto la analogía biológica, si es forzada, se hace falsa.

12

PODERES Y FORMAS DE GOBIERNO

Aparte del objeto de una organización, sus características más importantes son: 1) el tamaño, 2) el poder sobre los miembros, 3) el poder sobre los no miembros, 4) la forma de gobierno. La cuestión del tamaño será considerada en el próximo capítulo; ahora trataremos de las otras características.

Las organizaciones toleradas legalmente, además del propio Estado, tienen sobre sus miembros poderes que están estrictamente limitados por la ley. Un abogado, un solicitante, un médico o un propietario de caballos de raza pueden ser excluidos del foro, perder el pleito, ser descalificados o prohibírseles tomar parte en las carreras. Todos estos castigos implican desgracia y los tres primeros es probable que impliquen una extremada penalidad económica. Pero por impopular que se pueda ser en una profesión, los colegas no pueden hacer legalmente más que impedir la práctica de la profesión. Si se trata de un político, debe ser aceptado como ortodoxo por su partido si quiere tener la ayuda de la maquinaria, pero no se le puede impedir que se adhiera a otro partido o que viva una vida pacífica alejado de las disputas parlamentarias. El poder de las organizaciones, que no son el Estado, sobre sus miembros depende del derecho a la expulsión y es más o menos severo de acuerdo con el grado de deshonra y de penalidad financiera que implique la expulsión.

Los poderes del Estado sobre los ciudadanos son, por el contrario, ilimitados, excepto en la parte en que las disposiciones constitucionales prohíben las detenciones arbitrarias y la expoliación. En los Estados Unidos ningún hombre puede ser privado de la vida, de la libertad o de la propiedad sino mediante el debido proceso legal; por ejemplo, si se demuestra a las autoridades judiciales que es culpable de algún acto que previamente estaba señalado como merecedor de ese castigo. En Inglaterra, aunque los poderes del Ejecutivo están igualmente limitados, el poder legislativo es omnipotente: puede aprobar una ley con el objeto de que míster John Smith sea condenado a muerte o privado de su propiedad sin necesidad de establecer que ha cometido un crimen. En forma de Leyes de Proscripción, su poder fue uno de los medios por el cual el Parlamento adquirió el dominio del gobierno. En la India y en los Estados totalitarios, ese poder pertenece al Ejecutivo y es ejercido libremente. Esto está de acuerdo con la tradición y donde los Estados han perdido su omnipotencia ha sido a consecuencia de la doctrina de los Derechos del Hombre.

Los poderes de las organizaciones sobre los que no son miembros de las mismas son más difíciles de definir. Los poderes de un Estado en relación con los extranjeros dependen de la guerra y de la amenaza de guerra; esto se aplica inclusive a materias como las tarifas y las leyes de inmigración; ambas estaban reguladas en China mediante tratados aceptados como resultado de la derrota militar. Únicamente la falta de fuerza militar limita el poder de un Estado sobre otro; si existe una preponderancia suficiente, puede decretarse inclusive el exterminio o el traslado de toda la población, y así ha sucedido con frecuencia. Considérese, por ejemplo, el libro de Josué, el cautiverio de Babilonia y la confinación de los indios norteamericanos a las reservas cuando no eran exterminados.

Los poderes externos de las organizaciones privadas pueden ser contemplados con envidia por el Estado y, en consecuencia, son en gran manera extralegales. Dependen principalmente del boicot y de otras formas aún más extremas de intimidación. Esa influencia terrorista es generalmente el preludio de la revolución o de la anarquía. En Irlanda el asesinato trajo consigo la caída, primero, de los propietarios de tierras y luego de la dominación inglesa. En la Rusia zarista, los revolucionarios dependían en gran parte de los métodos terroristas. Los nacionalsocialistas se abrieron camino con actos de violencia ilegal. En el momento presente,* en Checoslovaquia, los ciudadanos de la población alemana que no quieren adherirse al partido de Heinlein reciben advertencias como: «Usted es un hombre señalado» o «Llegará su turno»; y en vista de lo que sucedió a los opositores cuando los alemanes ocuparon Austria, esas amenazas son muy eficaces. Un Estado que no puede hacer frente a esa clase de ilegalidad llega por lo general muy pronto a la aflicción. Si la ilegalidad es de una sola organización con un programa político definido, el resultado es la revolución, pero si es de grupos de bandoleros o de soldados amotinados, puede haber un lapso en el que el país caiga en la anarquía y en el caos.

En los países democráticos las organizaciones privadas más importantes son económicas. A diferencia de las sociedades secretas, pueden ejercer su terrorismo sin ilegalidad, dado que no amenazan con matar a sus enemigos, sino únicamente con hacerlos morir de hambre. Por medio de esas amenazas —que no tienen necesidad de ser manifestadas explícitamente— han vencido con frecuencia inclusive a los gobiernos, como sucedió recientemente en Francia. En tanto que las organizaciones privadas pueden decidir si los individuos que no pertenecen a ellas tendrán o no lo suficiente para comer, el poder del Estado está evidentemente sujeto a muy serias limitaciones. En Alemania y en Italia, no menos

---

* Escrito antes de septiembre de 1938.

que en Rusia, el Estado se ha impuesto al capital privado a este respecto.

Llego ahora a la cuestión de las formas de gobierno, y es natural comenzar con la monarquía absoluta, como la más antigua, la más simple y la más difundida de las instituciones conocidas en los tiempos históricos. Ahora no distingo entre el rey y el tirano; considero simplemente el gobierno de un solo hombre, ya sea el de un rey hereditario o el de un usurpador. Esta forma de gobierno ha prevalecido en Asia en todos los tiempos, desde las más antiguas épocas de Babilonia, pasando por la monarquía persa, la dominación de macedonios y romanos y el Califato, hasta los días del gran mogol. Es verdad que en China el emperador no era absoluto, excepto durante el reinado de Shih Huang-Ti (siglo III a. C.), quien quemó los libros; en otros tiempos los literatos podían derrotarle generalmente. Pero China ha sido siempre una excepción para todas las reglas. En la actualidad, aunque se supone que la monarquía absoluta está en declive, algo parecido a ella prevalece en Alemania, en Italia, en Rusia, en Turquía y en el Japón. Es evidente que ésta es una forma de gobierno que los hombres encuentran natural.

Psicológicamente, sus méritos son claros. En general, el gobernante lleva a alguna tribu o a alguna secta a la conquista y sus seguidores se sienten participantes de su gloria. Ciro llevó a los persas a la rebelión contra los medos; Alejandro dio poder y riqueza a sus macedonios; Napoleón dio la victoria a los ejércitos de la Revolución. Las relaciones de Lenin y de Hitler con sus partidos son de la misma clase. La tribu o secta que encabeza el conquistador le sigue voluntariamente y se siente magnificada por sus éxitos; los que son dominados por él sienten el miedo mezclado con la admiración. No se requiere ninguna práctica política, ningún hábito de compromiso; la única cohesión social instintiva que es necesaria es la de la pequeña banda interna de seguidores, que es fácilmente manejable por el hecho de que depende de las hazañas del héroe. Cuando él muere, su obra puede caer a pedazos, como la de Alejandro; pero con suerte, un sucesor capaz puede llevarla adelante hasta que el nuevo poder se haya hecho tradicional.

La dificultad de cualquier otra relación entre los hombres, como un vínculo que les una en una comunidad, excepto la del mando y la obediencia, puede ser ilustrada por las relaciones de los Estados. Hay innumerables ejemplos de pequeños Estados que se convierten en grandes imperios por medio de la conquista, pero difícilmente se encontrará un ejemplo de federación voluntaria. Para la Grecia de los tiempos de Filipo y la Italia del Renacimiento, cierto grado de cooperación entre los diferentes Estados soberanos era una cuestión de vida o muerte y, sin embargo, no pudo ser lograda. Esto es también verdad con respecto a Europa en la actualidad. No es fácil inducir a los hombres que tienen el hábito del mando o simplemente el de la independencia a someterse voluntariamente a una autoridad exterior. Cuando ha sucedido eso, se ha debido generalmente a un grupo de piratas que esperaba grandes ganancias a expensas del público general y que tenía tal confianza en su caudillo que dejaba voluntariamente en sus manos la dirección de la empresa. Únicamente en una situación semejante podemos hablar de un gobierno nacido de un «contrato social» y en ese caso el contrato es más bien según Hobbes que según Rousseau, pues se trata de un contrato que los ciudadanos (o piratas) hacen cada uno con el otro y no un contrato entre ellos y su caudillo. El punto psicológicamente importante es que los hombres están dispuestos a convenir en ese contrato únicamente cuando hay grandes posibilidades de saqueo o de conquista. Este mecanismo psicológico, aunque no generalmente en una forma abierta, es el que ha capacitado a los reyes que no eran absolutos para llegar más cerca de serlo por medio de una guerra victoriosa.

La conclusión que puede deducirse de estas consideraciones es que mientras algo como un consentimiento voluntario en el poder arbitrario de un monarca es necesario por parte de la camarilla que está cerca del trono, la mayoría de los súbditos se someten, generalmente, primero por miedo, y después como resultado de la costumbre y de la tradición. El «contrato social» en el único sentido en que no es completamente mítico, es un contrato entre conquistadores y pierde su razón de ser si quedan privados de los beneficios de la conquista. Por lo que se refiere a la mayoría de los súbditos, el miedo, más bien que el consentimiento, es la causa original de su sumisión a un rey cuyo poder se extiende más allá que a una sola tribu.

Debido a que los motivos de la lealtad de un grupo íntimo y del miedo en la población general son tan simples y tan fáciles, casi todos los aumentos en el área de soberanía de los Estados han sido conseguidos mediante la conquista y no mediante una federación voluntaria. Y también por esa razón la monarquía ha desempeñado un papel tan importante en la historia.

La monarquía tiene, sin embargo, grandes desventajas. Si es hereditaria, no es probable que los gobernantes sigan siendo capaces; y si hay alguna incertidumbre con respecto a la ley de sucesión, se producirán guerras civiles dinásticas. En el Oriente, un nuevo gobernante comenzaba generalmente dando muerte a sus hermanos; pero si alguno de ellos escapaba, reclamaba inmediatamente el trono con la única probabilidad de evitar la ejecución. Léase, por ejemplo, la *Storia do Mogor*, de Mainucci, que trata del gran mogol y pone en evidencia que las guerras de sucesión hicieron más que cualquier otra cosa para debilitar el imperio. En nuestro propio país, las guerras de las Rosas sugieren la misma moraleja.

Si, por otro lado, la monarquía no es hereditaria, todavía hay más probabilidades de una guerra civil. Este peligro está demostrado por el Imperio romano desde la muerte de Cómodo hasta la ascensión de Constantino. No se ha encontrado más que una solución satisfactoria de este problema: es el método mediante el cual es elegido el papa. Pero éste es el último término de una evolución que partió de la burocracia; y aun en este caso el gran cisma demostró que el método no es infalible.

Una desventaja todavía más seria de la monarquía es el hecho de que generalmente se muestra indiferente a los intereses de los súbditos, excepto cuando esos intereses se identifican con los del rey. Es probable que exista esa identidad de intereses hasta cierto punto. El rey tiene interés en suprimir la anarquía interna y será apoyado en consecuencia por sus súbditos observantes de la ley cuando es grande el peligro de la anarquía. Tiene interés en la riqueza de sus súbditos, pues ella hace más productivos los impuestos. En la guerra exterior, los intereses del rey y de los súbditos serán probablemente idénticos en tanto que esa guerra sea victoriosa. Mientras siga extendiendo sus dominios, el grupo íntimo, para el que es un caudillo más bien que un amo, encontrará provechoso su servicio. Pero los reyes suelen ser arrastrados al mal camino por dos causas: el orgullo y la confianza en un grupo íntimo que ha perdido su poder de mando. En cuanto al orgullo, aunque los egipcios soportaron las pirámides, los franceses, al final, refunfuñaron respecto a Versalles y al Louvre; y los moralistas siempre han prorrumpido en invectivas contra el lujo de las cortes. «El vino es malo, las mujeres son malas, el rey es malo», se nos dice en los Apócrifos.

La otra causa de la decadencia de la monarquía es más importante. Los reyes adquieren el hábito de descansar en algún sector de la población: la aristocracia, la Iglesia, la alta burguesía, o quizá en algún grupo geográfico, como los cosacos. Los cambios económicos o culturales disminuyen gradualmente el poder del grupo favorecido y el rey comparte su impopularidad. Inclusive puede ser, como Nicolás II, tan imprudente que pierda el apoyo de los grupos que estarían más completamente de su lado; pero eso es excepcional. Carlos I y Luis XVI eran apoyados por la aristocracia, pero cayeron porque la clase media les era opuesta.

Un rey o un déspota puede mantener su poder si es astuto en la política interna y tiene éxito en la política exterior. Si es casi divino, su dinastía se puede prolongar indefinidamente. Pero el desarrollo de la civilización pone término a la creencia en su divinidad; no siempre se puede evitar la derrota en la guerra, y la astucia política no puede ser un atributo invariable de los monarcas. Por consiguiente, más pronto o más tarde, si no hay conquista exterior, sobreviene la revolución, y la monarquía o es abolida o privada de su poder.

El gobierno por una Iglesia o por un partido político —lo que se puede llamar una teocracia— es una forma de oligarquía que ha asumido una nueva importancia en los últimos años. Tenía una forma más antigua, que sobrevivió en el patrimonio de San Pedro y en el régimen jesuita en el Paraguay, pero su forma moderna comienza con el gobierno de Calvino en Ginebra, aparte del muy breve predominio de los anabaptistas en Münster. Todavía más moderno fue el gobierno de los Santos, que terminó en Inglaterra con la Restauración, pero sobrevivió durante un período considerable en Nueva Inglaterra. En los siglos XVIII y XIX se pudo pensar que ese género de gobierno se había extinguido para siempre. Pero fue resucitado por Lenin, adoptado en Italia y en Alemania e intentado seriamente en China.

En un país como Rusia o China, donde el grueso de la población es analfabeta y carece de experiencia política, el revolucionario triunfante se encontró en una situación muy difícil. La democracia según el modelo occidental no podía tener éxito. Fue intentada en China, pero constituyó un fracaso desde el comienzo. Por otro lado, los partidos revolucionarios de Rusia sólo sentían desprecio por la aristocracia territorial y por los ricos de la clase media; ninguno de los objetivos que tenían en vista podía ser alcanzado por medio de una oligarquía elegida entre esas clases. En consecuencia dijeron: «Nosotros, el partido que ha hecho la revolución, debemos retener el poder político hasta que el país esté maduro para la democracia; mientras tanto educaremos al país en nuestros principios».

Sin embargo, el resultado no fue del todo el que esperaban los viejos bolcheviques. Bajo la tensión de la guerra civil, del hambre y del descontento de los aldeanos, la dictadura se hizo cada vez más severa, mientras la lucha dentro del Partido Comunista después de la muerte de Lenin transformó el gobierno de un partido en el gobierno de un solo hombre. No era difícil prever todo eso. Yo escribí en 1920: «La teoría bolchevique exige que todos los países, más pronto o más tarde, sufran la experiencia que sufre ahora Rusia. Y en todos los países en esas condiciones podemos esperar encontrar que el gobierno ha caído en las manos de hombres crueles que por naturaleza no tienen amor alguno a la libertad y que conceden poca importancia a la rápida transición de la dictadura a la libertad... Es casi inevitable que los hombres situados en la posición en que están situados los bolcheviques en Rusia se hallen poco dispuestos a abandonar su monopolio hasta que una nueva revolución les arroje del poder». Por esas razones es difícil considerar a una teocracia como un paso hacia la democracia, aunque pueda tener méritos en otros aspectos.

Los méritos de las teocracias, cuando representan una nueva doctrina, son a veces muy grandes y a veces casi inexistentes. En primer lugar, los creyentes forman un núcleo de cohesión social después de la revolución y pueden cooperar fácilmente porque están de acuerdo en lo fundamental; en consecuencia, les es posible establecer un gobierno vigoroso adaptado a su modo de pensar. En segundo lugar, como hemos observado ya, el partido o Iglesia no es una minoría de nacimiento o de riqueza, al cual es posible confiar el poder político donde la democracia, por cualquier razón, puede fracasar. En tercer lugar, los creyentes están casi seguros de ser más enérgicos y políticamente conscientes que la mayoría de la población, a la cual son también superiores intelectualmente en muchos casos. Sin embargo, ciertas doctrinas —incluyendo las que se hacen poderosas— atraen solamente a los estúpidos, aparte la levadura de aventureros en busca de ocupación. En consecuencia, la inteligencia es una característica de ciertas teocracias únicamente.

Cuando el poder se limita a los miembros de una secta es inevitable una censura ideológica severa. Los creyentes sinceros estarán ansiosos por difundir la verdadera fe; otros se contentarán con una conformidad íntima. La primera actitud mata el libre ejercicio de la inteligencia; la segunda fomenta la hipocresía. La educación y la literatura deben ser estereotipadas y trazadas de modo que produzcan la credulidad más bien que la iniciativa y la crítica. Si los caudillos están interesados en su teología, habrá herejías y la ortodoxia será definida cada vez más rígidamente. Los hombres fuertemente influidos por una creencia se diferencian de los demás en su capacidad para ser movidos por algo más o menos abstracto y más o menos alejado de la vida diaria. Si esos hombres dirigen un gobierno impopular, el resultado es hacer al grueso de la población todavía más frívolo e irreflexivo de lo que sería naturalmente, resultado que es producido principalmente por el conocimiento de que todo pensamiento es potencialmente herético y por consiguiente peligroso. En una teocracia es probable que los gobernantes sean fanáticos; siendo fanáticos, serán severos; siendo severos, tendrán oposición; teniendo oposición, se harán todavía más severos. Su acción enérgica se cubrirá, inclusive para sí mismos, con la capa del celo religioso, y, en consecuencia, no se sujetarán a restricciones. De aquí el potro y la estaca, la Gestapo y la Checa.

Hemos visto que tanto la monarquía como la oligarquía tienen méritos y deméritos. El demérito principal de ambas es que, más pronto o más tarde, el gobierno se hace tan indiferente a los deseos de la generalidad de los hombres que se produce la revolución. La democracia, cuando se halla establecida firmemente, es una salvaguardia contra esa clase de inestabilidad. Puesto que la guerra civil es un peligro muy grave, debe recomendarse una forma de gobierno que la haga improbable. Ahora bien, la guerra civil es improbable donde, si se produjera, daría la victoria a los que ya tenían el poder. Siendo iguales las otras cosas, si el poder está en manos de la mayoría, es más probable que el gobierno triunfe en una guerra civil que si representase únicamente a la minoría. Esto, hasta cierto punto, es un argumento en favor de la democracia; pero varios ejemplos recientes demuestran que está sujeto a muchas limitaciones.

Un gobierno se llama generalmente democrático si una gran parte de la población participa del poder político. Las democracias griegas más extremas excluían a las mujeres y a los esclavos, y los Estados Unidos se consideraron a sí mismos una democracia antes de que tuvieran voto las mujeres. Evidentemente una oligarquía se acerca tanto más a una democracia cuanto más crece el porcentaje de los que poseen el poder político. Los rasgos característicos de una oligarquía aparecen únicamente cuando ese porcentaje es más bien pequeño.

En todas las organizaciones, pero especialmente en los Estados, el problema del gobierno es doble. Desde el punto de vista del gobierno, el problema es asegurar la aquiescencia de los gobernados; desde el punto de vista de los gobernados, el problema es hacer que el gobierno tenga en cuenta, no solamente sus propios intereses, sino también los intereses de aquellos sobre los que ejercita su poder. Si se resuelve completamente uno de esos problemas, no se plantea el otro; si no se resuelve ninguno de los dos, se produce la revolución. Pero generalmente se busca una solución de compromiso. Aparte de la fuerza bruta, los principales factores por el lado del gobierno son la tradición, la religión, el temor a los enemigos exteriores y el deseo natural de la mayoría de los hombres de seguir a un caudillo. Para la protección de los gobernados únicamente se ha descubierto hasta ahora un método, que es en cierto grado efectivo: la democracia.

La democracia, como método de gobierno, está sujeta a algunas limitaciones que son esenciales y a otras que son en principio evitables. Las limitaciones esenciales se derivan principalmente de dos fuentes: algunas decisiones deben ser rápidas y otras requieren conocimientos técnicos. Cuando Gran Bretaña abandonó el patrón oro en 1931, estaban implicados dos factores: era absolutamente necesario obrar rápidamente y se trataba de cuestiones que la mayoría de los hombres no podían entender. En consecuencia, la democracia solamente pudo expresar su opinión retrospectivamente. La guerra, aunque menos técnica que la finanza, tiene siempre más urgencia: es posible consultar al Parlamento (aunque generalmente ello constituye algo como una farsa, pues la decisión ha sido ya tomada de hecho, si no de forma), pero es imposible consultar al electorado.

Debido a estas limitaciones esenciales, muchos de los asuntos más importantes deben ser confiados al gobierno por el electorado. La democracia tiene buen éxito en tanto que el gobierno está obligado a respetar la opinión pública. El Parlamento Largo decretó que no podía ser disuelto sin su propio consentimiento. ¿Qué es lo que ha impedido hacer lo mismo a los subsiguientes Parlamentos? La respuesta no es ni simple ni segura. En primer lugar, en ausencia de una situación revolucionaria, los miembros del Parlamento saliente tenían asegurada una vida tranquila aunque perteneciesen al partido vencido; la mayoría de ellos podían ser reelegidos y si perdían los placeres del gobierno, podían conseguir casi iguales satisfacciones mediante la crítica pública de los desaciertos de sus rivales. Y a su debido tiempo podían volver al poder. Si, por otro lado, le hacían imposible al electorado librarse de ellos por los medios constitucionales, podrían crear una situación revolucionaria, que podía poner en peligro su propiedad y quizá sus vidas. La suerte de Strafford y de Carlos I fue una advertencia contra la imprudencia.

Todo eso hubiera sido diferente si hubiera existido ya una situación revolucionaria. Supongamos un Parlamento conservador que tuviese razón para temer que la próxima elección produjese una mayoría comunista, la que podría expropiar la propiedad privada sin compensaciones. En ese caso, el partido que se halla en el poder podría imitar al Parlamento Largo y decretar su perpetuidad. Difícilmente sería restringida su acción por la veneración a los principios de la democracia; en todo caso sería restringida únicamente por la duda sobre la lealtad de las fuerzas armadas.

La moraleja es que la democracia, puesto que está obligada a confiar el poder a los representantes elegidos, no puede tener la seguridad de que, en una situación revolucionaria, sus representantes sigan representando sus deseos. Los deseos del Parlamento, en circunstancias fácilmente imaginables, pueden ser opuestos a los de la mayoría de la nación. Si en esas circunstancias el Parlamento puede descansar en la preponderancia de la fuerza, puede también desafiar a la mayoría con impunidad.

Esto no es decir que exista una forma de gobierno mejor

que la democracia. Es decir únicamente que hay casos en los que los hombres tienen que luchar, y cuando eso sucede ninguna forma de gobierno puede impedir la guerra civil. Uno de los objetivos más importantes del gobierno será impedir que las consecuencias sean tan agudas que lleven a la guerra civil y desde ese punto de vista la democracia, donde es habitual, es preferible probablemente a cualquier otra forma de gobierno.

La dificultad de la democracia, como forma de gobierno, es que debe estar dispuesta para los compromisos. El partido vencido puede no considerar que está implicado un principio de tanta importancia como para hacerle pusilánime y obligarle a ceder; por otra parte, la mayoría puede no presionar hasta el punto de que provoque la revuelta. Esto requiere práctica, respeto a la ley y el hábito de creer que las opiniones ajenas pueden no ser una prueba de maldad. Es todavía más necesario que no exista un estado de miedo agudo, pues cuando existe tal estado los hombres buscan un caudillo y se someten a él cuando lo encuentran, con el resultado de que probablemente se convierte en dictador. Dadas esas condiciones, la democracia es capaz de ser la forma de gobierno más estable de las inventadas hasta ahora. En los Estados Unidos, Gran Bretaña, los Dominios, Escandinavia y Suiza apenas le amenazan peligros, de no ser interiores. En Francia se establece cada vez más firmemente. Además de la estabilidad, tiene el mérito de hacer que los gobiernos pongan alguna atención en el bienestar de los gobernados, no tanta, quizá, como pudiera desearse, pero mucho más que la que han demostrado las monarquías absolutas, las oligarquías y las dictaduras.

La democracia en un gran Estado moderno tiene ciertas desventajas, no ciertamente en comparación con otras formas de gobierno en el mismo campo de acción, sino debidas inevitablemente a la inmensa población afectada. En la antigüedad, el sistema representativo era desconocido y los ciudadanos se reunían en la plaza del mercado para votar personalmente cada asunto. En tanto que el Estado estuvo confinado a una sola ciudad, eso dio a cada ciudadano el sentimiento del poder real y de la responsabilidad, tanto más cuanto que la mayoría de los asuntos estaban al alcance de su experiencia. Pero debido a la ausencia de una legislatura elegida, la democracia no podía extenderse sobre un área mayor. Cuando se otorgó la ciudadanía romana a los habitantes de otras partes de Italia, los nuevos ciudadanos no podían en la práctica adquirir una participación en el poder político, pues éste solamente podía ser ejercido por los que residían en Roma. La dificultad geográfica fue superada en el mundo moderno por la práctica de elegir representantes. Hasta muy recientemente, el representante, una vez elegido, tenía un poder independiente considerable, pues los hombres que vivían a distancia de la capital no podían saber lo que sucedía con bastante prontitud o con los detalles necesarios para poder exponer su opinión con eficacia. Sin embargo ahora, debido a la radio, a los medios rápidos de comunicaciones, a los diarios, etcétera, los grandes países se han hecho cada vez más como las ciudades de la antigüedad; hay mayor contacto personal entre los que viven en el centro y los que votan a distancia; los partidarios pueden presionar a los caudillos y los caudillos, recíprocamente, pueden ejercer influencia sobre los partidarios en una extensión que era imposible en los siglos XVIII y XIX. El resultado ha sido disminuir la importancia del representante y aumentar la del caudillo. El Parlamento ya no es un intermediario eficaz entre los votantes y el gobierno. Todos los artificios propagandísticos limitados anteriormente a los tiempos de elección pueden ser empleados ahora continuamente. La ciudad-estado griega, con sus demagogos, sus tiranos, sus guardias de corps y sus desterrados, ha revivido porque sus métodos de propaganda son utilizables nuevamente.

Excepto cuando siente entusiasmo por un caudillo, el votante de una gran democracia tiene tan poco sentimiento del poder que con frecuencia piensa que no merece la pena dar su voto. Si no es un propagandista perspicaz de uno de los partidos importantes, la vastedad de las fuerzas que deciden quién ha de gobernar hace que su parte le parezca completamente desdeñable. En la práctica, todo lo que puede hacer generalmente es votar por uno u otro de dos hombres, cuyos programas pueden no interesarle y pueden diferir muy poco entre sí, sabiendo además que pueden abandonar con impunidad esos programas tan pronto como son elegidos. Si, por otro lado, hay un caudillo a quien admira con entusiasmo, la psicología es la que consideramos en relación con la monarquía: la del vínculo entre un rey y la tribu o secta de sus partidarios activos. Todo agitador político hábil u organizador se consagra a estimular la devoción a un individuo. Si el individuo es un gran caudillo, el resultado es el gobierno de un solo hombre; si no lo es, la junta secreta que ha asegurado la elección se convierte en el verdadero poder.

Esto no es verdadera democracia. La cuestión de su preservación, cuando el área gubernamental es grande, es muy difícil y volveré a tratarla en otro capítulo.

Nos hemos venido refiriendo a las formas del gobierno en la política. Pero las formas de las organizaciones económicas son tan importantes y peculiares que requieren ser consideradas aparte.

En una empresa industrial existe, para comenzar, una distinción análoga a la que existía entre los ciudadanos y los esclavos en la antigüedad. Los ciudadanos son los que han invertido capital en la empresa, y los esclavos son los empleados. No quiero forzar la analogía. El empleado se diferencia del esclavo en el hecho de que es libre de cambiar de empleo si puede hacerlo y en su derecho a emplear sus horas libres como le plazca. La analogía a que quiero referirme se relaciona con el gobierno. Las tiranías, las oligarquías y las democracias se distinguen en sus relaciones con los hombres libres; pero son iguales en relación con los esclavos. Similarmente, en una empresa industrial capitalista el poder puede dividirse entre los inversores del capital, monárquica, oligárquica o democráticamente, pero los empleados, a menos de que también hayan invertido su dinero, no tienen participación en él y se considera que tienen tan poco derecho a reclamaciones como tenían los esclavos en la antigüedad.

Las corporaciones de negocios exhiben una gran variedad de formas oligárquicas de constitución. En este momento no pienso en el hecho de que los empleados están excluidos de la administración; pienso únicamente en los accionistas. El mejor informe que conozco sobre este tema es un libro al que he aludido recientemente, *The Modern Corporation and Private Property*, de Berle y Means. En un capítulo titulado «La evolución del control» demuestran cómo las oligarquías, a menudo con muy poca participación en la propiedad, han adquirido el gobierno de vastos conjuntos de capital. Mediante artificios que se refieren al comité de apoderados, la administración «puede imponer virtualmente a sus sucesores. Donde la propiedad está suficientemente dividida, la administración puede convertirse en un cuerpo que se perpetúa a sí mismo aunque su participación en la propiedad sea insignificante. Lo más apropiado a esa condición que ha podido descubrir el que esto escribe es la organización de la Iglesia católica. El papa elige a los cardenales y el Colegio de Cardenales, a su vez, elige al papa siguiente». Esta forma de gobierno existe en algunas de las mayores corporaciones, como la Compañía Norteamericana de Teléfonos y Telégrafos y la United States Steel Corporation, con capitales de cuatro mil millones y de dos mil millones de dólares, respectivamente, en enero de 1930.

En la primera, los directores poseen colectivamente sólo el 0,25 por ciento de las acciones y, no obstante, todo el poder económico se halla en sus manos.

La complejidad de la organización de una entidad comercial puede ser mayor que la de cualquier institución política. Directores, accionistas, poseedores de bonos, comisión ejecutiva y empleados, todos ellos tienen funciones diferentes. El gobierno tiene generalmente forma de oligarquía, y en ella las unidades son las acciones y no los accionistas y los directores son sus representantes elegidos. En la práctica, los directores tienen generalmente un poder mucho mayor, comparado con el de los accionistas, que el que corresponde al gobierno de una oligarquía política comparado con el de los oligarcas individuales. *Per contra*, donde los gremios obreros están bien organizados, los empleados tienen una voz considerable en cuanto a las condiciones de su empleo. En las empresas capitalistas hay una peculiar dualidad de objetivos: por un lado existen para proporcionar al público mercaderías o servicios, y por otro lado se proponen proporcionar beneficios a los accionistas. En las organizaciones políticas se supone que los políticos buscan el bien del público y no solamente mejorar sus salarios; esa pretensión se mantiene aun bajo los despotismos. Por eso es por lo que hay más hipocresía en la política que en el negocio. Pero bajo la influencia combinada de la democracia y de la crítica socialista muchos magnates industriales importantes han adquirido el arte de la farsa política y han aprendido a hacer ver que el bienestar público es el motivo que les lleva a aumentar su fortuna. Éste es otro ejemplo de la tendencia moderna a la unión de las economías políticas.

Debe decirse algo de los medios por los cuales cambian las formas de gobierno en una institución determinada. Éste es un asunto en el cual la historia no ofrece una guía segura. Hemos visto que en Egipto y en Babilonia la monarquía absoluta estaba completamente desarrollada en el período en que comienzan los recuerdos históricos. De acuerdo con las evidencias antropológicas, se puede presumir que se desarrolló fuera de la autoridad de los jefes, limitada originalmente por el Consejo de Ancianos. En toda el Asia (excluyendo a China) la monarquía absoluta no mostró nunca, excepto bajo la influencia europea, signo alguno de facilitar cualquier otra forma de gobierno. En Europa, por el contrario, nunca fue estable en los tiempos históricos durante largos períodos. En la Edad Media, el poder de los reyes estaba limitado por el de la nobleza feudal tanto como por la autonomía municipal o por las ciudades comerciales más importantes. Después del Renacimiento, el poder de los reyes aumentó en toda Europa, pero ese aumento terminó con la ascensión de la clase media, primero en Inglaterra, luego en Francia y finalmente en el resto de la Europa Occidental. Hasta que los bolcheviques disolvieron la Asamblea Constituyente a comienzos de 1918 podía haberse pensado que la democracia parlamentaria estaba segura de prevalecer en todo el mundo civilizado.

Los movimientos que se alejan de la democracia no son, sin embargo, cosa nueva. Se produjeron en muchas ciudades-estado de Grecia, en Roma cuando estuvo establecido el Imperio y en las repúblicas comerciales de la Italia medieval. ¿Es posible descubrir algún principio general que determine las diferentes evoluciones hacia la democracia o para alejarse de ella?

Las dos grandes influencias contra la democracia en el pasado han sido la riqueza y la guerra. Podemos tomar a los Médicis y a Napoleón como ejemplos ilustrativos de ambas. Los hombres que obtienen la riqueza mediante el comercio son, en general, menos rigurosos y más conciliadores que aquellos cuyo poder se debe a la propiedad territorial; son, en consecuencia, más hábiles para comprar su ascensión al poder y para gobernar luego sin suscitar resentimientos violentos que aquellos cuya situación es simplemente hereditaria y tradicional. Las ganancias obtenidas en el comercio, por ejemplo, en Venecia o en las ciudades de la Liga Hanseática, lo fueron a expensas del extranjero y, por consiguiente, no despertaron la impopularidad en el propio país, como sucede a los fabricantes que hacen su fortuna empleando el sudor de los trabajadores. Una oligarquía de burgueses sustanciales es, por consiguiente, la forma más natural y estable de gobierno para una comunidad predominantemente comercial. Y esa oligarquía evoluciona fácilmente hacia la monarquía si una de las familias es mucho más rica que las otras.

La guerra opera por medio de una psicología diferente y más violenta. El temor hace que los hombres deseen un caudillo, y un general victorioso suscita la admiración apasionada que es el anverso del temor. Puesto que la victoria parece por el momento la única cosa de real importancia, el general victorioso persuade fácilmente a su país para que le confíe el poder supremo. En tanto que continúa la crisis se le juzga indispensable y, cuando la crisis ha sido dominada, puede resultar muy difícil removerle.

Los movimientos modernos contra la democracia, aunque se relacionan con una mentalidad guerrera, no son del todo análogos al caso de Napoleón. Hablando en general, las democracias alemana e italiana cayeron, no porque una mayoría estuviese cansada de la democracia, sino porque la preponderancia de la fuerza armada no estaba del lado de la mayoría numérica. Puede parecer extraño que el gobierno civil pueda ser nunca más fuerte que el comandante en jefe; sin embargo, ése es el caso dondequiera que una democracia está firmemente arraigada en las costumbres de la nación. Lincoln, al nombrar un comandante en jefe, le escribió: «Me dicen que usted pretende la dictadura. El medio para alcanzarla es conseguir victorias. Deseo que usted alcance esas victorias y prefiero correr el riesgo de la dictadura». Podía hacer eso sin peligro, porque ningún ejército norteamericano hubiera seguido a un general en un ataque contra el gobierno civil. En el siglo XVII, los soldados de Cromwell estaban dispuestos a obedecerle para disolver el Parlamento Largo; en el siglo XIX, el duque de Wellington no hubiera encontrado un solo hombre que le siguiera si hubiera concebido semejante proyecto.

La democracia, cuando es nueva, nace del resentimiento contra los que poseían anteriormente el poder; pero en tanto que es nueva es inestable. Los hombres que se representan a sí mismos como enemigos de los viejos monarcas u oligarcas es posible que restauren un sistema monárquico u oligárquico: Napoleón y Hitler pueden conseguir el apoyo público cuando no lo pueden conseguir los Borbones o los Hohenzollern. La democracia solamente es estable cuando ha durado el tiempo necesario para hacerse tradicional. Cromwell, Napoleón y Hitler aparecieron en los primeros días de la democracia en sus países respectivos; teniendo en cuenta a los dos primeros, no tiene por qué sorprender el tercero. Ni hay razón alguna para suponer que ha de durar más que sus predecesores.

Sin embargo, hay algunas razones serias para dudar de si en el próximo futuro será probable que la democracia recobre el prestigio que tuvo en la última mitad del siglo XIX. Hemos dicho que para que sea estable, la democracia debe hacerse tradicional. ¿Qué oportunidad tiene de hacerse lo suficientemente estable en la Europa Oriental y en Asia para que comience el proceso de hacerse tradicional?

El gobierno ha sido muy afectado en todos los tiempos por la técnica militar. En los días en que Roma se inclinaba hacia la democracia, los ejércitos romanos estaban compuestos de ciudadanos romanos; fue la sustitución de los ejércitos profesionales la que trajo consigo el Imperio. La fuerza de la aristocracia feudal dependía de la inexpugnabilidad de los castillos, que terminó con la introducción de la artillería. Los grandes y casi desenfrenados ejércitos de la Revolución francesa, al derrotar a los pequeños ejércitos profesionales que se les oponían, demostraron la importancia del entusiasmo popular por una causa, y en consecuencia sugirieron las ventajas militares de la democracia. Ahora parece que, gracias al aeroplano, volvemos a necesitar fuerzas compuestas de comparativamente pocos hombres bien preparados. Es de esperar, por lo tanto, que la forma de gobierno, en todos los países expuestos a una guerra seria, será tal como la quieran los hombres armados y no será probablemente la democracia.

Pero hay que hacer algunas consideraciones contra esto. Puede suponerse que los Estados Unidos, sean o no beligerantes, serán los únicos victoriosos en la próxima Gran Guerra y es improbable que los Estados Unidos dejen de ser una democracia. Gran parte de la fuerza del fascismo se debe a sus supuestas ventajas para la guerra y si se demuestra que no es así, la democracia puede extenderse de nuevo mundialmente. A la larga, nada da a una nación tanta fuerza en la guerra como la amplia difusión de la cultura y del patriotismo; y aunque el patriotismo pueda ser estimulado momentáneamente por los métodos propagandistas del fascismo, esos métodos, como lo ha demostrado una larga experiencia en la esfera religiosa, llevan inevitablemente, al final, al cansancio y a la apostasía. Por consiguiente, en conjunto, los argumentos militares apuntan hacia la supervivencia de la democracia donde todavía existe y a su restablecimiento en los países en los que sufre un eclipse momentáneo. Pero debe admitirse que la alternativa opuesta no es de modo alguno imposible.

13

LAS ORGANIZACIONES Y EL INDIVIDUO

Los seres humanos encuentran provechoso vivir en comunidades, pero sus deseos, a diferencia de las abejas en la colmena, siguen siendo en gran manera individuales; de aquí la dificultad de la vida social y la necesidad de un gobierno. Pues por una parte, el gobierno es necesario: sin él, solamente un pequeño porcentaje de la población de los países civilizados puede esperar sobrevivir y ello en un estado lamentable de privaciones. Pero por otro lado, el gobierno implica desigualdades en el poder y los que tienen mayor poder pueden utilizarlo para conseguir sus deseos en oposición a los de la generalidad de los ciudadanos. Por lo tanto, la anarquía y el despotismo son igualmente desastrosos y es necesario algún compromiso si han de ser felices los seres humanos.

En el presente capítulo quiero considerar las organizaciones relacionadas con un individuo determinado y no los individuos relacionados con una organización determinada. Este asunto es, por supuesto, muy diferente en los Estados democráticos y en los totalitarios, pues en los últimos todas las organizaciones, con pocas excepciones, son dependencias del Estado. Sin embargo, en todo lo posible, quiero ignorar esa diferencia en un examen preliminar.

Las organizaciones, tanto públicas como privadas, afectan a un individuo de dos modos. Hay las que han sido creadas para facilitar la realización de nuestros deseos o de lo que se considera que son nuestros intereses; y hay las que pretenden impedir que el individuo perjudique los intereses legítimos de los demás. La distinción no es clara: la policía existe para defender los intereses de los hombres honrados, tanto como para frustrar la acción de los ladrones, pero su influencia en la vida de los ladrones es mucho menos categórica que su contacto con los que se sujetan a la ley. Volveré a esa distinción en seguida; por el momento consideraremos los puntos más importantes en la vida de los individuos de las comunidades civilizadas en los cuales juega un papel decisivo alguna organización.

Comencemos con el nacimiento: los servicios de un doctor y de una partera son considerados esenciales, y aunque antiguamente cualquier inexperta comadrona parecía suficiente, ahora se exige cierto nivel de pericia, determinado por una autoridad pública. Durante la infancia y la juventud, la salud corresponde hasta cierto punto al Estado: en varios países la extensión de la incumbencia del Estado se refleja bastante agudamente en la mortalidad infantil y juvenil. Si los padres dejan de cumplir demasiado manifiestamente sus deberes paternales, la autoridad pública puede hacerse cargo del niño y dejarlo al cuidado de padres adoptivos o de una institución. A la edad de cinco o seis años el niño es puesto bajo la educación de las autoridades, y en adelante, durante cierto número de años, está obligado a aprender aquellas cosas que el gobierno cree que debe saber todo ciudadano. Al final de este proceso, en la mayoría de los casos, la mayoría de las opiniones y de los hábitos mentales quedan ya fijados para toda la vida.

Mientras tanto en los países democráticos, el niño queda bajo otras influencias que no son ejercidas por el Estado. Si los padres son religiosos o políticos, le enseñarán los dogmas de una creencia o de un partido. Según el niño se va haciendo mayor, se interesa cada vez más en las diversiones organizadas, como el cinematógrafo y los partidos de fútbol. Si es más bien inteligente, pero no mucho, puede ser influido por la prensa. Si va a una escuela que no es escuela del Estado, adquiere un aspecto que es en cierto modo peculiar. En Gran Bretaña, generalmente un aspecto de superioridad social sobre el rebaño. Mientras tanto se inhibe de un código moral que es el de su edad, su clase y su nación. El código moral es importante, pero no es fácil de definir, porque sus preceptos son de tres clases no bien diferenciadas: primero, los que deben ser realmente obedecidos bajo pena de deshonra general; segundo, los que no deben ser desobedecidos *abiertamente*; tercero, los que no son considerados como consejos de perfección, y que únicamente han de ser obedecidos por los santos. Los códigos morales aplicables a toda la población son principalmente, aunque de ningún modo totalmente, el resultado de la tradición religiosa, que opera a través de las organizaciones religiosas, pero capaces de sobrevivir a su decadencia durante un tiempo más largo o más corto. Hay también códigos profesionales: las cosas que no debe hacer un oficial o un doctor o un abogado, etcétera. Esos códigos son formulados generalmente en los tiempos modernos por las asociaciones profesionales. Son muy imperativos: cuando la Iglesia y el Ejército discutían con respecto al duelo, el código militar prevalecía entre los oficiales; el secreto médico y confesional prevalece inclusive contra la ley.

Tan pronto como un joven o una muchacha comienza a ganar dinero, varias organizaciones comienzan a influir en sus actividades. El patrono es generalmente una organización; y es probablemente además una federación de patronos. Tanto las organizaciones obreras como el Estado administran aspectos importantes del trabajo; y aparte de materias como los seguros y los contratos de trabajo, el Estado puede decidir, por medio de tarifas o de decretos gubernativos, si el oficio particular que ha elegido un hombre será próspero o ruinoso. La prosperidad de una industria puede ser afectada por toda clase de circunstancias, como el valor de la moneda, la situación internacional o las ambiciones del Japón.

El matrimonio y los deberes con los hijos ponen también al hombre en relación con la ley y asimismo con un código moral derivado principalmente de la Iglesia. Si vive bastante o si es lo suficientemente pobre, puede gozar finalmente de una pensión para la vejez; y su muerte es inspeccionada cuidadosamente por la ley y la profesión médica para asegurarse de que no se ha producido por el propio deseo o por el de alguna otra persona.

Ciertos asuntos deben ser decididos por la iniciativa personal. Un hombre puede casarse por su propio gusto, con tal que lo quiera también la mujer; en la juventud tiene probablemente cierta libertad de elección en cuanto a los medios de vida; puede emplear como le plazca sus horas de ocio, dentro de los límites de sus posibilidades; si está interesado en la religión o en la política, puede adherirse a cualquier secta o partido que le atraiga. Excepto en lo que respecta al matrimonio, depende de ciertas organizaciones aun cuando tenga libertad de elección: sin ellas no puede, a menos que sea un hombre excepcional, fundar una religión, crear un partido, organizar un club de fútbol ni inventar sus propias bebidas. Lo que puede hacer es elegir entre las alternativas ya existentes. La competencia tiende a hacer esas alternativas lo más atractivas que es posible, dentro de lo que permiten las condiciones económicas.

Hasta ahora, el defecto de las organizaciones características o de las sociedades civilizadas es aumentar la libertad del hombre en comparación con la del campesino en una comunidad relativamente no desarrollada. Considérese la vida de un campesino chino en comparación con la de un occidental. Es cierto que de niño no tiene que ir a la escuela, pero tiene que trabajar desde una edad muy temprana. Es muy probable que muera en la infancia a causa de las penalidades y de la falta de cuidados médicos. Si sobrevive, no puede elegir entre sus medios de vida, a no ser que se halle dispuesto a convertirse en soldado o en bandido o que corra el riesgo de emigrar a alguna gran ciudad. La costumbre del país le priva de todo menos de un mínimo de libertad para casarse. Prácticamente no tiene ratos de ocio, y si los tiene, no tendrá nada agradable en qué emplearlos. Vive siempre al margen de la subsistencia y en las épocas de hambre es probable que una gran parte de su familia muera de hambre. Y a pesar de ser la vida tan dura para el hombre, lo es mucho más para la mujer y sus hijas. En Gran Bretaña, aun los más míseros de los desocupados viven una vida que es casi un paraíso en comparación con la generalidad de los campesinos chinos.

Veamos ahora otra clase de organizaciones, las creadas para impedir que un hombre perjudique a los demás. Las más importantes son la policía y el código criminal. En cuanto intervienen para impedir los crímenes y la violencia, como el asesinato, el robo y los asaltos, aumentan la libertad y la felicidad de todos, menos de una pequeña minoría de individuos excepcionalmente feroces. Donde no vigila la policía, bandas de merodeadores establecen rápidamente el reinado del terror, que hace imposible la mayoría de los placeres de la vida civilizada, excepto para los criminales. Por supuesto, existe un peligro: es posible que los mismos policías se conviertan en criminales o que por lo menos establezcan alguna forma de tiranía. Este peligro no es en modo alguno imaginario, pero los medios de evitarlo son bien conocidos. Existe también el peligro de que la policía pueda ser utilizada por los que poseen el poder para impedir u obstruir los movimientos en favor de ciertas reformas deseables. Parece casi inevitable que eso suceda hasta cierto punto. Constituye una parte de la dificultad fundamental que las medidas necesarias para evitar la anarquía hagan más difíciles el cambio del statu quo cuando éste debe ser modificado. A pesar de esa dificultad, pocos miembros de las comunidades civilizadas pensarán que es posible prescindir por completo de la policía. Hasta ahora no nos hemos referido a la guerra y la revolución o al temor de ellas. Esto implica el instinto de defensa del Estado y lleva a las formas más severas de fiscalización de las vidas individuales. En casi todos los países continentales existe el servicio militar obligatorio. En todas partes, cuando estalla la guerra, todo varón en edad militar puede ser llamado al servicio y todo adulto puede recibir órdenes para realizar el trabajo que el gobierno considere conveniente para la victoria. Aquellos cuyas actividades se considera que favorecen al enemigo pueden ser condenados a la pena de muerte. En época de paz, todos los gobiernos dan pasos —unos más severamente que otros— para asegurarse la voluntad de luchar cuando llegue el momento, así como la lealtad a la causa nacional en todos los tiempos. La acción del gobierno con respecto a la revolución varía de acuerdo con el grado de su probabilidad. En igualdad de las demás circunstancias, el peligro de revolución será mayor donde el gobierno se preocupe poco por el bienestar de los ciudadanos. Pero donde, como en los Estados totalitarios, el gobierno tiene el monopolio, no solamente de la coerción física, sino de la persuasión moral y económica, puede ir más allá en el desprecio de los ciudadanos de lo que puede ir un gobierno menos intensivo, pues es menos fácil organizar y propagar un movimiento revolucionario. En consecuencia puede esperarse que, en tanto que el Estado es distinto del cuerpo de los ciudadanos, cada aumento de su poder le hará más indiferente al bienestar de los mismos.

Del breve examen anterior parece resultar que, en lo principal, los efectos de las organizaciones, aparte de los que se derivan de la autodefensa gubernamental, contribuyen a aumentar la felicidad y el bienestar individuales. La educación, la riqueza, la productividad del trabajo, la previsión contra el despido, son materias acerca de las cuales no habrá discusión en principio, y todas ellas dependen de un alto grado de organización. Pero cuando nos referimos a las medidas para impedir la revolución o la derrota en la guerra, el asunto es diferente. Por necesarias que puedan considerarse esas medidas, sus efectos son desagradables y únicamente pueden ser defendidas alegando que la revolución o la derrota serían todavía más desagradables. La diferencia es quizá solamente de grado. Puede decirse que la vacuna, la educación y la construcción de caminos son desagradables, pero menos que la viruela, la ignorancia y las ciénegas intransitables. La diferencia de grado es, sin embargo, tan grande que casi constituye una diferencia de clase. Además, lo desagradable de las medidas que implica el progreso pacífico es necesario que sea solamente temporal. La viruela puede ser extirpada y entonces la vacuna será innecesaria. La instrucción y la construcción de caminos pueden hacerse agradables mediante el empleo de métodos cultos. Pero todo adelanto técnico hace la guerra más dolorosa y destructiva, y la represión de las revoluciones más desastrosa para la humanidad y la inteligencia.

Hay otro modo de clasificar las relaciones del individuo con las distintas organizaciones: puede ser un parroquiano, un miembro voluntario, un miembro involuntario o un enemigo.

Un hombre puede estimar que las organizaciones a que pertenece como parroquiano le proporcionan comodidades, pero no añaden mucho a su sentimiento de poder. Por supuesto, puede engañarse en su buena opinión sobre sus servicios; las píldoras que compra pueden ser ineficaces, la cerveza que bebe puede ser mala, la carrera a que asiste puede hacerle perder su dinero. Sin embargo, aun en esos casos, él gana *algo* con la organización que patrocina: esperanzas, diversión y el sentimiento de la iniciativa personal. El proyecto de comprar un nuevo automóvil le proporciona al hombre la ocasión de pensar y de hablar sobre ello. En general, la libertad de elección sobre el modo de gastar el dinero es una fuente de placer. La afición a elegir nuestros muebles, por ejemplo, constituye una emoción muy fuerte y muy extendida, que no existiría si el Estado nos proporcionase a todos departamentos amueblados.

Las organizaciones de las cuales el hombre es miembro voluntario incluyen a los partidos políticos, las iglesias, los clubs, las sociedades de amigos, las empresas en las que ha invertido dinero, etcétera. Muchas de esas organizaciones tienen enfrente a otras organizaciones enemigas que pertenecen a las mismas categorías: partidos políticos rivales, iglesias disidentes, empresas comerciales competidoras, etcétera. La competencia resultante proporciona a quienes están interesados en ellas un sentimiento de drama tanto como una salida a sus impulsos hacia el poder. Excepto cuando el Estado es débil, esas disputas se mantienen dentro de los límites de la ley, que castiga la violencia o el fraude a menos que sea cómplice secreto. Las batallas entre las organizaciones opuestas, cuando las autoridades obligan a que sean incruentas, proporcionan en general una salida útil para los sentimientos de pugnacidad y de amor al poder que, de otra manera, adquirirían probablemente formas más siniestras de satisfacción. Si el Estado es débil o parcial, hay siempre el peligro de que las disputas políticas degeneren en disturbios, muertes y guerra civil. Pero si se reprime ese peligro, constituyen un elemento sano en la vida de los individuos y de las comunidades.

La organización más importante a que pertenece un hombre como miembro involuntario es el Estado. El principio de la nacionalidad, allí donde ha prevalecido, ha llevado, sin embargo, a que la pertenencia a un Estado como miembro sea generalmente de acuerdo con la voluntad de los ciudadanos, aunque no sea debida a su voluntad.

> Pudo haber sido ruso,
> francés, turco o prusiano,
> o quizás italiano,
> pero a pesar de todas las tentaciones
> para pertenecer a otras naciones,
> continúa siendo inglés.

La mayoría de las personas, aun teniendo la oportunidad de cambiar de Estado, no lo harían, a no ser que el Estado represente a una nacionalidad extraña. Nada ha hecho más para fortalecer al Estado que el buen éxito del principio de la nacionalidad. Donde el patriotismo y la ciudadanía se dan la mano, la lealtad de un hombre al Estado excede generalmente a su lealtad a las organizaciones voluntarias como las iglesias y los partidos.

La lealtad al Estado tiene motivos positivos y negativos. Es un elemento relacionado con el amor al hogar y a la familia. Pero no tomaría la forma que adopta la lealtad al Estado si no fuese reforzada por los motivos gemelos del amor al poder y del temor a la agresión extranjera. Las disputas entre los Estados, a diferencia de las de los partidos políticos, son disputas totales. Todo el mundo civilizado se impresionó con el robo y la muerte del hijo de Lindberg, pero actos como ése, en una escala más amplia, serán lugares comunes en la próxima guerra, para la cual nos estamos preparando todos, a costa —en Gran Bretaña— de más de la cuarta parte de nuestro presupuesto. Ninguna otra organización suscita nada semejante a la lealtad que suscita el Estado Nacional. Y la principal actividad del Estado es la preparación para el homicidio en gran escala. La lealtad a esa organización para la muerte es la que hace que los hombres soporten el Estado totalitario y que arriesguen la destrucción del hogar y de los hijos y de toda nuestra civilización antes que someterse a un gobierno extraño. La psicología individual y la organización gubernamental han realizado una trágica síntesis, por la cual tendremos que sufrir nosotros y nuestros hijos si no somos capaces de encontrar una solución que no sea el desastre.

14

LA COMPETENCIA

El siglo XIX, que se dio agudamente cuenta de los peligros del poder arbitrario, poseía un recurso favorito para evitarlo, a saber, la competencia. Los peligros del monopolio eran todavía familiares por tradición. Los Estuardo, inclusive Isabel, otorgaban provechosos monopolios a los cortesanos y la objeción a esa costumbre fue una de las causas de la guerra civil. En la época feudal, era común que los señores insistiesen en quedarse con las ganancias que dejaban sus propiedades. Las monarquías continentales antes de 1848 abundaban en restricciones semifeudales de la libertad y de la competencia. Esas restricciones se hacían, no en interés de los productores o de los consumidores, sino en beneficio de los monarcas y de los terratenientes. En el siglo XVIII, por el contrario, sobrevivían en Gran Bretaña muchas restricciones que eran inconvenientes tanto para los terratenientes como para los capitalistas: por ejemplo, las leyes sobre el salario mínimo y la prohibición de cercar las tierras comunes. Sin embargo, en Gran Bretaña, hasta la controversia sobre la Ley de Granos, terratenientes y capitalistas en general convenían en invocar el *laissez faire*.

Todo lo más vigoroso de Europa estaba también en favor de la competencia libre en asuntos de opinión. Desde 1815 hasta 1848, la Iglesia y el Estado, en todo el continente, estaban unidos en oposición a las ideas de la Revolución francesa. En toda Alemania y Austria la censura era al mismo tiempo severa y ridícula. Heine se burló en un capítulo que se componía de las siguientes palabras:

Los censores alemanes .... idiotas ....

En Francia y en Italia, la leyenda napoleónica, tanto como la admiración por la Revolución, eran el objeto de la represión gubernamental. En España y en los Estados de la Iglesia todo pensamiento liberal, hasta el más moderado, estaba prohibido; el gobierno del papa creía todavía oficialmente en la brujería. El principio de la nacionalidad no podía ser invocado en Italia, Alemania o Austria-Hungría. En todas partes la reacción estaba asociada con la oposición a los intereses del comercio, con el mantenimiento de los derechos feudales contra la población rural y con el apoyo a los reyes tontos y a la nobleza inútil. En esas circunstancias, el *laissez faire* era la expresión natural de las energías embarazadas en sus legítimas actividades.

Las libertades que deseaban los liberales fueron conseguidas en los Estados Unidos cuando obtuvieron la independencia; en Gran Bretaña en el período que va de 1824 a 1846; en Francia en 1871; en Alemania por etapas desde 1848 hasta 1918; en Italia en el Resurgimiento, e inclusive en Rusia, por un momento, en la Revolución de febrero. Pero el resultado no fue completamente el que los liberales habían pretendido; en la industria, tuvo más semejanza con las profecías hostiles de Marx. Los Estados Unidos, con la más larga tradición liberal, fueron los primeros en entrar en el período de los trusts, es decir, de los monopolios no otorgados por el Estado, como los de los primeros tiempos, sino resultado de las operaciones naturales de la competencia. El liberalismo americano se sintió ultrajado, pero impotente, y el desarrollo industrial de los otros países siguió rápidamente la dirección impresa por Rockefeller. Se descubrió que la competencia, de no ser mantenida artificialmente, trae consigo su propia extinción al llevar a uno de los competidores a una victoria completa sobre los otros.

Sin embargo, esto no es verdad de todas las formas de competencia. Es verdad, hablando en términos generales, donde el aumento del tamaño de una organización significa el aumento de su eficacia. Se plantean, en consecuencia, dos cuestiones: primero, ¿en qué casos la competencia es ruinosa técnicamente? Segundo, ¿en qué casos es deseable en el terreno no técnico?

Las consideraciones técnicas, hablando en general, han llevado a un aumento del tamaño de una organización apropiada para negociar con una materia determinada. En el siglo XVII los caminos eran atendidos por las parroquias respectivas; ahora son administrados por consejos de distrito, financiados y supervisados ampliamente por la nación. La electricidad puede ser utilizada mejor por una autoridad que administra una gran área, especialmente donde existe una importante fuente de energía, como el Niágara. La irrigación puede exigir un trabajo como el de la represa de Asuán, cuyo gasto es prohibitivo si el área administrada no es muy grande. La economía de una producción en gran escala depende del control de un mercado suficiente para absorber una producción enorme, etcétera.

Hay otros sectores en los cuales no han sido completamente utilizadas las ventajas de las grandes áreas. La educación elemental puede ser alentada y mejorada por medio de películas educacionales del gobierno y de lecciones transmitidas por radiotelefonía. Sería todavía mejor si esas películas y lecciones pudiesen ser preparadas por una autoridad internacional, aunque al presente eso es una utopía. Perjudica a la aviación civil el hecho de que no sea internacional. Es evidente que para muchas finalidades los grandes Estados son mejores que los pequeños y que ningún Estado puede cumplir adecuadamente la finalidad primaria de proteger las vidas de sus ciudadanos si no es un Estado mundial.

Sin embargo, hay ciertas ventajas en las áreas pequeñas. Implican menos cintas rojas, decisiones más rápidas y mayor posibilidad de adaptación a las necesidades y costumbres locales. La solución evidente es un gobierno local que no sea soberano, pero que tenga ciertos poderes definidos y que en los asuntos de importancia sea fiscalizado por la autoridad central, que le podrá dar también ayuda financiera cuando haya razones suficientes para ello. Sin embargo, este tema nos envolvería en cuestiones de detalles que no queremos discutir ahora.

El problema de la competencia es más difícil. Ha sido muy discutido en la esfera económica, pero su importancia es por lo menos tan grande con respecto a la fuerza armada y a la propaganda. Mientras la opinión liberal era que la competencia debe ser libre en el comercio y en la propaganda, los fascistas italianos y los nacionalsocialistas alemanes han proclamado la opinión diametralmente opuesta de que la competencia es siempre mala excepto cuando toma la forma de una guerra nacional, pues en ese caso es la más noble de las actividades humanas. Los marxistas vituperan la competencia excepto en la forma de la lucha por el poder entre las clases antagónicas. Platón, por lo que recuerdo, admira solamente una clase de competencia: la emulación por el honor entre los camaradas de armas, la cual, según dice, es promovida por el amor homosexual.

En la esfera de la producción, la competencia entre una multitud de pequeñas firmas, que caracterizó la fase primitiva del industrialismo, ha dado lugar en las ramas más importantes de la producción a la competencia entre trusts, cada uno de los cuales es coextensivo por lo menos con un Estado. Solamente hay un trust internacional importante, que es la industria de los armamentos, que es excepcional porque las órdenes a una firma provocan órdenes a las otras. Si un país se arma, también se arman los otros y en consecuencia no existen los motivos corrientes de competencia. Aparte de este caso peculiar, todavía existe la competencia en los negocios, pero ahora está mezclada con la competencia entre las naciones, en la cual el árbitro que decide en último término la victoria es la guerra. Por lo tanto, las ventajas y los peligros de la moderna competencia comercial son los mismos que los de la rivalidad entre los Estados.

Hay, sin embargo, otra forma de competencia económica que es ahora tan feroz como lo fue en todos los tiempos, o sea la competencia por los empleos. Comienza con los exámenes en la escuela y continúa a través de toda la vida de trabajo de la mayoría de los hombres. Esa forma de competencia puede ser mitigada, pero no puede ser abolida del todo. Aunque todos los actores recibiesen el mismo salario, querrían representar mejor la parte de Hamlet que la del Primer Marinero. Es menester observar dos condiciones: primera, que el que fracase sufra una penalidad inevitable; segundo, que el éxito sea, en todo lo posible, el premio del mérito auténtico, y no de la adulación o de la astucia. La segunda condición ha merecido mucha menos atención que la que merece por parte de los socialistas. Sin embargo, no seguiré tratando este tema, pues puede llevarnos demasiado lejos de nuestro asunto.

La forma más importante de competencia es actualmente la que existe entre los Estados, especialmente entre los que se llaman grandes potencias. Se ha convertido en una competencia totalitaria por el poder, por la riqueza, por la fiscalización de las creencias de los hombres, pero sobre todo por la misma vida, pues la imposición de la pena de muerte es el medio principal para la victoria. Es evidente que el único medio de terminar con esa competencia es la abolición de la soberanía nacional y de las fuerzas armadas nacionales y su sustitución por un único gobierno internacional con el monopolio de la fuerza armada. La alternativa de esta medida es la muerte de un gran porcentaje de la población de los países civilizados y la reducción del resto a la miseria y a la semibarbarie. En la actualidad, una gran mayoría prefiere esta alternativa.

La competencia en la propaganda, que los liberales en teoría quisieran que fuese libre, se relaciona con la competencia entre los Estados armados. Si se predica el fascismo, el efecto más importante es fortalecer a Alemania e Italia; si se predica el comunismo, no es probable que se consiga implantarlo, pero se puede ayudar a Rusia a ganar la próxima guerra; si se exalta la importancia de la democracia, se apoyará la alianza militar con Francia para hacer frente a los Estados fascistas. Que Rusia, Italia y Alemania hayan abandonado sucesivamente el principio de la libertad de propaganda no puede sorprender, pues la adopción previa de ese principio permitió a los actuales gobiernos de esos países derribar a sus predecesores y el mantenerlo les hubiera hecho totalmente imposible llevar adelante su política. El mundo actual es tan diferente del de los siglos XVIII y XIX que los argumentos liberales en favor de la libre competencia en la propaganda, en todo aquello en que siguen siendo válidos, deben ser establecidos de nuevo cuidadosamente en términos modernos. Yo creo que conservan en gran parte su validez, pero están sujetos a limitaciones que es importante tener en cuenta.

La doctrina de los liberales, por ejemplo la de John Stuart Mill en su libro *On Liberty*, era mucho más extrema de lo que se supone con frecuencia. Los hombres deben ser libres en tanto que sus acciones no perjudiquen a los otros, pero si es así, deben ser reprimidos por la acción del Estado. Por ejemplo, un hombre podía estar convencido sinceramente de que la reina Victoria debía ser asesinada, pero Stuart Mill no le hubiera dado libertad para difundir esa opinión. Este es un caso extremo, pero de hecho casi todas las opiniones, ya sea en favor o en contra de algo, afectan seguramente a alguien adversamente. El derecho de hablar libremente es ineficaz a menos que implique el derecho de decir cosas que pueden tener consecuencias desagradables para ciertos individuos o ciertas clases. Por consiguiente, si ha de tener algún objeto la libertad de propaganda, necesita para su justificación algún principio de mayor fuerza que el de Stuart Mill.

Debemos examinar esta cuestión desde el punto de vista del gobierno, desde el de la generalidad de los ciudadanos, desde el del innovador apasionado y desde el del filósofo. Comencemos en el punto de vista del gobierno.

Los gobiernos, como hemos indicado hace poco, están amenazados por dos peligros: la revolución y la derrota en la guerra. (En un país parlamentario la oposición oficial debe ser considerada como parte del gobierno.) Esos peligros despiertan el instinto de la autopreservación y es de esperar que el gobierno hará todo lo que esté de su parte para evitarlos. Desde este punto de vista la cuestión es la siguiente: ¿cuánta libertad de propaganda producirá el mayor grado de estabilidad tanto contra los peligros internos como contra los externos? La respuesta depende, por supuesto, del carácter del gobierno y de las circunstancias de la época. Si el gobierno es reciente y revolucionario y la población tiene fuertes razones para estar descontenta, es casi seguro que la libertad traerá consigo la revolución. Esas circunstancias existían en Francia en 1793, en Rusia en 1918 y en Alemania en 1933 y, en consecuencia, en los tres casos la libertad de propaganda fue destruida por el gobierno. Pero cuando el gobierno es tradicional y las circunstancias económicas de la población no son demasiado desesperadas, la libertad actúa como una válvula de seguridad y tiende a disminuir el descontento. Aunque el gobierno británico ha hecho mucho para obstaculizar la propaganda comunista, ésa no es la razón del fracaso de los comunistas en Gran Bretaña y hubiera sido conveniente, inclusive desde el punto de vista gubernamental, haberles permitido completa libertad para su propaganda.

Yo no pienso que un gobierno pueda permitir, por ejemplo, la propaganda que pide el asesinato de determinada persona. Porque en este caso la acción que se recomienda puede ocurrir aunque sean pocos los convertidos por la propaganda. Es deber del Estado proteger la vida de sus ciudadanos, a no ser que hayan incurrido legalmente en la pena de muerte, y si se produce alguna agitación en favor del asesinato de alguien puede hacerse muy difícil protegerle. La República de Weimar era demasiado débil a ese respecto. Pero yo no creo que un gobierno estable deba prohibir una agitación en favor de que cierta clase de personas puedan ser condenadas *legalmente* a la pena de muerte, pues dicha agitación no implicaría amenaza a la legalidad.

Puede no haber una buena razón, ni siquiera desde el punto de vista del gobierno, para impedir la expresión de opiniones que no implican un peligro para la existencia del Estado. Si un hombre sostiene que la tierra es plana o que el día de descanso debe ser observado en sábado, estará en libertad de hacer todo lo que pueda para convertir a la gente a su modo de pensar. El Estado no debe considerarse como el guardián de la verdad en la ciencia, en la metafísica o en la moral. Lo ha hecho así en ciertas épocas y lo hace al presente en Alemania, Italia y Rusia. Pero eso es una confesión de debilidad, de la que están exentos los gobiernos estables.

Volviendo al ciudadano medio, uno se encuentra con que se toma muy poco interés por la libertad de propaganda, a no ser en las circunstancias en que ésta parece ser más peligrosa a los gobiernos, por ejemplo, cuando amenaza la existencia de esos gobiernos. El gobierno puede diferir de sus súbditos en religión o en nacionalidad; puede representar al rey contra los nobles, a los nobles contra la burguesía o a la burguesía contra los pobres; puede parecer carente de patriotismo, como Carlos II y los gobiernos alemanes después de la guerra. En esas circunstancias, el ciudadano medio puede interesarse en una agitación contra el gobierno y puede invocar el principio de la libertad de palabra cuando son encarcelados sus campeones. Pero ésas son situaciones prerrevolucionarias; y decir que, donde existen, el gobierno debe tolerar la propaganda adversa, es decir en realidad que debe abdicar. Esto es cierto con frecuencia inclusive desde el punto de vista de los gobernantes, pues al abdicar pierden únicamente su poder, mientras que si persisten perderán probablemente sus vidas en el último momento. Pero pocos gobiernos han tenido la sabiduría de verlo. No es siempre verdad cuando un gobierno fuerte oprime a uno débil.

> Inglaterra es el más desastroso país
> Que nunca se haya visto,
> Pues allí ahorcan a hombres y mujeres
> Sólo por usar el verde.

Inglaterra fue capaz de seguir esa política con Irlanda durante ocho siglos, sin perder finalmente sino algún dinero y un prestigio considerable. Durante los ocho siglos tuvo buen éxito la política británica, pues los terratenientes eran ricos en tanto que los labradores se morían de hambre.

La libertad de propaganda, en los casos en que interesa al ciudadano medio, implica o una revolución violenta o el reconocimiento de una libertad mayor, por ejemplo, la de elegir al gobierno. Se relaciona con la democracia y con el derecho de las comunidades descontentas a la autonomía; en una palabra, con el derecho a conseguir pacíficamente lo que de otro modo se conseguiría por medio de la revolución. Éste es un derecho importante y su reconocimiento es muy necesario para la paz del mundo; pero va mucho más allá del derecho a la libertad de propaganda.

Resta por considerar el punto de vista del innovador. Podemos tomar como ejemplo típico al cristiano antes de Constantino, al protestante en la época de Lutero y al comunista en los presentes días. Esos hombres han creído rara vez en la libertad de palabra. Han estado dispuestos a sufrir voluntariamente el martirio, pero han deseado igualmente infligirlo a los otros. La historia demuestra que en el pasado, determinados hombres podían hablar libremente a pesar de los gobiernos. Los gobiernos modernos, sin embargo, son más eficientes y quizá conseguirán hacer imposible cualquier innovación fundamental. Por otro lado, la guerra puede producir la revolución e inclusive la anarquía y conducir quizás a una completa renovación. A este respecto algunos comunistas ponen sus esperanzas en una guerra futura.

El innovador apasionado es, en general, un milenario: sostiene que el milenio puede llegar cuando todos los hombres abracen su doctrina. Aunque en el presente es revolucionario, en el futuro es conservador: se llegará a un estado perfecto y, cuando eso suceda, lo único que se deberá hacer es conservarlo sin cambios. Al mantener esta opinión, no retrocede ante ninguna clase de violencia, tanto para conseguir ese estado perfecto como para impedir que desaparezca. En la oposición es un terrorista; en el gobierno es un perseguidor. Su fe en la violencia provoca naturalmente la misma fe en sus opositores; mientras éstos se hallen en el poder le perseguirán, y cuando se hallen en la oposición tramarán su asesinato. Su milenio no es en consecuencia, en su conjunto, agradable para nadie: habrá espías, detenciones mediante órdenes administrativas y campos de concentración. Pero, como Tertuliano, no ve daño en ello.

Es cierto que hay milenarios de un tipo más benévolo. Hay los que consideran que lo mejor para un hombre debe proceder de dentro y no puede ser impuesto por una autoridad externa. Un ejemplo de esto es la Sociedad de Amigos. Hay quienes sostienen que las influencias externas pueden ser importantes y beneficiosas cuando toman la forma de la benevolencia y de la persuasión, pero no cuando toman la forma de la prisión o de la ejecución. Esos hombres pueden creer en la libertad de propaganda a pesar de ser innovadores apasionados.

Hay otra clase de innovador, que ha existido únicamente desde que la evolución se ha puesto de moda. Sorel, en sus días de sindicalismo, puede ser considerado como un ejemplo típico de esa clase de innovadores. Esos hombres sostienen que la vida humana debe ser un progreso continuo, no hacia una meta definida ni en el sentido de que puede ser establecido el progreso, precisamente antes de que se haya realizado, sino de suerte que cada paso, una vez dado, parezca que ha sido un avance. Es mejor ver que no ver, hablar que no poder hablar, etcétera, pero cuando todos los animales eran ciegos no les era posible pretender adquirir la vista como el próximo paso en la reforma. Sin embargo, el hecho de que ése fue el próximo paso demuestra, retrospectivamente, que un conservadurismo estático hubiera sido un error. En consecuencia, todas las innovaciones —así se arguye— deben ser estimuladas, pues una de ellas, aunque no sepamos cuál, puede incorporar el espíritu de la evolución.

Sin duda hay un elemento de verdad en esta opinión, pero es tal que se convierte fácilmente en un superficial misticismo del progreso, y debido a su vaguedad no puede constituir la base de una política práctica. Los innovadores históricamente importantes han creído poder tomar el reino de los cielos por asalto; han conseguido con frecuencia su reino, pero éste ha demostrado no ser el reino de los cielos.

Veamos ahora el punto de vista del filósofo con respecto a la libertad de propaganda. Gibbon, describiendo el espíritu tolerante de la antigüedad, dice: «Los diversos cultos que prevalecían en el mundo romano eran considerados por el pueblo como igualmente verdaderos; por el filósofo, como igualmente falsos; y por los magistrados, como igualmente útiles». El filósofo en quien yo pienso no irá tan lejos como para decir que todas las creencias que prevalecen son *igualmente falsas*, pero no admitirá que alguna de ellas esté libre de falsedad, o que, si por casualidad lo estuviere, ese hecho afortunado puede ser descubierto por las facultades de la mente humana. Para el propagandista no filosófico existe su propia propaganda, que es la de la verdad, y la propaganda opuesta, que es la de la falsedad. Si cree que se deben permitir ambas es únicamente porque teme que sea la suya la que sufra la prohibición. Para el espectador filosófico, el asunto no es tan sencillo.

¿Cuál puede ser el uso de la propaganda para el filósofo? Él no puede decir como el propagandista: «Una fábrica de alfileres existe para fabricar alfileres, y una fábrica de opiniones existe para fabricar opiniones. Si las opiniones manufacturadas son tan iguales como dos alfileres, ¿qué importa, con tal de que sean opiniones buenas? Y si la producción en gran escala que hace posible el monopolio es más barata que la producción en pequeña escala, hay las mismas razones para el monopolio en un caso que en el otro. Más aún: una factoría de opiniones competidora no manufactura, por lo general, como una factoría de alfileres competidora, otras opiniones que puedan ser tan buenas: manufactura opiniones destinadas a perjudicar las de mi factoría y en consecuencia aumenta inmensamente el trabajo que se requiere para mantener al público abastecido con mi producto. En consecuencia, deben prohibirse las factorías competidoras». Ésta no es una opinión que pueda adoptar el filósofo. Debe sostener que todo propósito útil que deba servir una propaganda no debe ser el de hacer casi ciertamente que una opinión errónea sea creída dogmáticamente, sino por el contrario, el de promover el juicio, la duda racional y el poder pesar las consideraciones opuestas; y únicamente puede servir a ese propósito si existe competencia entre las propagandas. Comparará al público con un juez que escucha a las dos partes y sostendrá que un monopolio de la propaganda es tan absurdo como si en un juicio criminal sólo fuese escuchada la acusación o la defensa. Lejos de desear la uniformidad de la propaganda, abogará en favor de que, en todo lo posible, todos oigan a todas las partes en disputa. En vez de defender la existencia de diversos diarios, cada uno de ellos dedicado a los intereses de un partido y a estimular el dogmatismo de sus lectores, abogará en favor de un solo diario en el que estén representadas todas las partes.

La libertad de debate, cuyas ventajas intelectuales son evidentes, no implica necesariamente organizaciones en competencia. La radiotelefonía permite la controversia. Todas las teorías científicas rivales pueden estar representadas en la Royal Society. Las instituciones de cultura, en general, no se entregan a la propaganda corporativa, pero dan a sus miembros individualmente la oportunidad de abogar por sus respectivas teorías. Una discusión de esa clase dentro de una sola organización presupone un acuerdo fundamental; ningún egiptólogo piensa en llamar en su ayuda a los militares para vencer al egiptólogo rival cuyas teorías no le agradan. Cuando en una comunidad existe un acuerdo fundamental sobre su forma de gobierno es posible la discusión libre, pero cuando no existe ese acuerdo la propaganda puede sentirse como un preludio del uso de la fuerza, y quienes poseen la fuerza tenderán naturalmente al monopolio de la propaganda. La libertad de propaganda es posible cuando las diferencias no son tan grandes como para hacer imposible la pacífica cooperación bajo un gobierno. Los protestantes y los católicos no podían cooperar políticamente en el siglo XVI, pero podían hacerlo en los siglos XVIII y XIX, pues en el intervalo se hizo posible la tolerancia religiosa. Una armazón gubernamental estable es esencial para la libertad intelectual; pero desgraciadamente puede ser también el instrumento principal de la tiranía. La solución de esa dificultad depende en gran parte de la forma del gobierno.

15

EL PODER Y LOS CÓDIGOS MORALES

La moralidad, por lo menos desde los días de los profetas hebreos, ha tenido dos aspectos divergentes. Por un lado ha sido una institución social análoga a la ley; por otro lado ha sido un asunto de la conciencia individual. En el primer aspecto forma parte del aparato del poder; en el segundo aspecto es con frecuencia revolucionaria. La que es análoga a la ley suele llamarse moralidad «positiva»; la otra suele llamarse moralidad «personal». En este capítulo quiero considerar las relaciones de las dos clases de moralidad entre sí y con el poder.

La moralidad positiva es más antigua que la moralidad personal, y probablemente más antigua que la ley y el gobierno. Consiste originariamente en costumbres de tribu, fuera de las cuales se desarrolla gradualmente la ley. Considérense las reglamentaciones extraordinariamente elaboradas sobre quién se puede casar con quién, reglamentaciones que se encuentran entre los salvajes primitivos. A nosotros nos parecen reglas sencillas, pero probablemente para quienes las aceptan tienen la misma fuerza moral obligatoria que la que atribuimos a nuestras leyes sobre las uniones incestuosas. Su fuente es oscura, pero no cabe duda de que es en cierto sentido religiosa. Esta parte de la moralidad positiva parece no tener relación con las desigualdades sociales; ni confiere un poder excepcional ni supone su existencia. Todavía existen reglas morales de esa clase entre los pueblos civilizados. La Iglesia griega prohíbe el casamiento entre los padrinos del mismo niño, prohibición que no cumple ningún propósito social, ni bueno ni malo, sino que tiene su fuente únicamente en la teología. Parece probable que muchas prohibiciones que ahora son aceptadas en el terreno racional eran originariamente supersticiones. El asesinato era objetable a causa de la hostilidad de las almas, que no se dirigía únicamente contra el asesino, sino contra su comunidad. En consecuencia, la comunidad tenía interés en el asunto, que podía ser resuelto mediante el castigo del criminal o mediante ceremonias de purificación. La purificación gradual llegó a tener una significación espiritual y se identifica con el arrepentimiento y la absolución; pero su carácter ceremonial originario es recordado todavía por frases como «lavado en la sangre del Cordero».

Este aspecto de la moralidad positiva, importante como es, no es el único del cual quiero tratar. Deseo considerar aquellos aspectos de los códigos de ética aceptados que se relacionan con el poder. Uno de los objetivos —por lo general en gran parte inconsciente— de una moralidad tradicional es hacer funcionar al sistema social existente. Consigue ese propósito, cuando tiene buen éxito, a menos precio y más eficazmente que la fuerza policial. Pero está expuesto a enfrentarse con una moralidad revolucionaria inspirada por el deseo de una redistribución del poder. Quiero considerar en este capítulo, en primer lugar, el efecto del poder en los códigos morales y luego la cuestión de si pueden encontrarse otras bases para la moralidad.

El ejemplo más evidente del poder de la moralidad es la inculcación de la obediencia. Es (o mejor, era) deber de los hijos someterse a sus padres, de las esposas someterse a sus maridos, de los criados obedecer a sus amos, de los súbditos obedecer a sus príncipes y (en materias religiosas) de los seglares obedecer a los sacerdotes. Existían también deberes más especializados de obediencia en los ejércitos y en las órdenes religiosas. Cada uno de esos deberes tiene una larga historia que marcha paralela a la de la institución correspondiente. Comencemos con la piedad filial. Al presente existen salvajes que, cuando sus padres se hacen demasiado viejos para trabajar, los venden para que sean comidos. En algún grado del desarrollo de la civilización puede haber ocurrido a algún hombre de presciencia excepcional que, mientras sus hijos eran todavía jóvenes, pudiese producir en ellos un estado mental que les llevase a mantenerle vivo en la ancianidad; probablemente era un hombre cuyos padres estaban ya dispuestos a ello. Al crear un partido que apoyase su opinión subversiva no sé si apelaría simplemente a los motivos de prudencia; sospecho que apeló también a los Derechos del Hombre, a las ventajas de una alimentación principalmente frugívora y a la inculpabilidad moral de los ancianos agotados en el trabajo en beneficio de sus hijos. Probablemente era en aquel momento algún mayor de edad extenuado pero desusadamente sabio, cuyo consejo se consideró más valioso que su carne. Fuera como fuera, se llegó a sentir que los padres de uno deben ser honrados mejor que comidos. A nosotros nos parece excesivo el respeto por los padres en las civilizaciones primitivas, pero hemos de recordar que era necesaria una poderosa fuerza de persuasión para terminar con la práctica lucrativa de comerse a los ancianos. Y así vemos que los diez mandamientos sugieren que si se deja de honrar al padre y a la madre se morirá joven; los romanos consideraban el parricidio como el más atroz de los crímenes y Confucio hacía de la piedad filial la verdadera base de la moralidad. Sin embargo, todo esto es un artificio instintivo e inconsciente para prolongar el poder de los parientes más allá de los primeros días en que los niños carecen de ayuda. La autoridad de los padres ha sido reforzada, por supuesto, con su posesión de la propiedad, pero si no hubiera existido la piedad filial los jóvenes no hubieran permitido a sus padres retener la administración de sus rebaños después de haberse debilitado por la edad.

Lo mismo sucedió con respecto a la sujeción de las mujeres. La fuerza superior de los machos no les lleva, en muchos casos, a la continua sujeción de las hembras, porque los machos no tienen suficiente constancia en sus propósitos. Entre los seres humanos la sujeción de las mujeres es mucho más completa en cierto nivel de la civilización que entre los salvajes. Y la sujeción está siempre reforzada por la moralidad. Un hombre, por ejemplo san Pablo, «es la imagen y la gloria de Dios: pero la mujer es la gloria del hombre. Pues el hombre no es de la mujer, pero la mujer es del hombre. Ni el hombre fue creado para la mujer, sino la mujer para el hombre» (Corintios, 11, 7-9). De aquí se deduce que las esposas deben obedecer a sus maridos y que la infidelidad es un pecado peor en la mujer que en el marido. Es cierto que el cristianismo sostiene, en teoría, que el adulterio es igualmente pecaminoso en los dos sexos, pues es un pecado contra Dios. Pero esta opinión no ha prevalecido en la práctica y no fue sostenida ni siquiera teóricamente en la época precristiana. Era condenado el adulterio con una mujer casada, porque era una ofensa a su marido; pero las mujeres esclavas y las cautivas de guerra eran legítima propiedad de su dueño y no había culpabilidad en tener relaciones con ellas. Esta opinión era sostenida por los piadosos cristianos propietarios de esclavos, aunque no por sus esposas, en los Estados Unidos durante el siglo XIX.

La base de la diferencia entre la moralidad para los hombres y la moralidad para las mujeres era evidentemente el poder superior de los hombres. Originariamente la superioridad era solamente física, pero desde esa base se extendió gradualmente a la economía, a la política y a la religión. La gran ventaja de la moralidad sobre la policía aparece muy claramente en este caso, pues las mujeres, hasta hace muy poco tiempo creían sinceramente en los preceptos morales que daban cuerpo a la dominación masculina, y, por lo tanto, no se necesitaba emplear con ellas tanta coacción como hubiera sido necesaria en otro caso.

El código de Hammurabi proporciona un ejemplo interesante de la ninguna importancia de las mujeres a los ojos del legislador. Si un hombre pega a la hija de un caballero cuando está embarazada y muere como consecuencia, se decreta que la hija del agresor sea condenada a muerte. Entre el caballero y el agresor eso resulta justo; la hija que es ejecutada es simplemente una posesión del último y no tiene derecho a pedir por su vida. Y al dar muerte a la hija del caballero, el agresor es culpable de una ofensa, no contra ella, sino contra el caballero. Las hijas no tienen derecho porque no tienen poder.

Los reyes, hasta Jorge I, eran objeto de la veneración religiosa.

La palabra «traición», inclusive en las repúblicas, tiene todavía un sabor de impiedad. En Inglaterra el gobierno se aprovecha mucho de la tradición de la realeza. Los estadistas victorianos, inclusive míster Gladstone, sentían que era un deber para con la reina procurar que nunca quedase sin un primer ministro. El deber de obediencia a la autoridad es todavía sentido por muchos como un deber hacia el soberano. Es un sentimiento en decadencia, pero según decae el gobierno se hace menos estable y se hacen más posibles las dictaduras de derecha o izquierda.

La *Constitución inglesa* de Bagehot —libro que merece ser leído todavía— comienza la discusión de la monarquía como sigue:

La utilidad de la reina, con un poder dignificado, es incalculable. En Inglaterra, sin ella, el actual gobierno hubiera caído. Cuando muchas personas leen que la reina paseaba por las laderas de Windsor y que el príncipe de Gales iba a presenciar el Derby, han imaginado que se daba demasiada importancia a las cosas pequeñas. Pero se han equivocado; y es delicado señalar cómo las acciones de una viuda retirada y de un joven sin empleo adquieren tanta importancia.

La mejor razón por la cual la monarquía es un gobierno fuerte es que es un gobierno inteligible. La mayoría de los hombres lo comprenden, mientras comprenden difícilmente cualquier otro. Se ha dicho con frecuencia que los hombres son gobernados por su imaginación; pero sería más cierto decir que son gobernados por la debilidad de su imaginación.

Esto es al mismo tiempo cierto e importante. La monarquía facilita la cohesión social, primero porque no es tan difícil sentir lealtad hacia un individuo como hacia una abstracción, y en segundo lugar porque la realeza, en su larga historia, ha acumulado sentimientos de veneración que no puede inspirar una institución nueva. Donde ha sido abolida la monarquía hereditaria, fue sucedida generalmente, después de un tiempo más largo o más corto, por alguna otra forma de gobierno unipersonal: la tiranía en Grecia, el Imperio en Roma, Cromwell en Inglaterra, Napoleón en Francia, Stalin y Hitler en nuestros días. Esos hombres heredan una parte de los sentimientos inherentes antes a la realeza. Es divertido advertir en las confesiones de los acusados en los procesos de Rusia la aceptación de una moralidad de sumisión al gobernante que hubiera sido propia de las monarquías absolutas más antiguas y tradicionales. Pero un nuevo dictador, a no ser que sea un hombre muy extraordinario, difícilmente puede inspirar *por completo* la misma veneración religiosa de que gozaban en el pasado los monarcas hereditarios.

En el caso de la realeza, el elemento religioso, como hemos visto, ha sido llevado a veces tan lejos que ha influido en el poder. Sin embargo, aun entonces ha contribuido a dar estabilidad al sistema social del cual es símbolo el rey. Eso ha sucedido en muchos países semicivilizados, en el Japón y en Inglaterra. En Inglaterra, la doctrina de que el rey no puede equivocarse ha sido utilizada como un arma para privarle del poder, pero ha capacitado a sus ministros para poseer más poder que el que hubieran tenido si él no hubiera existido. En dondequiera que existe una monarquía tradicional, la rebelión contra el gobierno es una ofensa al rey y es considerada por los ortodoxos como un pecado o una impiedad. Por consiguiente, la realeza, hablando en general, obra como una fuerza en favor del statu quo, cualquiera que éste sea. Su función más útil, históricamente, ha sido la creación de un sentimiento ampliamente difundido en favor de la cohesión social. Los hombres son tan poco gregarios por naturaleza que la anarquía es un peligro constante, para impedir el cual ha hecho mucho la monarquía. Sin embargo, contra este mérito puede oponerse el demérito de perpetuar los antiguos peligros y de aumentar las fuerzas que se oponen a un cambio deseable. Ese demérito ha hecho que en los tiempos modernos la monarquía haya desaparecido de gran parte de la superficie de la tierra.

El poder de los sacerdotes está relacionado más evidentemente con la moral que cualquier otra forma de poder. En los países cristianos la virtud consiste en la obediencia a la voluntad de Dios y son los sacerdotes quienes saben qué es lo que ordena la voluntad de Dios. El precepto de que debemos obedecer a Dios antes que al hombre es, como vimos, capaz de convertirse en revolucionario; así sucede en dos clases de circunstancias: cuando el Estado se halla en oposición a la Iglesia y cuando se sostiene que Dios habla directamente a cada conciencia individual. La primera situación existió antes de Constantino y la última entre los anabaptistas y los independientes. Pero en los períodos no revolucionarios, cuando existe una Iglesia establecida y tradicional, es aceptado por la moralidad positiva como intermediario entre Dios y la conciencia individual. En tanto que se mantenga esa aceptación su poder es muy grande y la rebelión contra la Iglesia es considerada peor que la de cualquier otra clase. No por eso deja de tener la Iglesia sus dificultades, pues si utiliza su poder demasiado notoriamente, los hombres comienzan a dudar de si interpreta correctamente la voluntad de Dios; y cuando esa duda se hace común, se derrumba todo el edificio eclesiástico, como sucedió con la Reforma en los países teutónicos.

En el caso de la Iglesia, las relaciones entre el poder y la moral son, hasta cierto punto, opuestas a las de los casos que hemos considerado hasta ahora. La moralidad positiva implica la sumisión a los padres, a los maridos, a los reyes, porque son poderosos; pero la Iglesia es poderosa a causa de su autoridad moral. Sin embargo, esto es verdad solamente hasta cierto punto. Donde la Iglesia está segura, crece la moralidad de sumisión a la Iglesia, del mismo modo que ha crecido la moralidad de sumisión a los padres, los maridos y los reyes. Y del mismo modo crece la oposición revolucionaria a esa moralidad de sumisión. La Iglesia aborrece especialmente la herejía y el cisma, que en consecuencia son elementos esenciales en los programas revolucionarios. Hay, sin embargo, resultados más complicados de la oposición al poder sacerdotal. Siendo la Iglesia la guardiana oficial del código moral, es probable que sus opositores se rebelen tanto contra la moral como contra la doctrina y el gobierno. Pueden rebelarse, como los puritanos, dentro de la mayor exactitud o como los revolucionarios franceses dentro del mayor descuido; pero en ambos casos la moral se convierte en un asunto privado y no es, como anteriormente, el objeto de decisiones oficiales de un organismo público.

No se debe suponer que la moralidad personal es en general peor que la moralidad oficial de los sacerdotes, aun cuando es menos severa. Hay cierta evidencia de que cuando en el siglo VI a. C. el sentimiento griego se hacía fuertemente contrario a los sacrificios humanos, el oráculo de Delfos trató de retrasar esa reforma humanitaria y de mantener vivas las antiguas prácticas rígidas. Igualmente en nuestros días, cuando el Estado y la opinión pública consideran permitido casarse con la hermana de la esposa difunta, la Iglesia, en lo que está a su alcance, mantiene la antigua prohibición.

La moralidad, donde la Iglesia ha perdido su poder, no se ha hecho genuinamente personal excepto para pocas personas excepcionales. Para la mayoría está representada por la opinión pública, tanto la de los vecinos en general como la de grupos poderosos como los patronos. Desde el punto de vista del pecador el cambio puede ser pequeño y también puede ser para peor. El individuo gana, no como pecador, sino como juez: se convierte en parte de un tribunal democrático no oficial, puesto que donde la Iglesia es fuerte debe aceptar las decisiones de la autoridad. El protestante cuyos sentimientos morales son fuertes usurpa las funciones éticas del sacerdote y adquiere una actitud casi gubernamental con respecto a las virtudes y vicios de otras personas, especialmente los últimos.

Esto no es anarquía; es democracia.

La tesis de que el código moral es una expresión del poder no es, como hemos visto, completamente cierta. Desde las leyes exogámicas de los salvajes en adelante, en todas las etapas de la civilización han existido principios éticos que no tienen una relación visible con el poder. Entre nosotros puede servir como un ejemplo la condenación de la homosexualidad. La tesis marxista de que el código moral es una expresión del poder económico es todavía menos adecuada que la tesis de que es una expresión del poder en general. No obstante, la tesis marxista es verdadera en un gran número de casos. Por ejemplo: en la Edad Media, cuando los seglares más poderosos eran terratenientes, cuando los obispados y las órdenes monásticas obtenían sus rentas de la tierra, y cuando los únicos que invertían dinero eran los judíos, la Iglesia, sin titubear, condenó la usura, es decir, todo préstamo de dinero con interés. Ésta era una moralidad de deudor. Con la ascensión de la clase de los mercaderes ricos se hizo imposible mantener la antigua prohibición: fue mitigada primero por Calvino, cuya clientela era principalmente urbana y próspera, y luego por los demás protestantes y después de todos por la Iglesia católica. (Véase el libro de Tawney *Religion and the Rise of Capitalism.*) Se puso de moda la moralidad de los acreedores y era un pecado odioso no pagar las deudas. La Sociedad de Amigos excluye las bancarrotas o lo hizo así hasta hace muy poco tiempo.

El código moral con respecto a los enemigos es un asunto sobre el que han diferido mucho las diversas edades, principalmente porque han sido diferentes los usos provechosos del poder. A este respecto, oigamos ante todo al Antiguo Testamento:

Cuando Jehová tu Dios te hubiere introducido en la tierra, en la cual tú has de entrar para poseerla, y hubiere echado delante de ti muchas gentes al Heteo, al Gergeseo y al Amorreo, y al Cananeo, y al Ferezeo, y al Heveo, y al Jebuseo, siete naciones mayores y más fuertes que tú.

Y Jehová tu Dios las hubiere entregado delante de ti, y las hirieres, del todo las destruirás: no harás con ellos alianza, ni las tomarás a merced.

Y no emparentarás con ellos: no darás tu hija a su hijo, ni tomarás a su hija para tu hijo.

Porque desviará a tu hijo de en pos de mí, y servirás a dioses ajenos; y el furor de Jehová se encenderá sobre vosotros y te destruirá presto. (Deuteronomio, 6, 1-4 y 14).

Si lo hacen así «no habrá en ti varón ni hembra estéril, ni en tus bestias».

En lo que respecta a esas siete naciones, se nos dice en otro capítulo todavía más explícitamente:

> Luego que Jehová, tu Dios, las entregare en tus manos, herirás a todo varón suyo a filo de espada.
>
> Solamente las mujeres y los niños y los animales y todo lo que hubiere en la ciudad, todos sus despojos tomarás para ti: y comerás del despojo de tus enemigos, los cuales Jehová tu Dios te entregó.
>
> Así, harás a todas las ciudades que estuvieren muy lejos de ti, que no fueren de las ciudades de estas gentes. (Deuteronomio, 10, 13-15).

Debe recordarse que cuando Saúl derrotó a los Amalecitas temió que su castigo no fuese lo suficientemente completo:

> Y tomó vivo a Agag, rey de Amalec, mas a todo el pueblo mató a filo de espada.
>
> Y Saúl y el pueblo perdonaron a Agag y a lo mejor de las ovejas y al ganado mayor, a los gruesos y a los carneros, y a todo lo bueno: que no lo quisieron destruir: mas todo lo que era vil y flaco destruyeron.
>
> Y fue palabra de Jehová a Samuel, diciendo:
>
> Pésame de haber puesto por rey a Saúl, porque se ha vuelto de en pos de mí y no ha cumplido mis palabras. (Samuel, 15, 8-11).

Resulta evidente en estos pasajes que el interés de los hijos de Israel era preponderar completamente cuando se encontrasen en conflicto con los de los gentiles, pero que internamente el interés de la religión, por ejemplo, el de los sacerdotes, era prevalecer sobre los intereses económicos de los laicos. La palabra del Señor llega a Samuel, pero es la palabra de Samuel la que llega a Saúl, y esa palabra era: «¿Qué significa ese balido de las ovejas en mis oídos y ese bramido de los bueyes que oigo?». A lo cual Saúl únicamente pudo replicar confesando su pecado.

Los judíos, por su horror a la idolatría —cuyos microbios acechaban aparentemente inclusive en las ovejas y en las vacas—, llegaban a la exterminación total de los vencidos. Pero ninguna nación de la antigüedad reconocía límites legales o morales para lo que se podía hacer con las poblaciones vencidas. Era costumbre exterminar a algunos y vender a los demás como esclavos. Algunos griegos —por ejemplo Eurípides en sus *Mujeres troyanas*— trataron de crear un sentimiento en contra de esa práctica, pero sin éxito. Como los vencidos no tenían poder, tampoco tenían derecho a pedir merced. Esta opinión no fue abandonada, ni siquiera en teoría, hasta la llegada del cristianismo.

El deber con los enemigos es un concepto difícil. La clemencia fue reconocida como una virtud en la antigüedad, pero solamente cuando tenía éxito, es decir, cuando convertía a los enemigos en amigos; de otro modo, era condenada como una debilidad. Cuando se producía el pánico, nadie esperaba la magnanimidad: los romanos no la mostraron con Aníbal ni con los seguidores de Espartaco. En la época de la caballería, era de esperar que un caballero se mostrase cortés con una cautiva. Pero los conflictos entre los caballeros no eran muy serios; no se tuvo la menor merced con los albigenses. En nuestro tiempo se ha mostrado casi igual ferocidad con las víctimas del terror blanco en Finlandia, Hungría, Alemania y España y apenas se han producido protestas excepto entre los políticos de la oposición. Igualmente, el terror de Rusia ha sido disculpado por la mayoría de los izquierdistas. Ahora, como en los días del Antiguo Testamento, no se reconoce en la práctica ningún deber para con los enemigos cuando son lo suficientemente formidables para inspirar temor. La moralidad positiva, en efecto, todavía influye únicamente en el grupo social respectivo y, en consecuencia, es todavía efectivamente una dependencia del gobierno. Ninguna clase de gobierno mundial podrá obligar a las gentes de disposición pendenciera a admitir, excepto como un consejo de perfección, que las obligaciones morales no están confinadas a una sección de la raza humana.

He venido refiriéndome hasta ahora en este capítulo a la moralidad positiva y, como se ha hecho evidente, no es bastante. Hablando de una manera general, está del lado de los que tienen el poder, no deja un lugar para la revolución, nada hace para mitigar la ferocidad de la lucha y puede no hallar lugar para el profeta que proclama alguna nueva idea moral. Aquí se plantean ciertas cuestiones teóricas difíciles, pero antes de considerarlas recordemos algunas cosas que solamente puede conseguir la oposición a la moralidad positiva. El mundo debe algo a los Evangelios, aunque no tanto como les hubiera debido si hubieran tenido mayor influencia. Debe algo a quienes denunciaron la esclavitud y la sujeción de las mujeres. Y podemos esperar que en el futuro deberá algo a quienes ahora denuncian la guerra y la injusticia económica. En los siglos XVIII y XIX debió mucho a los apóstoles de la tolerancia; quizá se lo deberá de nuevo en alguna edad más feliz que la nuestra. Las revoluciones contra la Iglesia medieval, contra las monarquías del Renacimiento y contra el poder actual de la plutocracia son necesarias para impedir el estancamiento. Admitiendo, como podemos hacerlo, que la humanidad necesita la revolución y la moralidad individual, el problema es encontrar un lugar para ellas sin sumergir al mundo en la anarquía.

Hay dos cuestiones que deben ser consideradas: primera, ¿cuál es la actitud más directa, desde nuestro punto de vista, de la moral positiva para recurrir a la moral personal? Segunda, ¿qué grado de respeto debe la moral personal a la moral positiva? Pero antes de discutir esas cuestiones debemos decir algo de lo que se entiende por moralidad personal.

La moralidad personal puede ser considerada como un fenómeno histórico o desde el punto de vista del filósofo. Comencemos con la primera.

Casi todos los individuos que han existido, en lo que es conocido por la historia, han tenido un horror profundo a ciertas clases de hechos. En general esos actos son aborrecidos, no sólo por un individuo, sino por toda una tribu o nación o secta o clase. A veces es desconocido el origen del aborrecimiento, a veces puede ser atribuido a un personaje histórico que era un innovador moral. Sabemos que los mahometanos no construyen imágenes de animales ni de seres humanos; es así porque el Profeta se lo prohibió. Sabemos por qué los judíos no comen liebre: es porque la ley de Moisés declara que la liebre es inmunda. Esas prohibiciones, una vez aceptadas, pertenecen a la moral positiva; pero en su origen, por lo menos cuando su origen es conocido, pertenecían a la moralidad privada.

Sin embargo, la moralidad ha llegado a significar para nosotros algo más que los preceptos rituales, sean positivos o negativos. En la forma en que nos es familiar no es prohibitiva, pero parece tener cierto número de fuentes independientes, como los sabios de China, los budistas de la India, los profetas hebreos y los filósofos griegos. Esos hombres, cuya importancia en la historia es difícil sobreestimar, vivieron todos a pocos siglos unos de otros y todos ellos participaron de ciertas características que les distinguieron de sus predecesores. Lao-Tse y Chuang-Tse predicaron la doctrina del Tao como algo que habían obtenido de su propia sabiduría y no de la tradición o de la sabiduría de otros; y la doctrina consiste no en dudas concretas, sino en un modo de vida, en una manera de pensar y de sentir, según la cual resulta claro, sin necesidad de reglas, lo que se debe hacer en cada ocasión. Lo mismo puede decirse de los budistas primitivos. Los profetas hebreos, en su mejor época, trascendieron la Ley y abogaron por una virtud nueva y más íntima, recomendada, no por la tradición sino por las palabras: «el Señor dijo». Sócrates obra de acuerdo con los dictados de su demonio y no como desean las autoridades legalmente constituidas; está dispuesto a sufrir el martirio antes que ser infiel a su voz interior. Todos esos hombres eran rebeldes en su tiempo y todos han terminado por recibir honores. Algo de lo que era nuevo en ellos ha terminado por ser considerado como una cosa natural. Pero no es fácil decir qué es ese algo.

El mínimo que debe ser aceptado por cualquier persona reflexiva que se adhiere a una religión que tiene un origen histórico o que piensa que esa religión era un progreso con respecto a la anterior, es esto: que un medio de vida, que era en cierto modo mejor que otro medio de vida anterior, fue defendido primero por algún individuo o grupo de individuos en oposición con las enseñanzas del Estado y de la Iglesia de su época. De aquí se deduce que no siempre puede considerarse que está equivocado un individuo que piensa por su cuenta en cuestiones morales aunque se halle en contradicción con el juicio de todos los hombres de su época. En la ciencia todos admiten ahora la doctrina correspondiente, pero en la ciencia son conocidos los medios de atestiguar una nueva doctrina y pronto es aceptada generalmente o se la rechaza por otras razones que por las de la tradición. En ética, no existen medios tan evidentes de testimoniar una nueva doctrina. Un profeta puede prolongar su enseñanza con las palabras: «Así dijo el Señor», lo cual es suficiente para él, pero ¿cómo sabrán los demás que ha tenido una verdadera revelación? El Deuteronomio, bastante extrañamente, propone el mismo experimento que suele ser concluyente con frecuencia en la ciencia, especialmente el éxito en la predicación: «Y si dijeres en tu corazón: ¿cómo conoceremos la palabra que Jehová no hubiere hablado? Cuando el profeta hablare en nombre de Jehová y no fuere la tal cosa, ni viniere, es palabra que Jehová no ha hablado: con soberbia la habló aquel profeta: no tengas temor de él» (Deuteronomio, 18, 21-22). Pero la mente moderna difícilmente puede aceptar esa prueba de una doctrina ética.

Podemos hacer esta pregunta: ¿qué significa una doctrina ética y de qué modo, si hay alguna, puede ser probada?

Históricamente, la ética está relacionada con la religión. Para la mayoría de los hombres ha bastado la autoridad. Lo que ha sido considerado justo o injusto por la Biblia o por la Iglesia *es* lo justo o lo injusto. Pero cada cierto tiempo ha habido individuos divinamente inspirados: ellos han sabido lo que era justo o injusto porque Dios les ha hablado directamente. Esos individuos, según la opinión ortodoxa, vivieron todos hace mucho tiempo y si un hombre moderno se declara uno de ellos se le debe meter en un asilo a no ser que la Iglesia sancione sus declaraciones. Ésta es, sin embargo, la situación corriente del rebelde que se hace dictador y no nos ayuda a decidir cuáles son las funciones legítimas de los rebeldes.

¿Podemos traducir la ética en términos no teológicos? Los librepensadores victorianos no tenían duda de que es posible. Los utilitarios, por ejemplo, eran hombres altamente morales y estaban convencidos de que su moralidad tenía una base racional. El asunto es, sin embargo, más difícil de lo que a ellos les parecía.

Consideremos una cuestión sugerida por la mención de los utilitarios, a saber: ¿una regla de conducta puede ser siempre una proposición ética suficiente por sí misma o debe ser deducida siempre de los efectos buenos o malos de la conducta en cuestión? La opinión tradicional es que cierta clase de actos son pecaminosos y ciertos otros virtuosos independientemente de sus efectos. Otros actos son éticamente neutros y pueden ser juzgados por sus resultados. Si la eutanasia o el casamiento con la hermana de la esposa difunta puede ser o no legalizado es una cuestión de ética, pero el patrón oro no lo es. Hay dos definiciones de las cuestiones éticas, cada una de las cuales abarca los casos a que se aplica ese adjetivo. Una cuestión es «ética» 1) si interesaba a los antiguos hebreos; 2) si el arzobispo de Canterbury es el técnico oficial de la misma. Es evidente que este uso común de la palabra «ética» es completamente indefinible.

Sin embargo, yo encuentro, hablando personalmente, que hay ciertas clases de conducta contra las cuales siento una repugnancia que me parece que es moral, pero que no está evidentemente basada en una estimación de las consecuencias. Estoy informado por muchas personas de que la salvación de la democracia, que yo considero importante, solamente puede conseguirse matando con gases asfixiantes a gran número de niños y haciendo otras muchas cosas horribles. Yo encuentro que no puedo estar de acuerdo con la utilización de esos métodos. Me digo a mí mismo que no podrán obtener su finalidad y que si la obtienen, tendrán incidentalmente otros efectos tan peligrosos que superen a cualquier bien que pueda hacer la democracia. No estoy completamente seguro de hasta qué punto es honrado este argumento. Pienso que debo negarme a utilizar esos medios, aunque estuviera seguro de que pueden asegurar la finalidad que se persigue, mientras no lo pueden asegurar otros medios. *Per contra*, la imaginación psicológica me asegura que nada que puedo considerar bueno es probable que se pueda alcanzar por esos medios. En general yo pienso que, hablando filosóficamente, todos los actos deben ser juzgados por sus efectos; pero como esto es difícil e inseguro y lleva tiempo, es deseable, en la práctica, que ciertos actos sean condenados y otros elogiados sin esperar a investigar sus consecuencias. Por consiguiente, diría con los utilitarios que el acto justo, en determinadas circunstancias, es el que en la fecha producirá probablemente mayor saldo de bienes que de males entre todos los actos posibles. Pero la ejecución de esos actos debe ser promovida por la existencia de un código moral.

Aceptando esta opinión, la ética se reduce a definir lo «bueno» y lo «malo», no como medios, sino como fines en sí mismos. Los utilitarios dicen que lo bueno es el placer y lo malo el dolor. Pero si alguien no está de acuerdo con ellos, ¿qué argumentos pueden aducir?

Consideremos varias opiniones sobre los fines de la vida. Un hombre dice: «Lo bueno es el placer»; otro dice: «Lo bueno es el placer para los arios y el dolor para los judíos»; otro dice: «Lo bueno es rogar a Dios y glorificarle por los siglos de los siglos». ¿Qué es lo que afirman esos tres hombres y qué medios existen para que cada uno de ellos convenza a los demás? Ellos no pueden apelar a los hechos, como lo hacen los hombres de ciencia; no existen hechos que tengan que ver con esa disputa. La diferencia está en el reino del deseo, no en el reino de las declaraciones sobre los hechos. Yo no afirmo que cuando digo «esto es bueno» quiero decir «yo lo deseo»; es únicamente una clase particular de deseo que me lleva a llamar buena a una cosa. El deseo debe ser en cierto grado impersonal; debe estar relacionado con el mundo que puede satisfacerme y no únicamente con mis circunstancias personales. Un rey puede decir: «La monarquía es buena y yo estoy contento de ser monarca». La primera parte de esta declaración es indudablemente ética, pero su satisfacción por ser monarca únicamente se hace ética si un examen le persuade de que ninguna otra persona podría ser tan buen rey como él.

He sugerido en una ocasión anterior (en el libro *Religion and Science*) que un juicio de valor intrínseco debe ser interpretado, no como una afirmación, sino como una expresión del deseo relacionada con los deseos de la humanidad. Cuando digo: «El odio es malo», digo realmente: «Ojalá nadie sintiese odio». No hago una afirmación; simplemente expreso cierta clase de deseo. El oyente puede colegir que yo siento ese deseo, pero ése es el único *hecho* que puede colegir y es un hecho de psicología. No hay hechos de ética. Los grandes innovadores éticos no fueron hombres que *conocieron* más que los otros; fueron hombres que *desearon* más, o, para ser más exacto, hombres cuyos deseos eran más impersonales y de más largo alcance que los de la generalidad de los hombres. La mayoría de los hombres desean su felicidad; un porcentaje considerable desea la felicidad; un porcentaje considerable desea la felicidad de sus hijos; no pocos desean la felicidad de su nación; algunos, sincera y fuertemente, desean la felicidad de toda la humanidad. Estos hombres, viendo que otros muchos no poseen ese sentimiento y que eso es un obstáculo para la felicidad universal, desean que los demás sientan como ellos. Ese deseo puede ser expresado con la frase «la felicidad es buena».

Todos los grandes moralistas, desde Buda y los estoicos hasta los tiempos más recientes, consideraron lo bueno como algo que, en lo posible, debe ser gozado por todos los hombres igualmente. No pensaron de sí mismos como príncipes o judíos o griegos; pensaron de sí mismos simplemente como seres humanos. Su ética tuvo siempre una fuente doble: por un lado, valorizaban ciertos elementos de sus propias vidas; por otro lado, la simpatía les hacía desear para los demás lo que deseaban para sí mismos. La simpatía es la fuerza universalizadora en la ética. Me refiero a la simpatía como una emoción, no como un principio teorético. La simpatía es en cierto grado instintiva: el grito de un niño puede hacer infeliz a otro niño. Pero las limitaciones de la simpatía son también naturales. El gato no tiene simpatía por el ratón; los romanos no tenían simpatía por ningún animal, excepto por los elefantes; los nacionalsocialistas no tienen simpatía por los judíos y Stalin no la tiene por los kulaks. Donde hay una limitación de la simpatía hay una limitación correspondiente en la concepción de lo bueno: lo bueno se convierte en algo que debe ser gozado únicamente por los hombres magnánimos, o únicamente por el superhombre o por el ario, o por el proletario. Todas éstas son éticas de ratón y gato. La refutación de una ética de ratón y gato, donde es posible, es práctica y no teórica. Supongamos que están jugando dos niños partidarios de esa ética. Uno de ellos dice al otro: «Juguemos al ratón y al gato. Yo soy el gato y tú el ratón». El otro le responde: «No, no; tú serás el ratón y yo el gato». Y en vez de jugar siguen disputando. Pero si uno de ellos logra imponerse, impondrá también la ética del gato, o de la raza nórdica, o cualquier otra doctrina semejante de desigualdad. Esas doctrinas, inevitablemente, tienen en cuenta únicamente los intereses del gato, no los del ratón y éste tiene que aceptarlas en virtud del poder desnudo.

Las controversias éticas lo son con frecuencia en cuanto a los medios, no en cuanto a los fines. Puede atacarse a la esclavitud con el argumento de que es antieconómica; puede criticarse la sujeción de las mujeres alegando que la conversación de las mujeres libres es más interesante: puede deplorarse la persecución con el argumento (completamente falso, por otra parte) de que las convicciones religiosas que produce no son sinceras. Sin embargo, detrás de esos argumentos hay generalmente una diferencia en cuanto a los fines. Algunas veces, como en la crítica del cristianismo por Nietzsche, la diferencia de los fines se muestra al desnudo. Para la ética cristiana todos los hombres son iguales; para Nietzsche, la mayoría son únicamente los medios para el héroe. Las controversias sobre los fines no pueden resolverse, como las controversias científicas, acudiendo a los hechos; deben resolverse procurando cambiar los sentimientos de los hombres. El cristiano puede esforzarse por despertar simpatía, el nietzscheano puede estimular el orgullo. El poder económico y militar puede reforzar la propaganda. La disputa es, en resumen, una disputa ordinaria por el poder. Cualquier doctrina, inclusive la que predica la igualdad universal, puede ser un medio para el dominio de un sector; eso sucedió, por ejemplo, cuando la Revolución francesa trató de difundir la democracia por la fuerza de las armas.

El poder es el medio, tanto en las disputas éticas como en las políticas. Pero con los sistemas éticos que han tenido mayor influencia en el pasado, el poder no es el fin. Aunque los hombres se odian los unos a los otros, aunque se explotan los unos a los otros, aunque se torturan los unos a los otros, han venerado hasta hace poco a quienes predicaban un sistema diferente de vida. Las grandes religiones que aspiraban a la universalidad reemplazando a los cultos tribales y nacionales de los primeros tiempos, consideraban a los hombres como tales hombres, no como judíos o gentiles, como siervos o libres. Sus fundadores fueron hombres cuya simpatía era universal y que a este respecto eran considerados como poseedores de una sabiduría que superaba a la de los déspotas temporales y apasionados. El resultado no fue de modo alguno el que los fundadores hubieran deseado. En un auto de fe, la policía tenía que impedir que la muchedumbre atacase a las víctimas, y el pueblo se enfurecía si alguien que esperaba ver en la hoguera conseguía, gracias a una tardía retractación, el privilegio de ser estrangulado antes de ser quemado. Sin embargo, el principio de la simpatía universal conquistó una provincia tras otra. Es análogo en el reino del sentimiento a la curiosidad impersonal en el reino del intelecto; ambos son igualmente elementos esenciales del desarrollo mental. Yo no creo que el retorno a una ética tribal o aristocrática pueda ser de larga duración; toda la historia del hombre desde la época de Buda apunta en la dirección opuesta. Por muy apasionadamente que pueda desearse el poder, no es el poder lo que se considera bueno en los momentos de meditación reflexiva. Esto se demuestra por el carácter de los hombres a quienes la humanidad ha considerado más cercanos a la divinidad.

Las reglas de moral tradicionales que consideramos al comienzo de este capítulo piedad filial, la sumisión de las esposas, la lealtad a los reyes, etcétera, han decaído todas completa o parcialmente. Pudieron tener buen éxito, como en el Renacimiento, por la ausencia de restricciones morales, o, como en la Reforma, por un nuevo código en muchos aspectos más estricto que los que se habían hecho ya anticuados. La lealtad al Estado desempeña un papel mucho más importante en la moralidad positiva de nuestro tiempo que en la antigüedad: es, por supuesto, el resultado natural del aumento del poder del Estado. Las partes de la moral que se relacionan con otros grupos, como la familia y la Iglesia, poseen menos influencia que la que solían tener; pero no veo evidencia alguna de que los principios morales o los sentimientos morales tengan ahora menos influencia sobre las acciones de los hombres que la que tenían en el siglo XVIII o en la Edad Media.

Terminemos este capítulo con un análisis sumario. Los códigos morales de las sociedades primitivas eran considerados de origen sobrenatural por esas sociedades; en parte, no podemos ver razón alguna para esa creencia, pero en gran parte representa el equilibrio del poder en la comunidad respectiva: los dioses consideran un deber la sumisión al poderoso, pero el poderoso no debe ser tan cruel que provoque la rebelión. Bajo la influencia de los profetas y de los sabios aparece, sin embargo, una nueva moralidad, unas veces junto a la antigua, otras en su lugar. Los profetas y sabios, con pocas excepciones, han apreciado otras cosas además del poder —la sabiduría, la justicia, el amor universal, por ejemplo— y han persuadido a grandes sectores de la humanidad de que se trata de fines más dignos de ser perseguidos que el éxito personal. Los que sufren debido a alguna parte del sistema social que el profeta o el sabio desea alterar, tienen razones personales para apoyar su opinión; la unión de su egoísmo con la ética impersonal es lo que hace irresistible el movimiento revolucionario resultante.

Ahora podemos llegar a alguna conclusión con respecto al lugar que ocupa la rebelión en la vida social. La rebelión es de dos clases: puede ser puramente personal, o puede ser inspirada por el deseo de una clase de comunidad diferente de la que rodea al rebelde. En el último caso, su deseo puede ser compartido por otros; en muchos casos ha sido compartido por todos, excepto por una pequeña minoría que se aprovechaba del sistema existente. Este tipo de rebelde es constructivo, no anárquico; aun cuando su movimiento lleve a una anarquía temporal, ha sido intentado para producir, a su término, una nueva comunidad estable. El carácter personal de sus objetivos es lo que le distingue del rebelde anarquista. Solamente los resultados pueden decidir, para el público en general, si la rebelión se puede considerar justificada; cuando se estima que ha sido justificada, la autoridad anterior hubiera hecho bien, desde su punto de vista, al no ofrecer una resistencia desesperada. Un individuo puede percibir un medio de vida o un método de organización social que pueden satisfacer a los deseos de la humanidad mejor que los métodos existentes. Si los percibe verdaderamente y puede persuadir a los hombres para que adopten la reforma, está justificado. Sin rebelión, la humanidad se estancará y la injusticia sería irremediable. El hombre que se niega a obedecer a la autoridad tiene, por consiguiente, en ciertas circunstancias, una función legítima, con tal de que su desobediencia tenga motivos sociales más bien que personales. Pero ésta es una materia a la cual, por su misma naturaleza, es imposible aplicar reglas.

16

FILOSOFÍAS DEL PODER

Mi propósito en este capítulo es considerar ciertas filosofías inspiradas principalmente por el amor al poder. No quiero decir que el poder sea su materia, sino que es el motivo consciente o inconsciente del filósofo en sus juicios metafísicos y éticos. Nuestras creencias resultan de la combinación, en diversos grados, del deseo con la observación. En algunas es muy pequeña la parte de uno de los factores; en otras, la del otro. Es muy poco lo que puede establecerse estrictamente por la evidencia empírica, y cuando nuestras creencias van más allá, el deseo desempeña un papel en su génesis. Por otro lado, pocas creencias sobreviven largo tiempo a la evidencia definida y concluyente de su falsedad, aunque pueden sobrevivir durante muchas edades cuando no hay evidencia ni en pro ni en contra de ellas.

Las filosofías están más unificadas que la vida. En la vida tenemos muchos deseos, pero un filósofo está generalmente inspirado por algún deseo dominante que le da coherencia.

> *Zu fragmentarisch ist Welt und Leben.*
> *Ich will mich zum deutschen Professor begeben,*
> *Der weiss das Leben zusammenzusetzen,*
> *Und er match ein verständig System daraus.* *

---

* El mundo y la vida son demasiado fragmentarios. Debo acudir al profesor alemán; él sabe cómo sintetizar la vida y obtiene de ella un sistema inteligible.

Varios deseos han dominado la labor de los filósofos. Está el deseo de conocer, y, lo que no es de modo alguno la misma cosa, el deseo de demostrar que el mundo es conocible. Están el deseo de la felicidad, el deseo de la virtud y —síntesis de ambos— el deseo de la salvación. Está el deseo del sentimiento de unión con Dios o con los demás seres humanos. Está el deseo de la belleza, el deseo del goce y, finalmente, el deseo del poder. Las grandes religiones aspiran a la virtud, pero generalmente también a algo más. El cristianismo y el budismo buscan la salvación y, en sus formas más místicas, la unión con Dios o con el universo. Las filosofías empíricas buscan la verdad mientras que los filósofos idealistas, desde Descartes hasta Kant, buscan la certidumbre. Prácticamente todos los grandes filósofos, hasta Kant inclusive, se relacionan principalmente con los deseos correspondientes a la parte cognoscitiva de la naturaleza humana. La filosofía de Bentham y de la escuela manchesteriana consideran el placer como el fin, y la riqueza como el medio principal. Las filosofías del poder de los tiempos modernos han surgido en gran parte como una reacción contra el «manchesterismo», y como una protesta contra la opinión de que el objeto de la vida es una serie de placeres, finalidad que condenan como fragmentaria y como insuficientemente activa.

Siendo la vida humana una perpetua interacción entre la volición y los hechos ingobernables, el filósofo que se guía por sus impulsos hacia el poder procura disminuir o desacreditar la parte desempeñada por los hechos que no son el resultado de su voluntad. Ahora no pienso únicamente en los hombres que ensalzan el poder desnudo, como Maquiavelo y Trasímaco en la *República* de Platón; pienso en los hombres que inventan teorías, que ocultan su amor al poder bajo una vestidura de metafísica o de ética. El primero de esos filósofos en los tiempos modernos y también el más completo es Fichte.

La filosofía de Fichte se deriva del Yo como lo único existente en el mundo. El Yo existe porque se afirma a sí mismo. Aunque no existe otra cosa, el Yo sufre un día un pequeño choque *(ein kleiner Anstoss)* como resultado del cual afirma el no Yo. Produce entonces varias emanaciones, no diferentes de las de la teología gnóstica; pero mientras los gnósticos atribuían las emanaciones a Dios y pensaban humildemente de sí mismos, Fichte considera innecesaria la distinción entre Dios y el Yo. Cuando el Yo se relaciona con la metafísica, procede a afirmar que los germanos son buenos y los franceses malos, y que, por consiguiente, es el deber de los alemanes luchar contra Napoleón. Tanto los alemanes como los franceses son, por supuesto, únicamente emanaciones de Fichte, pero los alemanes son una emanación superior, es decir, que están más cerca de la realidad última, que es el Yo de Fichte. Alejandro y Augusto aseguraron que eran dioses y obligaron a los demás a aceptar esa pretensión; Fichte, no teniendo el gobierno a su disposición, perdió su empleo porque no pudo proclamar su divinidad.

Es evidente que una metafísica como la de Fichte no deja lugar a los deberes sociales, desde que el mundo exterior es simplemente un producto de mi sueño. La única ética imaginable compatible con esta filosofía es la del autodesarrollo. Ilógicamente, sin embargo, un hombre puede considerar a su familia y a su nación como una parte más íntima de su Yo que los otros seres humanos y más estimable en consecuencia. La creencia en la raza y en el nacionalismo es, pues, una consecuencia psicológicamente natural de una filosofía solipsística, tanto más cuanto que el amor al poder inspira evidentemente la teoría, y el poder solamente se puede alcanzar con la ayuda de los otros.

Todo esto es conocido como «idealismo» y es considerado moralmente más noble que una filosofía que admita la realidad del mundo externo.

La realidad de lo que es independiente de mi deseo está representada filosóficamente en la concepción de la «verdad». La verdad de mis creencias, en opinión del sentido común, no depende en la mayoría de los casos de nada que yo pueda hacer. Es cierto que si creo que mañana comeré mi desayuno, mi creencia, si es cierta, lo es en parte en virtud de mi deseo futuro; pero si creo que César fue muerto en los idus de marzo, lo que hace cierta mi creencia se basa completamente fuera del poder de mi voluntad. Las filosofías inspiradas por el amor al poder encuentran esta situación desagradable y, por lo tanto, se ponen a trabajar de varios modos para socavar el concepto común de los hechos como fuentes de la verdad o de la falsedad de sus creencias. Los hegelianos sostienen que la verdad no consiste en la concordancia con los hechos, sino en la mutua correspondencia de todo el sistema de nuestras creencias. Todas nuestras creencias son ciertas si, como los acontecimientos en una buena novela, se ajustan las unas a las otras; no hay en realidad diferencia entre la verdad del novelista y la verdad del historiador. Esto da libertad a la fantasía creadora, a la que libera de las trabas del supuesto mundo «real».

El pragmatismo, en algunas de sus formas, es una filosofía del poder. Para el pragmatismo una creencia es «cierta» si sus consecuencias son agradables. Ahora bien, los seres humanos pueden hacer que las consecuencias de una creencia sean agradables o desagradables. La creencia en el mérito superior de un dictador tiene consecuencias más agradables que la incredulidad si se vive bajo su gobierno. Dondequiera que sea efectiva la persecución, la creencia oficial es «cierta» en el sentido pragmatista. La filosofía pragmatista, por lo tanto, da a los que están en el poder una omnipotencia metafísica que les negaría una filosofía más pedestre. No quiero decir que la mayoría de los pragmatistas admitan esas consecuencias de su filosofía; únicamente digo que ésas son las consecuencias y que el ataque pragmatista contra la opinión común sobre la verdad es un resultado del amor al poder, aunque quizá más del amor al poder sobre la naturaleza inanimada que del poder sobre los seres humanos.

La evolución creadora de Bergson es una filosofía del poder que ha sido desarrollada fantásticamente en el último acto de la obra de Bernard Shaw, *Back to Methuselah* (La vuelta a Matusalén). Bergson sostiene que el intelecto debe ser condenado como indebidamente pasivo y puramente contemplativo, y que sólo vemos verdaderamente durante una acción vigorosa como una carga de caballería. Cree que los animales adquirieron los ojos porque sintieron que sería agradable ser capaces de ver; sus intelectos no hubieran sido capaces de pensar sin ver, puesto que eran ciegos, pero la intuición era capaz de realizar el milagro. Toda evolución, según él, es debida al deseo y no hay límite para lo que se puede conseguir si el deseo es lo suficientemente apasionado. Los intentos realizados a tientas por los bioquímicos para comprender el mecanismo de la vida son inútiles, puesto que la vida no es mecánica y su evolución se produce siempre de tal manera que el intelecto es inherentemente incapaz de imaginarlo de antemano; únicamente en la acción puede ser comprendida la vida. De ello se deduce que los hombres deben ser apasionados e irracionales; afortunadamente para la felicidad de Bergson lo son generalmente.

Algunos filósofos no consienten que su impulso hacia el poder domine a su metafísico pero le dan rienda suelta en la ética. El más importante de éstos es Nietzsche, que rechaza la moralidad cristiana como de esclavos y pone en su lugar una moralidad apropiada para los gobernantes heroicos. Por supuesto, esto no es esencialmente nuevo. Algo de ello se encuentra en Heráclito, algo en Platón, mucho en el Renacimiento. Pero en Nietzsche está resuelto y puesto en oposición consciente con las enseñanzas del Nuevo Testamento. En su opinión, el rebaño no tiene valor por sí mismo, sino como un medio para la grandeza del héroe, que tiene el derecho de hacerle daño si con ello puede favorecer su propia evolución. En la práctica, las aristocracias han obrado siempre de un modo que únicamente esa ética puede justificar; pero la teoría cristiana ha sostenido que todos los hombres son iguales en presencia de Dios. La democracia puede acudir a la enseñanza cristiana para encontrar ayuda; pero para la aristocracia la ética mejor es la de Nietzsche. «Si hubiera dioses ¿cómo podríamos soportar no ser un dios? *Por lo tanto* no hay dioses.» Así dice el Zaratustra de Nietzsche. Dios debe ser destronado para dejar lugar a los tiranos de la tierra.

El amor al poder es una parte de la naturaleza humana normal, pero las filosofías del poder son insanas en cierto sentido preciso. La existencia del mundo externo, tanto el de la materia como el de los seres humanos, es un dato que puede ser humillante para cierta clase de orgullo, pero que únicamente puede ser negado por un loco. Los hombres que consienten que su amor al poder les da una opinión equivocada del mundo deben ser encerrados en un manicomio: un hombre puede creer que es el gobernador del Banco de Inglaterra, otro que es el rey y otro que es Dios. Las ilusiones altamente similares, si son expresadas por hombres cultos en un lenguaje oscuro llevan al profesorado de la filosofía; y si son expresadas por hombres emocionales en un lenguaje elocuente llevan a la dictadura. Los lunáticos *certificados* son encerrados por su propensión a la violencia cuando sus pretensiones son discutidas; los que pertenecen a la variedad no *certificada* reciben la dirección de ejércitos poderosos y pueden llevar la muerte y el desastre a todos los hombres sanos que se hallan a su alcance. El buen éxito de la locura en la literatura, en la filosofía y en la política es una de las peculiaridades de nuestra época, y la forma afortunada de la locura procede casi por completo de los impulsos hacia el poder.

Para comprender esta situación debemos considerar la relación de las filosofías del poder con la vida social, lo cual es más completo que lo que puede haberse supuesto.

Comencemos con el solipsismo. Cuando Fichte sostiene que todo procede del Yo, el lector no dice: «Todo procede de Johann Gottlieb Fichte. ¡Qué absurdo! Porque yo nunca supe de él hasta hace pocos días. ¿Y qué sucedió antes de que él hubiera nacido? ¿Imagina realmente que él inventó todo lo que precedió a su nacimiento? ¡Qué presunción ridícula!». Esto, repito, es lo que no dice el lector; él se pone en lugar de Fichte y encuentra que el argumento no es tan descabellado. «Después de todo —piensa—, ¿qué es lo que sé de los tiempos pasados? Únicamente que he tenido ciertas experiencias que he preferido interpretar como relacionadas con un período anterior a mi nacimiento. ¿Y qué sé de los lugares que nunca he visto? Únicamente que los he visto en el mapa, que he leído acerca de ellos o que he oído hablar de ellos. Conozco únicamente mi experiencia; el resto es una inferencia dudosa. Si prefiero ponerme en lugar de Dios y decir que el mundo es creación mía, nada me puede probar que estoy equivocado.» Fichte sostiene que existe únicamente Fichte; y Juan Pérez, leyendo el argumento, concluye que solamente existe Juan Pérez, sin darse cuenta de que no es eso lo que dice Fichte.

De este modo le es posible al solipsismo convertirse en la base de cierta clase de vida social. Una colección de lunáticos, cada uno de los cuales cree que es Dios, puede aprender a conducirse cortésmente los unos con los otros. Pero la cortesía durará mientras cada uno de los dioses encuentra que su omnipotencia no es menoscabada por ninguna de las otras divinidades. Si el señor A. cree que es Dios puede tolerar las pretensiones de los demás en tanto que sus actos contribuyan a sus propósitos. Pero si el señor B se aventura a ponerle obstáculos y a demostrar que no es omnipotente, se inflamará la rabia del señor A y sospechará que el señor B es el propio Satanás o alguno de sus ministros. El señor B, por supuesto, tendrá la misma opinión del señor A. Cada uno de ellos formará un partido y sobrevendrá la guerra, una guerra teológica, amarga, cruel y loca. En vez del señor A léase Hitler y en vez del señor B léase Stalin y se tendrá una pintura del mundo moderno. «¡Yo soy Wotan!», dice Hitler. «¡Yo soy el materialismo dialéctico!», dice Stalin. Y puesto que la pretensión de cada uno de ellos está apoyada por vastos recursos en forma de ejércitos, aviones, gases ponzoñosos y entusiasmos inocentes nadie se da cuenta de la locura de ambos.

Veamos ahora el culto nietzscheano de los héroes, al cual deben ser sacrificados los «chapuceros y remendones». El lector admirador está convencido, por supuesto, de que él mismo es un héroe, mientras que el pícaro Fulano de Tal que se le ha adelantado por medio de intrigas inescrupulosas es uno de los «chapuceros y remendones». De aquí se sigue que la filosofía de Nietzsche es excelente. Pero si el Fulano de Tal lee también a Nietzsche, y si también le admira, ¿cómo habrá de decidirse quién es el héroe? Evidentemente, sólo mediante la guerra. Y cuando uno de los dos alcanza la victoria, tendrá que seguir probando su derecho al título de héroe manteniendo el poder. Para hacer eso debe crear una poderosa policía secreta, pues vivirá con el constante temor del asesinato y, en consecuencia, los demás sentirán el terror de la delación, y de ese modo el culto al heroísmo puede terminar produciendo una nación de cobardes temblorosos.

La misma clase de perturbaciones produce la teoría pragmática de que una creencia es cierta si las consecuencias son agradables. ¿Agradables para quién? La creencia en Stalin es agradable para él, pero desagradable para Trotski. La creencia en Hitler es agradable para los nacionalsocialistas, pero desagradable para los que ellos envían a los campos de concentración. La fuerza desnuda es la única que puede decidir quién gozará las consecuencias agradables que demuestran que una creencia es cierta.

Las filosofías del poder, en lo que se refiere a sus consecuencias sociales, se refutan a sí mismas. La creencia de que yo soy Dios, si nadie la comparte, lleva a que me encierren; si otros la comparten, lleva a una guerra en la cual pereceré probablemente. El culto del héroe produce una nación de cobardes. La creencia en el pragmatismo, si se difunde, lleva al gobierno de la fuerza desnuda, que es desagradable; por lo tanto, según su propio criterio, la creencia en el pragmatismo es falsa. Si la vida social ha de satisfacer los deseos sociales se debe basar en alguna filosofía que no se derive del amor al poder.

17

LAS ÉTICAS DEL PODER

En las páginas precedentes nos hemos referido tanto a los peligros relacionados con el poder que pudiera parecer natural deducir como una conclusión ascética, y recomendar como la manera mejor de vivir, para el individuo, la completa renuncia a todos los intentos de influir en los demás hombres, sea para bien o para mal. Desde Lao-Tse esta opinión ha tenido defensores a la vez elocuentes y sabios; ha sido sostenida por muchos místicos, por los quietistas y por los que valorizaban la santidad personal concebida como un estado mental más que como una actividad. No puedo estar de acuerdo con esos hombres, aunque admito que algunos de ellos han sido altamente beneficiosos. Pero lo han sido porque, aunque creían que habían renunciado al poder, en realidad solamente habían renunciado a él en ciertas formas; si hubieran renunciado a él por completo, no habrían proclamado sus doctrinas y no hubieran prestado beneficios. Renunciaron al poder coercitivo, pero no al poder que se basa en la persuasión.

El amor al poder, en su sentido más amplio, es el deseo de ser capaz de producir los efectos deseados sobre el mundo exterior, sea humano o no humano. Este deseo es una parte esencial de la naturaleza humana y en los hombres enérgicos es una parte grande e importante. Todo deseo, si no puede ser satisfecho instantáneamente, trae consigo el deseo de la capacidad para satisfacerlo y, por lo tanto, alguna forma del amor al poder. Esto es cierto tanto de los deseos mejores como de los peores. Si amamos a nuestro vecino, desearemos el poder de hacerle feliz. Condenar *todo* amor al poder es, por consiguiente, condenar el amor a nuestro vecino.

Sin embargo, hay una gran diferencia entre el poder deseado como un medio y el poder deseado como un fin en sí mismo. El hombre que desea el poder como un medio tiene primero algún otro deseo y luego desea hallarse en situación de poderlo satisfacer. El hombre que desea el poder como un fin en sí mismo elegirá su objetivo teniendo en cuenta la posibilidad de asegurarlo. En política, por ejemplo, un hombre desea que se decreten ciertas medidas y de este modo se ve llevado a tomar parte en los asuntos públicos, mientras que otro hombre que desea únicamente el buen éxito personal adopta cualquier programa que a su parecer conduzca con más probabilidad a ese resultado.

La tercera tentación de Cristo en el desierto ejemplifica esa distinción. Se le ofrecen todos los reinos de la tierra si se prosterna en tierra y adora a Satanás; es decir, se le ofrece el poder para alcanzar ciertos objetivos, pero no los que Él tiene en vista. Ésa es una tentación a la que están expuestos casi todos los hombres modernos, unas veces en forma grosera, otras en forma muy sutil. Aunque sea socialista, puede aceptar una posición en un diario conservador; ésta es una forma relativamente grosera. Podrá desesperar del triunfo del socialismo por medios pacíficos y hacerse comunista, no porque piense que lo que él desea puede ser conseguido por ese camino, sino porque piensa que se debe conseguir *algo*. Defender sin éxito lo que desea le parece más inútil que defender con éxito lo que no desea. Pero si sus deseos, que no sean el buen éxito personal, son firmes y definidos, no habrá satisfacción para su sentimiento del poder, al menos que sean satisfechos esos deseos, y modificar sus objetivos para obtener el éxito le parecerá un acto de apostasía que puede ser descrito como la adoración a Satanás.

El amor al poder, si ha de ser beneficioso, debe estar inspirado en otro objetivo que en el del poder. No quiero decir que no deba amor al poder por sí mismo, pues es seguro que ese motivo aparecerá en el curso de una carrera activa; quiero decir que el deseo de algún otro fin debe ser tan fuerte que el poder no satisfaga a menos que conduzca a ese otro fin.

No basta que pueda haber otro propósito además del poder; es necesario que ese propósito sea tal que si es alcanzado ayude a satisfacer los deseos de los demás. Si se persigue el descubrimiento, o la creación artística, o el invento de una máquina que ahorre trabajo, o la reconciliación de los grupos hasta ahora enemigos, el buen éxito, si es alcanzado, será probablemente un motivo de satisfacción, no sólo para uno mismo, sino también para los demás hombres. Ésa es la segunda condición que debe llenar el amor al poder si ha de ser beneficioso: debe estar relacionado con algún propósito que, hablando en general, se halle en armonía con los deseos de las otras personas a quienes afectará la realización de ese propósito.

Hay una tercera condición, algo más difícil de formular. Los medios de realizar un objetivo no deben ser tales que incidentalmente produzcan malos efectos que excedan a los beneficios del fin alcanzado. Todos los caracteres y deseos humanos sufren perpetuas modificaciones como resultado de lo que hacen y de lo que sufren. La violencia y la injusticia engendran violencia e injusticia, tanto en los que las realizan como en sus víctimas. La derrota, si es incompleta, engendra la rabia y el odio, mientras que si es completa engendra la apatía y la inacción. La victoria mediante la fuerza produce la crueldad y el desprecio de los vencidos, por muy altos que hayan podido ser los motivos originarios de la guerra. Todas estas consideraciones, aunque no demuestran que ningún buen propósito puede ser alcanzado por la fuerza, demuestran que la fuerza es muy peligrosa y que cuando se abusa de ella es probable que el buen propósito original se pierda de vista antes de terminar la lucha.

La existencia de comunidades civilizadas es imposible, sin embargo, sin algún elemento de fuerza, pues existen criminales y hombres de ambiciones antisociales que si no son contenidos producirán pronto una reversión a la anarquía y a la barbarie. Donde la fuerza es inevitable debe ser ejercida por la autoridad constituida de acuerdo con la voluntad de la comunidad expresada en el código criminal. Hay, sin embargo, dos dificultades a este respecto: primera, que el uso más importante de la fuerza tiene lugar entre los diferentes Estados, los cuales no tienen un gobierno común, ni una ley reconocida efectivamente, ni una autoridad judicial. Segunda, que la concentración de la fuerza en manos del gobierno le capacita, hasta cierto punto, para tiranizar al resto de la comunidad. En el próximo capítulo examinaré cada una de esas dificultades. Ahora considero el poder en relación con la moralidad individual y no en relación con el gobierno.

El amor al poder, como un anhelo, es un motivo tan fuerte que influye en la mayoría de las acciones de los hombres mucho más que lo que ellos creen. No obstante, puede argüirse que la ética que producirá las mejores consecuencias será más hostil al amor al poder que lo que la razón puede justificar: desde que los hombres están casi seguros de pecar contra su código cuando tratan de alcanzar el poder, puede decirse que sus actos serán casi justos si su código es demasiado severo. Un hombre que propone una doctrina ética difícilmente puede dejarse influir, sin embargo, por esas consideraciones, pues si lo hace está obligado a apoyarse conscientemente en los intereses de la virtud. El deseo de ser edificante antes que verídico es lo que perjudica a los predicadores y a los educadores. Y cualquier cosa que se pueda decir en su favor teóricamente, en la práctica es nociva sin mitigación. Podemos admitir que los hombres han obrado mal por su amor al poder y que continuarán haciéndolo; pero a este respecto no podemos sostener que el amor al poder es indeseable en las formas y en las circunstancias en que creemos que es beneficioso o por lo menos inocuo.

Las formas que puede adoptar el amor de un hombre al poder dependen de su temperamento, de sus oportunidades y de su habilidad; además, su temperamento es moldeado en gran parte por las circunstancias. Conducir el amor de un individuo al poder por canales determinados es, en consecuencia, cuestión de proveerle de las circunstancias justas, de las oportunidades justas y de un tipo apropiado de habilidad. Esto deja al margen la cuestión de la disposición congénita, la cual, en tanto que es susceptible de tratamiento, es asunto de la eugenesia; pero solamente existe una pequeña parte de la población que no pueda ser llevada por los medios ya señalados a elegir una forma útil de actividad.

Comencemos con las circunstancias relacionadas con el temperamento; la fuente de los impulsos crueles debe encontrarse por lo general ya sea en una infancia infortunada o en experiencias como las de la guerra civil, en las cuales son frecuentes el sufrimiento y la muerte; la ausencia de una salida legítima para la energía en la adolescencia y en la primera juventud puede tener el mismo efecto. Creo que pocos hombres son crueles si han tenido una buena educación en su infancia, si no han vivido entre escenas de violencia y si no han tropezado con indebidas dificultades para encontrar una carrera. Dadas esas condiciones, el amor al poder de la mayoría de los hombres preferiría, si es posible, encontrar una salida beneficiosa o por lo menos innocua.

La cuestión de la oportunidad tiene un aspecto positivo y otro negativo. Es importante que no haya oportunidad para la carrera de un pirata, de un ladrón o de un dictador, así como que haya oportunidad para una profesión menos destructora. Debe existir un gobierno fuerte para impedir el crimen y un buen sistema económico, tanto para impedir la posibilidad de las formas legales del robo como para ofrecer carreras atractivas al mayor número posible de jóvenes. Esto es mucho más fácil en una comunidad que se enriquece que en una que se empobrece. Nada mejora tanto el nivel moral de una comunidad como el aumento de la riqueza y nada lo empeora tanto como la disminución de la riqueza. El rigor de las perspectivas generales desde el Rin hasta el Pacífico en la época presente es debido, en gran parte, al hecho de que muchas personas son más pobres que lo que eran sus padres.

La importancia de la habilidad para determinar la forma que adopta el amor al poder es muy grande. La destrucción, hablando en términos generales, aparte de ciertas formas de la guerra moderna, requiere muy poca habilidad, en tanto que la construcción siempre requiere alguna, y en sus formas más altas requiere mucha. La mayoría de los hombres que han adquirido un tipo difícil de habilidad gozan ejerciéndola y prefieren esa actividad a otras más fáciles; sucede así porque esa clase difícil de habilidad, en igualdad de las demás circunstancias, es más satisfactoria para el amor al poder. El hombre que ha aprendido a arrojar bombas desde un avión preferirá eso a las ocupaciones monótonas que se le puedan ofrecer en tiempos de paz; pero el hombre que ha aprendido, por ejemplo, a combatir la fiebre amarilla preferirá eso a actuar como cirujano militar en tiempo de guerra. La guerra moderna exige mucha habilidad y eso contribuye a hacerla atractiva para varias clases de técnicos. Mucha habilidad científica se necesita igualmente en la paz y en la guerra; no hay manera de que un hombre de ciencia pacifista asegure que sus descubrimientos o invenciones no serían utilizados para aumentar la destrucción en la próxima lucha. No obstante, hablando de manera general, existe una distinción entre las habilidades que tienen más campo de acción en la paz y las que tienen más campo de acción en la guerra. En tanto que existe esta distinción, el amor al poder de un hombre puede inclinarle a la paz si su habilidad es de la primera clase, y a la guerra si es de la segunda. Por consiguiente, la preparación técnica puede hacer mucho para determinar la forma de amor al poder que adoptará.

No es del todo cierto que la persecución es una cosa y que la fuerza es otra. Muchas formas de persuasión —inclusive muchas de las que todo el mundo aprueba— son realmente una especie de fuerza. Consideremos lo que hacemos con nuestros hijos. No les decimos: «Algunos creen que la tierra es redonda y otros creen que es plana; cuando seáis mayores podréis, si así lo deseáis, examinar las evidencias y sacar vuestra conclusión». En cambio, les decimos: «La tierra es *redonda*». Cuando nuestros hijos llegan a tener bastante edad para examinar la evidencia, nuestra propaganda ha cerrado sus mentes y los argumentos más persuasivos de la Sociedad de la Tierra Plana no les hacen impresión. Lo mismo puede aplicarse a los preceptos morales que consideramos realmente importantes, como el de «no te hurgues la nariz» o «no comas guisantes con el cuchillo». Puede haber admirables razones para comer guisantes con el cuchillo, pero el efecto hipnótico de la primera persuasión nos hace completamente incapaces de apreciarlas.

La ética del poder no puede consistir en distinguir a algunas clases de poder como legítimas y otras como ilegítimas. Como acabamos de ver, todos aprobamos, en ciertos casos, una clase de persuasión que es esencialmente el uso de la fuerza. Casi todos aprobaremos la violencia física, inclusive la muerte, en condiciones fácilmente imaginables. Supongamos que sorprendemos a una persona en el momento de ir a prender fuego a un polvorín y supongamos que sólo podemos impedir el desastre dándole muerte; inclusive muchos pacifistas admitirán que tenemos derecho a matarle. El intento de tratar esta cuestión mediante principios generales abstractos, elogiando los actos de una clase y condenando los de otra clase, es inútil; debemos juzgar el ejercicio del poder por sus efectos y, por lo tanto, debemos ante todo decidir cuáles son los efectos que deseamos.

Por mi parte, considero que todo lo que es bueno o malo está incorporado en los individuos y no en primer lugar en las comunidades. Algunas filosofías que pueden ser utilizadas para apoyar al Estado corporativo —especialmente la filosofía de Hegel— atribuyen las cualidades éticas a las comunidades como tales, así que el Estado puede ser admirable aunque la mayoría de sus ciudadanos sean malvados. Creo que semejantes filosofías son tretas para justificar los privilegios de los mantenedores del poder y que cualquiera que pueda ser nuestra *política* no puede haber argumento válido para una *ética* antidemocrática. Entiendo por ética antidemocrática la que separa a cierta porción de la humanidad y dice «Estos hombres deben gozar de las cosas buenas y el resto existe simplemente para suministrárselas». Rechazaré semejante ética en todos los casos, pero según hemos visto en el último capítulo, tiene la desventaja de refutarse a sí misma, desde que es muy poco probable que en la práctica los superhombres sean capaces de vivir la clase de vida que la teoría aristocrática imagina para ellos.

Algunos objetivos del deseo son tales que pueden ser lógicamente gozados por todos, mientras que otros, por su misma naturaleza, deben ser limitados a una porción de la comunidad. Todos pueden —con una pequeña cooperación racional— gozar honradamente de su fortuna, pero es imposible para todos gozar el placer de ser más ricos que sus vecinos. Todos pueden gozar de cierto grado de autodirección, pero es imposible para todos ejercer la dictadura sobre los demás. Quizá llegue un tiempo en que exista una población en la que todos sean igualmente inteligentes, pero no les será posible a todos asegurarse las recompensas que corresponden a una inteligencia *excepcional*. Etcétera, etcétera. La cooperación social es posible con respecto a las cosas buenas que son capaces de ser universales, como la buena construcción de los materiales adecuados, la salud, la inteligencia y toda forma de felicidad que no consista en la superioridad sobre los otros. Pero las formas de la felicidad que consisten en la victoria de una competencia no pueden ser universales. La primera clase de felicidad es promovida por el sentimiento de amistad, la última (y su infelicidad correlativa) por el sentimiento de enemistad. El sentimiento inamistoso puede impedir completamente la persecución racional de la felicidad; así lo hace al presente en lo que respecta a las relaciones económicas entre las naciones. Dada una población en la cual preponderan los sentimientos amistosos, no habrá choques entre los intereses de los diferentes individuos o de los diferentes grupos; los choques que se producen al presente son producidos por el sentimiento inamistoso, que intensifican a su vez. Inglaterra y Escocia lucharon la una contra la otra durante siglos; al final, por un accidente de la herencia, llegaron a tener el mismo rey y las guerras cesaron. Todos fueron más felices como consecuencia, inclusive el doctor Johnson, cuyas bromas le proporcionaron sin duda más placer que el que hubiera obtenido con batallas victoriosas.

Podemos llegar ahora a ciertas conclusiones con respecto a la ética del poder.

El objetivo último de los que poseen poder (y todos tenemos alguno) será promover la cooperación social, no en un grupo ni contra otro, sino en toda la raza humana. El principal obstáculo para este fin es, al presente, la existencia de sentimientos de enemistad y el deseo de superioridad. Esos sentimientos pueden disminuir, ya sea directamente por medio de la religión y la moralidad, ya indirectamente removiendo las circunstancias políticas y económicas que al presente los estimulan, especialmente mediante la competencia por el poder entre los Estados y la competencia correspondiente por la riqueza entre las grandes industrias nacionales. Ambos métodos son necesarios; no son alternativos, sino que cada uno de ellos complementa al otro.

La Gran Guerra y las dictaduras que han sido su consecuencia, han llevado a muchos a menospreciar todas las formas del poder, excepto la fuerza militar y gubernamental. Ésta es una opinión de corto alcance y antihistórica. Si tengo que elegir cuatro hombres que hayan tenido un poder mayor que los demás deberé mencionar a Buda y a Cristo, a Pitágoras y a Galileo. Ninguno de ellos tuvo el apoyo del Estado hasta que su propaganda hubo alcanzado el buen éxito durante su vida. Ninguno de los cuatro hubiera influido en la vida humana como lo hubiera hecho si el poder hubiera sido su objetivo primordial. Ninguno de los cuatro aspiró al poder que esclaviza a los demás hombres, sino al que les hace libres, en el caso de los dos primeros, enseñando cómo dominar los deseos que llevan a la lucha y por consiguiente a la derrota, a la esclavitud y a la sujeción; en el caso de los dos segundos, señalando el modo de dominar las fuerzas naturales. En último término, no es por la violación como se domina a los hombres, sino mediante la sabiduría de quienes apelan a los deseos comunes de la humanidad de felicidad, de paz interna y externa y de comprensión del mundo en el cual, sin haberlo elegido, tenemos que vivir.

18

LA DOMA DEL PODER

«Al pasar junto al monte Thai, Confucio avanzó hacia una mujer que lloraba amargamente junto a una tumba. El Maestro se apresuró y llegó rápidamente hasta ella; entonces envió a Tze-lu para que la interrogase. "Tus lamentos —le dijo— son de quien ha sufrido un dolor tras otro." Ella replicó: «Así es. Una vez el padre de mi marido fue muerto aquí por un tigre. Mi marido fue también muerto y ahora ha muerto mi hijo del mismo modo». El Maestro dijo: «¿Por qué no dejas este lugar?». La respuesta fue: «Aquí no hay un gobierno opresor». El Maestro dijo entonces: «Recordad esto, hijos míos: el gobierno opresor es más terrible que los tigres».

El tema del presente capítulo es el problema de asegurar que el gobierno *sea menos* terrible que los tigres.

El problema de domar al poder es, como lo demuestra la anécdota anterior, muy antiguo. Los taoístas creían que es insoluble y defendían la anarquía; los confucianos confiaban en cierta ética y en la práctica gubernamental que puede cambiar a los poseedores del poder en sabios dotados de moderación y de benevolencia. En el mismo período, en Grecia, la democracia, la oligarquía y la tiranía luchaban por imponerse; se intentó la democracia para contener los abusos del poder, pero constantemente se anulaba a sí misma haciéndose víctima de la popularidad temporal de algún demagogo. Platón, como Confucio, creyó hallar la solución en un gobierno de hombres dedicados a la sabiduría. Esta opinión ha sido revivificada por Sidney Webb y su esposa Beatrice, quienes admiran una oligarquía en la cual el poder está limitado a los que tienen la «vocación de la dirección». En el intervalo entre Platón y los Webb el mundo ha ensayado la autocracia militar, la teocracia, la monarquía hereditaria, la oligarquía, la democracia y el gobierno de los santos, el último después del fracaso del experimento de Cromwell, habiendo sido revivificado en nuestros días por Lenin y Hitler. Todo ello sugiere que nuestro problema no ha sido resuelto todavía.

Para el que estudia la historia de la naturaleza humana debe ser evidente que la democracia, aunque no sea una solución completa, es una parte esencial de la solución. La solución completa no se encontrará limitándonos a las condiciones políticas; debemos tener en cuenta también la economía, la propaganda y la psicología en cuanto se relaciona con las circunstancias y con la educación. Nuestro tema se divide, pues, en cuatro partes: I) condiciones políticas; II) condiciones económicas; III) condiciones de propaganda, y IV) condiciones psicológicas y educacionales. Examinémoslas sucesivamente.

I

Los méritos de la democracia son negativos: no asegura un buen gobierno, pero previene ciertos peligros. Hasta que las mujeres comenzaron a tomar parte en los asuntos políticos, las mujeres casadas no podían administrar su propia propiedad ni siquiera su propio sueldo; una mujer dedicada a las tareas domésticas que tenía un marido borracho nada podía hacer si éste le prohibía su salario para ayudar a sus hijos. El Parlamento oligárquico del siglo XVIII y de comienzos del siglo XIX utilizaba su poder legislativo para aumentar la riqueza de los ricos rebajando las condiciones de vida de los trabajadores tanto rurales como urbanos. Únicamente la democracia ha impedido que la ley haga imposibles las organizaciones sindicales. De no ser por la democracia, la América occidental, Australia y Nueva Zelanda estarían habitadas por una población semiservil de raza amarilla gobernada por una pequeña aristocracia blanca. Los peligros de la esclavitud y de la servidumbre son familiares y dondequiera que una minoría tiene un monopolio seguro del poder político es probable que la mayoría caiga, tarde o temprano, en la esclavitud o en la servidumbre. Toda la historia demuestra que, como podía esperarse, no se puede confiar en que las minorías cuiden los intereses de la mayoría.

Existe una tendencia, más fuerte ahora que en cualquier tiempo anterior, a suponer que una oligarquía es admirable si se compone de hombres «buenos». El gobierno del Imperio romano fue «malo» hasta Constantino y entonces se hizo «bueno». En el Libro de los Reyes se cita a los que obraron justamente en opinión del Señor y a los que obraron mal. En la historia inglesa que se cuenta a los niños hay reyes «buenos» y reyes «malos». Una oligarquía de judíos es «mala», pero una de nacionalsocialistas es «buena». La oligarquía de los aristócratas zaristas era «mala», pero la del Partido Comunista es «buena».

Esta actitud es indigna de la gente adulta. Un niño es «bueno» cuando obedece las órdenes, y «perverso» cuando no lo hace. Cuando crece y se convierte en un caudillo político, conserva las ideas de la niñez y define al «bueno» como el que obedece sus órdenes y al «malo» como el que las desobedece. En consecuencia, nuestro partido político está integrado por hombres «buenos», en tanto que el partido opositor está integrado por hombres «malos». El gobierno «bueno» es el gobierno de nuestro grupo y el gobierno «malo» es el gobierno de otro grupo cualquiera. Los Montescos son «buenos» y los Capuletos «malos» o viceversa.

Este punto de vista, si es tomado en serio, hace imposible la vida social. Únicamente la fuerza puede decidir qué grupo es «bueno» y cuál es «malo», y la decisión, una vez hecha, puede invertirse en cualquier momento mediante una insurrección. Ninguno de los grupos, si consigue el poder, se preocupará de los intereses del otro, excepto en la medida en que está impresionado por el temor de una revolución. La vida social, si ha de ser algo mejor que la tiranía, exige cierta imparcialidad. Pero desde el momento que la acción colectiva es necesaria en muchos asuntos, la única forma practicable de imparcialidad, en esas materias, es el gobierno de la mayoría.

Sin embargo, la democracia, aunque necesaria, no es de modo alguno la única condición política que se requiere para domar el poder. En una democracia la mayoría puede ejercer una tiranía brutal y completamente innecesaria sobre la minoría. En el período de 1885 a 1922 el gobierno del Reino Unido era democrático (excepto en lo que respecta a la exclusión de las mujeres), pero ello no impidió la opresión de Irlanda. No solamente una minoría nacional, sino también una minoría religiosa o política pueden ser perseguidas. La salvaguardia de las minorías, en tanto que es compatible con un gobierno ordenado, es una parte esencial de la doma del poder.

Esto requiere una consideración de los asuntos en que la comunidad pueda obrar como un todo y aquellos en los cuales no es necesaria la uniformidad. Las cuestiones en que con más evidencia es necesaria una decisión colectiva son las esencialmente geográficas. Los caminos, los ferrocarriles, las alcantarillas, los servicios de gas, etcétera, deben estar dispuestos de cierto modo y no de otro. Las precauciones sanitarias, como por ejemplo contra las plagas, son geográficas: no les será posible a partidarios de la Ciencia Cristiana anunciar que no tomarán precauciones contra la infección, pues podrían infectar a los otros. La guerra es un fenómeno geográfico, a menos que sea una guerra civil, y aun en ese caso sucede que en seguida una parte del país queda dominada por un bando y la otra por el otro bando. Donde existe una minoría concentrada geográficamente, como la irlandesa antes de 1922, es posible resolver gran número de problemas mediante el traspaso. Pero cuando la minoría está distribuida por toda el área afectada, este método es en gran parte inaplicable. Donde las poblaciones cristianas y mahometanas viven juntas, tienen ciertamente diferentes leyes matrimoniales, pero salvo en lo que se refiere a la religión todos tienen que someterse al mismo gobierno. Se ha ido descubriendo gradualmente que la uniformidad teológica no es necesaria para el Estado y que los protestantes y los católicos pueden vivir en paz los unos junto a los otros bajo un mismo gobierno. Pero éste no fue el caso durante los ciento treinta primeros años después de la Reforma.

La cuestión del grado de libertad que es compatible con el orden no puede ser establecida en abstracto. Lo único que se puede decir es que donde no hay una razón técnica para una decisión colectiva debe haber alguna poderosa razón relacionada con el orden público si se ha de limitar la libertad. En el reinado de Isabel, cuando los católicos romanos quisieron despojarla del trono, no es sorprendente que el gobierno los contemplase desfavorablemente. Igualmente en los Países Bajos, donde los protestantes se habían rebelado contra España, era de esperarse que los españoles les persiguiesen. En nuestros días las cuestiones teológicas no tienen la misma importancia. Ni siquiera las diferencias políticas, si no son demasiado profundas, no son un motivo de persecución. Conservadores, liberales y laboristas pueden vivir todos juntos pacíficamente, porque no desean alterar por la fuerza la Constitución; pero los fascistas y los comunistas son más difíciles de asimilar. Donde existe una democracia, los intentos de una minoría para lograr el poder por la fuerza y las incitaciones a esos intentos pueden ser prohibidos razonablemente con el argumento de que una mayoría que respeta la ley tiene derecho a una vida tranquila si puede asegurarla. Pero deberá haber tolerancia con toda propaganda que no implique una incitación a romper la ley, y la ley deberá ser tan tolerante como sea compatible con la eficiencia técnica y el mantenimiento del orden. Volveré a este tema cuando trate de la psicología.

Desde el punto de vista de la doma del poder se plantean cuestiones muy difíciles en cuanto a la forma mejor de la unidad gubernamental. En un gran Estado moderno, aun cuando se trate de una democracia, el ciudadano medio tiene muy escaso sentido del poder político. No decide cuáles deben ser las consecuencias de una elección, pues probablemente se refieren a asuntos muy alejados de su vida cotidiana y que quedan casi completamente fuera de su experiencia, y su voto es una contribución tan pequeña en el conjunto que a él mismo le parece despreciable. En la antigua ciudad-estado esos peligros eran mucho menores; y así sucede al presente en los gobiernos locales. Podía haberse esperado que el público se hubiese tomado más interés en las cuestiones locales que en las nacionales, pero no es ése el caso; por el contrario, cuanto mayor es el área afectada tanto mayor es el porcentaje del electorado que se toma la molestia de votar. Esto se debe en parte a que en las elecciones importantes se invierte más dinero en propaganda, y en parte a que las consecuencias son por sí mismas más excitantes. Las consecuencias más excitantes son las que implican la guerra y las relaciones con los enemigos posibles. Recuerdo a un viejo campesino que en enero de 1910 me dijo que iba a votar a los conservadores (que estaban contra sus intereses económicos) porque estaba convencido de que si ganaban los liberales, los alemanes estarían en el país al cabo de unas semanas. No debe suponerse que votó siempre en las elecciones para el Consejo comunal, aunque en ellas podía tener una mejor comprensión de las consecuencias; esas consecuencias no le movían porque no eran capaces de producir la historia de la masa o los mitos de que ésta se alimenta.

Se plantea, pues, este dilema: la democracia da al hombre el sentimiento de que tiene una participación efectiva en el poder político cuando el grupo es pequeño, pero no cuando es grande. Por otro lado, es probable que la consecuencia le parezca importante cuando el grupo es grande, y no cuando es pequeño.

Esta dificultad se evita hasta cierto punto cuando un distrito electoral es profesional y no geográfico; una democracia realmente efectiva es posible, por ejemplo, en una organización sindical. Cada una de las ramas puede poner en discusión una cuestión de política; sus miembros tienen similitud de intereses y de experiencia y eso hace posible una discusión provechosa. La decisión final de toda la organización puede, por lo tanto, ser tal que la mayoría de los miembros sienta que ha tenido parte en ella.

Sin embargo, ese método tiene evidentes limitaciones. Muchas cuestiones son tan esencialmente geográficas que es indispensable un distrito electoral geográfico. Los organismos públicos afectan de tantos modos a nuestras vidas, que un hombre de negocios que no es político no puede intervenir en la mayor parte de los asuntos locales o nacionales que le interesan. La mejor solución será probablemente la extensión del método de los gremios obreros, creados para representar a ciertos intereses. Al presente, muchos intereses carecen de esa representación. La democracia, si ha de existir psicológicamente tanto como políticamente, exige la organización de los diversos intereses y su representación en los regateos políticos por hombres que gocen de la influencia que justifique el número y el entusiasmo de sus poderdantes. No quiero decir que esos representantes pueden sustituir al Parlamento, sino que pueden constituir el cauce por el cual el Parlamento se dé cuenta de los deseos de los diversos grupos de ciudadanos.

Un sistema federal es deseable dondequiera que los intereses locales y los sentimientos de los electores unidos son más fuertes que los intereses y los sentimientos relacionados con la federación. Si hubiera alguna vez un gobierno internacional, tendría que ser evidentemente una federación de gobiernos nacionales, con poderes estrictamente definidos. Existen ya autoridades casi internacionales para objetivos determinados, por ejemplo, el franqueo de la correspondencia, pero son objetivos que no interesan al público tanto como los que tienen relación con los gobiernos nacionales. Donde no existe esa condición el gobierno federal tiende a inmiscuirse en los gobiernos de varias unidades. En los Estados Unidos, el gobierno federal ha ganado a expensas de los Estados desde que fue redactada por primera vez la Constitución. La misma tendencia existió en Alemania desde 1871 hasta 1918. Inclusive un gobierno federal del mundo, si se encontrara envuelto en una guerra civil con motivo de una secesión, como puede suceder muy bien, si resultase victorioso tendría que fortalecerse inmensamente contra los diversos gobiernos nacionales. Así, pues, la eficacia de la federación, como método, tiene límites muy definidos; pero dentro de esos límites es deseable e importante.

Pudiera parecer que las grandes extensiones gubernamentales son inevitables en el mundo moderno; verdaderamente, para algunos de los objetivos más importantes, especialmente para la paz y la guerra, el mundo entero es la única extensión adecuada. Las desventajas psicológicas de las grandes extensiones —especialmente el sentimiento de impotencia en el votante medio y su ignorancia de la mayoría de los problemas— deben ser admitidas, pero se pueden disminuir en todo lo posible, en parte, como se sugirió más arriba, mediante la organización de los intereses separados, y en parte mediante la federación y el traspaso. Cierta sujeción del individuo es una consecuencia inevitable del desarrollo de la organización social. Pero si fuera eliminado el peligro de guerra, surgirían de nuevo las cuestiones locales, y los intereses políticos de los hombres estarían mucho más relacionados que al presente con cuestiones respecto a las cuales pueden tener conocimiento y una voz efectiva. Pues es el temor a la guerra más que cualquier otra cosa lo que obliga a los hombres a dirigir su atención a los países distantes y a las actividades internas de su gobierno.

Donde existe la democracia hay todavía necesidad de defender a los individuos y a las minorías contra la tiranía, tanto porque la tiranía es indeseable por sí misma como porque es probable que conduzca a la alteración del orden. La defensa de Montesquieu de la separación de los poderes legislativo, ejecutivo y judicial; la fe tradicional de los ingleses en los cheques y en los balances; las doctrinas políticas de Bentham y todo el liberalismo del siglo XIX, estaban destinados a impedir el ejercicio arbitrario del poder. Pero esos métodos han llegado a considerarse incompatibles con la eficacia. Sin duda, la separación del Ministerio de Guerra y del Cuartel General del Ejército fue una salvaguardia contra la dictadura militar, pero tuvo resultados desastrosos en la guerra de Crimea. Cuando en los primeros tiempos la legislatura y el ejecutivo estaban en desacuerdo, el resultado era un estancamiento altamente inconveniente. Ahora está asegurada la eficacia en Gran Bretaña por la unión de ambos poderes, para todos los intentos y propósitos, en el Gabinete. Los métodos de los siglos XVIII y XIX para impedir el poder arbitrario no se adaptan a nuestras circunstancias y los nuevos métodos que ahora existen no son todavía muy eficaces.

Hay necesidad de asociaciones para defender esta o aquella forma de libertad y para provocar una crítica activa contra los funcionarios, la policía, los magistrados y los jueces que se exceden en sus poderes. Hay también necesidad de cierto equilibrio político en todas las ramas importantes de los servicios públicos. Por ejemplo, hay un peligro para la democracia en el hecho de que la opinión corriente en la policía y la fuerza aérea es mucho más reaccionaria que en el país en conjunto.

En toda democracia, los individuos y las organizaciones que deben tener únicamente ciertas funciones ejecutivas bien definidas es probable que, si no son contenidos, adquieran un poder independiente muy poco deseable. Esto es especialmente cierto con respecto a la policía. Los peligros que se derivan de una policía insuficientemente fiscalizada han sido expuestos lúcidamente, por lo que se refiere a los Estados Unidos, en el libro *Our Lawless Police* de Ernest Jerome Hopkins. El quid del asunto es que un policía es ascendido por una acción que lleve a la confesión de un criminal, que el Tribunal acepta la confesión como una evidencia de culpabilidad y que, en consecuencia, interesa a los funcionarios policiales torturar a las personas detenidas hasta que confiesen. Este mal existe en todos los países en mayor o menor grado. En la India es desenfrenado. El deseo de obtener una confesión fue la base de las torturas de la Inquisición. En la antigua China era habitual la tortura de las personas sospechosas, porque un emperador humanitario había decretado que nadie fuese condenado sin haber confesado su culpabilidad. Para domar el poder de la policía es esencial que una confesión no sea aceptada en circunstancia alguna como una evidencia.

Sin embargo, esta reforma, aunque necesaria, no es de modo alguno suficiente. El sistema policial de todos los países está basado en la suposición de que la colección de evidencias contra un supuesto criminal es un asunto de interés público, pero que la colección de evidencias en su favor es asunto privado suyo. Se ha dicho con frecuencia que es más importante que sea absuelto el inocente que no que sea condenado el culpable, pero en todas partes es deber de la policía buscar la evidencia de la culpabilidad, no de la inocencia. Supóngase que una persona es acusada injustamente de asesinato y que se le abre un proceso justificado *prima facie*. Todos los recursos del Estado son puestos en acción para encontrar posibles testimonios contra ella y el Estado emplea a los abogados más hábiles para crear un prejuicio contra esa persona en la mente de los jurados. Mientras tanto el acusado puede gastar su fortuna privada recogiendo evidencias de su inocencia, sin que exista una organización pública que le ayude. Si alega pobreza, se le asigna un defensor de oficio, que probablemente no es tan hábil como el fiscal público. Si el acusado consigue ser absuelto, únicamente puede escapar a la bancarrota por medio del cinematógrafo y de la prensa dominical. Pero es lo más probable que sea condenado injustamente.

Si los ciudadanos que respetan la ley han de ser protegidos contra la persecución injusta de la policía, debe haber dos fuerzas de policía y dos Scotland Yards, una destinada, como al presente, a probar la culpabilidad, y la otra a probar la inocencia; y además del fiscal público debe haber un defensor público de la misma eminencia legal. Esto resulta evidente tan pronto como se admite que la absolución del inocente no es un interés público menor que la condena del culpable. La fuerza policial de defensa debe convertirse, además, en la fuerza policial acusadora en lo referente a cierta clase de crímenes, por ejemplo, los crímenes cometidos por la policía acusadora en el ejercicio de su «deber». Por estos medios y no por otros (según más alcances) puede ser mitigado el actual poder opresivo de la policía.

II

Llegamos ahora a las condiciones económicas que se requieren para disminuir el poder arbitrario. Este tema es de gran importancia, tanto por sí mismo como porque ha existido una gran confusión de pensamiento con respecto a él. La democracia política, aunque resuelve una parte de nuestro problema, no lo resuelve de modo alguno por completo. Marx indicó que no puede haber una igualación real de poder solamente en política mientras el poder económico siga siendo monárquico u oligárquico. De ello deducía que el poder económico debe estar en las manos del Estado y que el Estado debe ser democrático. Quienes al presente se declaran seguidores de Marx han conservado únicamente la mitad de su doctrina y han dejado de lado la exigencia de que el Estado sea democrático. De ese modo han concentrado el poder económico y el político en las manos de una oligarquía que se ha hecho, en consecuencia, más poderosa y más capaz de ejercer la tiranía que cualquier oligarquía de épocas anteriores.

Tanto la democracia chapada a la antigua como el marxismo de última moda han aspirado a la doma del poder. La primera fracasó porque era únicamente política, y el último porque era únicamente económico. Sin una combinación de ambos no es posible nada que se aproxime a una solución del problema.

Los argumentos en favor de la propiedad de la tierra por el Estado y de las grandes organizaciones económicas son en parte técnicos y en parte políticos. Los argumentos técnicos no han sido muy apreciados sino por la Sociedad Fabiana, y en cierto modo en América, en relación con asuntos como la autoridad del Valle de Tennessee. No obstante, son muy poderosos, especialmente en relación con la electricidad y la potencia hidráulica y obligan inclusive a los gobiernos conservadores a introducir medidas que, desde un punto de vista técnico, son socialistas. Hemos visto como, a consecuencia de la técnica moderna, las organizaciones tienden a desarrollarse, a unirse y a aumentar su campo de acción. La consecuencia inevitable es que el Estado político debe aumentar incesantemente sus funciones económicas o abdicar parcialmente en favor de grandes empresas privadas suficientemente poderosas para desafiarle o fiscalizarle. Si el Estado no exige la supremacía sobre esas empresas, se convierte en su muñeco y ellas se convierten en el verdadero Estado. De un modo o de otro, dondequiera que existe la técnica moderna deben ser unificados el poder económico y el político. Ese movimiento hacia la unificación tiene el irresistible carácter impersonal que Marx atribuía a la evolución que profetizaba. Pero nada tiene que ver con la guerra de clases o las injusticias del proletariado.

El socialismo como movimiento político ha aspirado a fomentar los intereses de los obreros industriales; sus ventajas técnicas han sido mantenidas relativamente en segundo plano. Se cree que el poder económico de los capitalistas privados les permite oprimir al obrero y que puesto que el obrero no puede, como el artesano de otros tiempos, poseer individualmente sus medios de producción, el único modo de emanciparle es la propiedad colectiva por todos los obreros. Se arguye que si fuese expropiado el capitalista privado, el conjunto de los obreros constituiría el Estado, y que, en consecuencia, el problema del poder económico puede ser resuelto completamente mediante la propiedad de la tierra y del capital por el Estado y no de otro modo. Ésta es una proposición para la doma del poder económico y por lo tanto entra en la esfera de nuestra actual discusión.

Antes de examinar el argumento quiero decir inequívocamente que lo considero válido, con tal que sea defendido y amplificado adecuadamente. *Per contra*, en ausencia de esa defensa y de esa amplificación, lo considero muy peligroso y capaz de desviar a quienes buscan la liberación de la tiranía económica tan completamente que se encontrarán con que inadvertidamente han establecido una nueva tiranía a la vez económica y política, más severa y más terrible que ninguna de las conocidas anteriormente.

En primer lugar, la «propiedad» no es la misma cosa que la «dirección». Si, por ejemplo, un ferrocarril pertenece al Estado y se considera que el Estado es el conjunto de todos los ciudadanos, ello no asegura por sí mismo que el ciudadano común tendrá poder alguno sobre el ferrocarril. Volvamos, por un momento, a lo que dicen los señores Berle y Means sobre la propiedad y la dirección en las grandes corporaciones norteamericanas. Señalan que en la mayoría de esas corporaciones todos los directores juntos sólo poseen generalmente alrededor del uno o del dos por ciento de las acciones y, sin embargo, tienen la completa dirección efectiva.

«En la elección del consejo los accionistas tienen ordinariamente tres alternativas. Pueden abstenerse de votar, pueden esperar a la reunión anual y votar personalmente sus acciones, o pueden firmar un poder transfiriendo su derecho a votar a ciertos individuos seleccionados por la gerencia de la corporación, el comité de apoderados. Como su voto personal puede contar poco o nada en la reunión, a no ser que tenga una gran cantidad de acciones, el accionista está reducido prácticamente a la alternativa de no votar o de *entregar su voto a individuos sobre los cuales no tiene dominio y en cuya elección no participa*. En ninguno de los casos podrá ejercer medida alguna de fiscalización. La fiscalización tenderá más bien a quedar en manos de quienes eligen el comité de apoderados... Desde que dicho comité es designado por la gerencia actual, ésta puede dictar virtualmente quiénes serán sus sucesores.» (Obra citada, págs. 86-87.)

Los individuos impotentes descritos en el pasaje anterior

son, como podrá advertirse, no proletarios sino capitalistas. Son en parte propietarios de la corporación respectiva, en el sentido de que poseen derechos legales que, con alguna suerte, les pueden producir cierta renta, pero debido a su falta de fiscalización la renta es muy precaria. Cuando visité por primera vez los Estados Unidos en 1896, me sorprendió el enorme número de ferrocarriles que se hallaban en quiebra; después de investigar la causa me encontré con que ello no se debía a la incompetencia por parte de los directores, sino a su habilidad: las inversiones de los accionistas ordinarios habían sido transferidas, mediante un artificio u otro, a otras compañías en las que los directores tenían mayor interés. Era un método tosco y hoy día los asuntos son manejados de una manera más decorosa, pero el principio sigue siendo el mismo. En una gran corporación el poder es necesariamente menos extendido que la propiedad y lleva consigo ventajas que, aunque políticas al principio, pueden convertirse en fuentes de riqueza de un modo ilimitado. El inversor humilde puede ser robado cortés y legalmente; el único límite es que no debe sufrir tan amargas experiencias que le lleven a guardar sus futuros ahorros en una media.

La situación no es esencialmente diferente cuando el Estado ocupa el lugar de una corporación; ciertamente, puesto que es también una clase de corporación que deja en la impotencia al accionista corriente, el ciudadano medio estará todavía más indefenso contra el Estado. Un buque de guerra es una propiedad pública, pero si un ciudadano trata de ejercer sus derechos sobre esa propiedad, pronto se le colocará en su lugar. Es cierto que existe un remedio: en las próximas elecciones generales ese ciudadano puede votar por un candidato que favorezca una reducción en el presupuesto naval, si puede encontrar alguno; o puede escribir a los diarios pidiendo que los marineros sean más corteses con los visitantes. Pero nada más puede hacer.

Pero se dice que el buque de guerra pertenece a un Estado capitalista y que cuando pertenezca a un Estado obrero todo será diferente. Me parece que esta opinión muestra incapacidad para comprender el hecho de que el poder económico es ahora un asunto de gobierno más bien que de propiedad. Si la United States Steel Corporation, por ejemplo, fuese tomada a su cargo por el gobierno de los Estados Unidos, necesitaría hombres para dirigirla; esos hombres serían o los mismos que ahora la dirigen u otros con habilidades similares y un punto de vista similar. La actitud que ahora mantienen con respecto a los accionistas la mantendrían entonces con respecto a los ciudadanos. Ciertamente, estarían sujetos al gobierno, pero a no ser que éste fuera democrático y responsable ante la opinión pública, tendría un punto de vista estrechamente similar al de los funcionarios.

Como quiera que los marxistas todavía conservan, como resultado de la actividad de Marx y de Engels, muchas maneras de pensar que corresponden a los cuarenta últimos años del pasado siglo, todavía conciben los negocios como si correspondiesen a los capitalistas individuales, y no han aprendido las lecciones que deben derivarse de la separación de la propiedad y de la dirección. La persona importante es el hombre que tiene la dirección del poder económico, no el hombre que tiene una fracción de la propiedad nominal. El primer ministro no es el propietario de la casa número 10 de Downing Street y los obispos no son los propietarios de sus palacios. Pero sería absurdo pretender, a cuenta de esto, que no tienen más derecho a vivir en esas casas que el obrero común. Bajo una forma de socialismo que no es democrático, quienes fiscalizan el poder económico pueden, sin «poseer» nada, tener suntuosas residencias oficiales, utilizar los mejores automóviles, gozar de asignaciones principescas, pasar sus vacaciones en residencias veraniegas a expensas del público, etcétera. ¿Por qué han de tener mayor interés por el trabajador ordinario que el que tienen ahora los que mandan? Puede no haber razón para que lo tengan, a no ser que el obrero corriente tenga poder para privarles de sus posiciones. Además la subordinación del pequeño inversor en las grandes corporaciones que ahora existen demuestra qué fácil es para el funcionario imponerse a la democracia, inclusive cuando la democracia está compuesta de capitalistas.

En consecuencia, la democracia no es esencial únicamente si la posesión y la dirección de las empresas económicas por el Estado ha de ser de algún modo ventajosa para el ciudadano medio, sino que deberá ser una democracia efectiva y eso será más difícil de asegurar de lo que es al presente, desde el momento en que la clase oficial, si no es fiscalizada muy cuidadosamente, combinará los poderes que ahora poseen el gobierno y los hombres que dirigen la industria y las finanzas, y desde que los medios de agitación contra el gobierno deberán ser proporcionados por el mismo gobierno, como único propietario de salones, de papel y de todos los demás medios esenciales para la propaganda.

Por lo tanto, mientras la propiedad pública y la dirección de toda industria en gran escala y de las finanzas es una condición *necesaria* para la doma del poder, está lejos de ser una condición *suficiente*. Debe ser complementada con una democracia más completa, más cuidadosamente defendida contra la tiranía oficial y con una disposición más deliberada para la libertad de propaganda, que ninguna democracia puramente política que haya existido nunca.

Los peligros del socialismo de Estado divorciado de la democracia han sido ilustrados por el curso de los acontecimientos en la Unión de los Soviets. Hay quienes guardan con respecto a Rusia una actitud de fe religiosa; para ellos es impío inclusive examinar la evidencia de que no todo es bueno en aquel país. Pero el testimonio de los entusiastas de los primeros tiempos se está haciendo cada vez más convincente para aquellos cuyas mentes están abiertas a la razón a este respecto. Los argumentos tomados de la historia y de la psicología a los que nos hemos referido en los capítulos anteriores han demostrado cuán imprudente es esperar que sea benévolo un poder irresponsable. Lo que sucede actualmente con respecto al poder está resumido por Eugene Lyons en las siguientes palabras:

> El absolutismo en su auge implica centenares o millares y, quizá millones, de grandes y pequeños autócratas en un Estado que monopoliza todos los medios de vida y de expresión, de trabajo y de placer, de recompensas y de castigos. Un gobierno autocrático centralizado debe funcionar por medio de una máquina humana de autoridad delegada, una pirámide de oficialismo graduado, de modo que cada capa obedezca a la superior y domine a la inferior. A menos que existan frenos de fiscalización genuinamente democrática y el correctivo de una legalidad a macha martillo a la cual estén sujetos todos, inclusive los ungidos por el Señor, la máquina del poder se convierte en una máquina de opresión. Donde solamente hay un patrono, es decir, el Estado, la docilidad es la primera ley de la supervivencia económica. Donde el mismo grupo de funcionarios posee el terrible poder de las detenciones secretas y de los castigos, de la privación de los derechos civiles, de la concesión de empleos y de los despidos, de la asignación de las raciones y de los espacios para vivir, únicamente un imbécil o alguien con un gusto perverso del martirio puede dejar de obedecerlos. (*Assignment in Utopia*, pág. 195.)

Si la concentración del poder en una única organización —el Estado— no ha de producir los males del despotismo en una forma extrema, es necesario que el poder dentro de esa organización sea ampliamente distribuido y que los grupos subordinados tengan una autonomía amplia. Sin democracia, transferencia e inmunidad contra los castigos extralegales, la unión de los poderes económico y político no es sino un nuevo y terrible instrumento de tiranía. En Rusia, un agricultor de una granja colectiva que toma una parte del grano que él mismo ha producido es culpable de la pena de muerte. Esta ley fue promulgada en la época en que millones de agricultores se morían de hambre y de enfermedad debido al hambre que el gobierno impidió aliviar deliberadamente. (*Ibid.*, pág. 492.)

III

Llego ahora a las condiciones de la propaganda para la doma del poder. Es evidente que la publicidad de las injusticias debe ser posible; la agitación debe ser libre con tal que no incite a quebrantar la ley; debe haber medios de acusar a los funcionarios que abusan de sus poderes. El gobierno de hoy en día no debe estar en posición de asegurarse la permanencia por medio de la intimidación, de la falsificación o del registro de los electores o por cualquier método similar. No debe haber penalidad, oficial ni no oficial, para la crítica bien fundamentada de un hombre preeminente. Mucho de esto está asegurado al presente por el gobierno en los países democráticos, lo que origina que los políticos que se hallan en el poder sean objeto de críticas por cerca de la mitad de la nación. Esto les hace imposible cometer muchos crímenes a los cuales se mostrarían propensos de otro modo.

Todo esto es más importante cuando el Estado tiene el monopolio del poder económico que bajo el capitalismo, pues el poder del Estado puede ser aumentado ampliamente. Tomemos un caso concreto: el de las mujeres empleadas en los servicios públicos. Al presente sufren una injusticia, pues sus salarios son menores que los de los hombres. Tienen medios legítimos de dar a conocer esa injusticia y no se puede castigarlas por hacer uso de esos medios. De cualquier modo no hay razón para suponer que la presente desigualdad cesaría necesariamente con la adopción del socialismo, pero los medios de agitar acerca de él cesarían si se tomasen disposiciones para remediar esa injusticia. Los diarios y las imprentas pertenecerían todos al gobierno e imprimirían únicamente lo que el gobierno ordenase. ¿Puede suponerse que el gobierno imprimiría ataques contra su política? Si no fuese así, no habría medios de agitación política por medio de la imprenta. Las reuniones públicas serían igualmente difíciles, pues todos los locales pertenecerían al gobierno. En consecuencia, a no ser que se tomasen cuidadosas disposiciones con el expreso objeto de salvaguardar la libertad política, no habría modo de hacer conocer las injusticias, y el gobierno, una vez elegido, sería tan omnipotente como Hitler y podría arreglar fácilmente su reelección. La democracia podría sobrevivir como una forma, pero no tendría más realidad que las formas de gobierno popular que persistían bajo el Imperio Romano.

Suponer que el poder irresponsable, por el hecho de llamarse socialista o comunista, se vería milagrosamente libre de las malas cualidades de todo poder arbitrario en el pasado es una suposición puramente infantil: el príncipe malvado es desposeído por el príncipe bueno y todo sucede maravillosamente. Si se ha de confiar en un príncipe debe ser, no porque es «bueno», sino porque está contra sus intereses el ser «malo». Asegurar que éste sea el caso es hacer inocuo el poder; pero no se le puede hacer inocuo transformando a los hombres que creemos que son «buenos» en déspotas irresponsables.

La radiotelefonía es una institución del Estado que demuestra lo que es posible hacer por medio de la combinación de la libertad de propaganda con el monopolio gubernamental. En momentos como los de una huelga general puede admitirse que deja de ser imparcial; pero en las épocas corrientes representa los diferentes puntos de vista, todo lo aproximadamente que es posible, en proporción con su fuerza numérica. En un Estado socialista deberán hacerse arreglos similares para la imparcialidad con respecto al alquiler de locales para las reuniones públicas y a la impresión de la literatura de controversia. Puede encontrarse deseable, en vez de tener diferentes diarios que representen diferentes puntos de vista, tener únicamente uno, con diversas páginas asignadas a los diversos partidos. Esto tendría la ventaja de que los lectores podrían leer todas las opiniones y tenderían a ser menos unilaterales que los que al presente nunca ven en un diario nada con lo que no estén de acuerdo.

Hay ciertas regiones, como el arte y la ciencia y (hasta donde lo permiten las órdenes del público) la política de partido, en las cuales la uniformidad no es necesaria ni siquiera deseable. Constituyen la esfera legítima de la competencia, y es importante que el sentimiento público sea tal que soporte las diferencias en esas materias sin exasperación. La democracia, si ha de tener éxito y perdurar, exige un espíritu tolerante, no demasiado odio y no demasiado amor a la violencia. Pero esto nos trae a las condiciones psicológicas para la doma del poder.

IV

Las condiciones psicológicas para la doma del poder son en cierto modo las más difíciles. En relación con la psicología del poder vemos que el temor, la rabia y toda clase de excitaciones colectivas violentas tienden a hacer que los hombres sigan ciegamente a un caudillo, quien, en muchos casos, saca ventaja de esa confianza para establecerse como tirano. Por lo tanto, es importante para defender a la democracia evitar las circunstancias que producen una excitación general y educar a la población de tal modo que se halle poco propensa a esa clase de excitaciones. Donde prevalece un espíritu de feroz dogmatismo, cualquier opinión con la que no esté de acuerdo la mayoría puede alterar la paz. Los escolares son propensos a maltratar al niño cuyas opiniones les parecen extrañas y muchas personas no han pasado de la edad mental de los escolares. Un sentimiento liberal difundido, matizado de escepticismo, hace mucho menos difícil la cooperación social y en consecuencia mucho más posible la libertad.

El entusiasmo propagandista, como el de los nacional-socialistas, despierta la admiración en muchas personas por la energía y la abnegación aparentes que origina. La excitación colectiva que implica la indiferencia al dolor e inclusive a la muerte es común en la historia. Donde existe, es imposible la libertad. Los entusiastas solamente pueden ser refrenados por la fuerza y si no son refrenados utilizarán la fuerza contra otros. Recuerdo a un bolchevique a quien encontré en Pekín en 1920. Recorría de un lado a otro la habitación en que nos hallábamos exclamando con completa sinceridad: «Si no les matamos nos matarán a nosotros». La existencia de ese estado de ánimo en uno de los lados produce el mismo estado de ánimo en el otro; la consecuencia es la lucha hasta el fin, en la cual todo queda subordinado a la victoria. Durante la lucha el gobierno adquiere un poder despótico por razones militares; al final, si resulta victorioso, utiliza ese poder primero para exterminar lo que queda del enemigo y luego para asegurar la continuación de su dictadura sobre los que le apoyen. El resultado es completamente diferente al que se imaginaban los entusiastas. El entusiasmo, aunque puede alcanzar ciertos resultados, difícilmente puede alcanzar los que desea. Admirar el entusiasmo colectivo es temerario e irresponsable, pues sus frutos son la crueldad, la guerra, la muerte y la esclavitud.

La guerra es la principal promotora del despotismo y el mayor obstáculo para el establecimiento de un sistema en el cual el poder irresponsable es evitado en todo lo posible. La evitación de la guerra es, en consecuencia, una parte esencial de nuestro problema, yo diría el más esencial. Creo que si algún día el mundo se viese libre del temor de la guerra, no importa bajo qué forma de gobierno o bajo qué sistema económico, encontrará los medios de refrenar la ferocidad de sus gobernantes. Por otro lado, toda guerra, pero especialmente la guerra moderna, provoca la dictadura, pues hace que los tímidos busquen un caudillo y convierte a los espíritus más audaces de una sociedad en un rebaño.

El peligro de guerra produce cierta clase de psicología de las masas y, recíprocamente, esa psicología, donde existe, aumenta el peligro de guerra tanto como la probabilidad del despotismo. Por lo tanto, debemos considerar cuál es la educación que hará a las sociedades menos propensas a la historia colectiva y más capaces de practicar con buen éxito la democracia.

La democracia, si ha de tener buen éxito, necesita la amplia difusión de dos cualidades que a primera vista parecen tomar direcciones opuestas. Por una parte, los hombres deben tener cierto grado de confianza en sí mismos y cierta complacencia en defender su propio juicio; debe haber propaganda política en direcciones opuestas y en la cual intervenga mucha gente. Pero, por otro lado, los hombres deben estar dispuestos a someterse a la decisión de la mayoría cuando ésta les es contraria. Una de esas condiciones puede fallar: la población puede ser demasiado sumisa y puede seguir a un caudillo vigoroso hasta la dictadura; o cada una de las partes puede hacer sentir demasiado sus derechos, con el resultado de que la nación cae en la anarquía.

Lo que puede hacer la educación en esta materia puede ser considerado de dos modos: primero, en relación con el carácter y las emociones; en segundo lugar, en relación con la instrucción. Comencemos con el primero.

Para que la democracia sea practicable, la población debe estar en todo lo posible libre de odios y de espíritu destructivo y también de temor a la subordinación. Estos sentimientos pueden ser producidos por las circunstancias políticas o económicas, pero lo que yo quiero considerar es el papel que desempeña la educación en hacer que los hombres sean más o menos propensos para ello.

Algunos padres y algunas escuelas comienzan con el intento de enseñar a los niños la obediencia completa, intento que es casi seguro que producirá un esclavo o un rebelde, nada de lo cual es lo que desea una democracia. En cuanto a los efectos de una educación severamente disciplinaria, la opinión que yo sostengo es la que sostienen todos los dictadores de Europa. Después de la guerra, casi todos los países de Europa poseían cierto número de escuelas libres, sin demasiada disciplina ni demasiadas muestras de respeto para los maestros; pero una por una, las autocracias militares, incluyendo a la Unión de las Repúblicas Soviéticas, han suprimido toda la libertad en las escuelas y han vuelto a los viejos métodos y a la práctica de tratar al maestro como una miniatura del Führer o del Duce. Podemos inferir que todos los dictadores consideran que cierto grado de libertad en la escuela es como una preparación para la democracia; y a la autocracia en la escuela como el preludio natural de la autocracia en el Estado.

Todo hombre o mujer en una democracia no será ni un esclavo ni un rebelde, sino un ciudadano, esto es, una persona que posee, y permite que posean los demás, la debida proporción, pero no más, de mentalidad gubernamental. Donde no existe la democracia la mentalidad gubernamental es la de los dueños con respecto a los dependientes; pero donde existe la democracia es la de la cooperación en igualdad de condiciones, lo que implica la afirmación de la opinión propia hasta cierto punto, pero no más allá.

Esto nos trae a una fuente de inquietud para muchos demócratas que se llama el «principio». La mayoría hablan del principio, del autosacrificio, de la devoción a una causa, etcétera, lo cual podría ser examinado un poco escépticamente. Un pequeño psicoanálisis demostraría con frecuencia que lo que se oculta en esos nombres es algo en realidad muy diferente, como el orgullo, el odio, el deseo de venganza, que han sido idealizados, colectivizados y personificados como una forma noble del idealismo. El patriota belicoso que desea y aún está ansioso por luchar en favor de su patria, puede ser razonablemente sospechoso de encontrar cierto placer en la matanza. Una población bondadosa, una población que en su infancia ha recibido bondades y ha sido feliz y que en la juventud ha encontrado que el mundo era un lugar de amistad, no desarrollará esa clase particular de idealismo que se llama patriotismo o guerra de clases o lo que sea y que consiste en reunirse para matar a la gente en gran número. Yo creo que la tendencia a las formas crueles de idealismo aumenta con la infelicidad en la infancia, y podría disminuir si la primera educación fuese emocionalmente lo que debiera ser. El fanatismo es un defecto en parte emocional y en parte intelectual. Necesita ser combatido por medio de esa felicidad que hace a los hombres bondadosos y por esa inteligencia que produce un hábito mental científico.

El temperamento que se requiere para que alcance buen éxito la democracia es en la vida práctica exactamente lo que el temperamento científico es en la vida intelectual; está a mitad de camino entre el escepticismo y el dogmatismo. Se sostiene que la verdad no es ni alcanzable ni inalcanzable por completo; es alcanzable hasta cierto grado y eso únicamente con dificultad.

La autocracia, en sus formas modernas, siempre se cobija con una creencia: la creencia en Hitler, en Mussolini o en Stalin. Dondequiera que existe una autocracia, una serie de creencias es inculcada en las mentes de los jóvenes antes de que sean capaces de pensar; y esas creencias son enseñadas tan constante y persistentemente que es de esperar que los discípulos no podrán librarse nunca de los efectos hipnóticos de sus primeras lecciones. Las creencias son inculcadas, no dando razones por las que se suponga que son ciertas, sino mediante repeticiones de papagayo, mediante la histeria y la sugestión de las masas. Cuando se ha enseñado de esta manera dos creencias opuestas, producen dos ejércitos que luchan entre sí y no dos partidos que puedan discutir. Cada autómata hipnotizado siente que todo lo más sagrado depende de la victoria de su lado y todo lo más horrible de la victoria del lado opuesto. Esas facciones fanáticas no pueden reunirse en el Parlamento y decir: «Veamos de qué lado está la mayoría». Eso sería demasiado pedestre, pues cada una de las partes cree que defiende una causa sagrada. Esa clase de dogmatismo debe ser evitada si han de ser evitados los dictadores, y las medidas para impedirlo deben constituir una parte esencial de la educación.

Si yo dirigiese la educación, haría que los niños escuchasen a los defensores más vehementes y elocuentes de cada una de las partes que discutiesen un problema, quienes podrían hablar a las escuelas por medio de la radio. El maestro invitaría luego a los niños a resumir los argumentos expuestos, e insinuaría cortésmente la opinión de que la elocuencia está en proporción inversa a las razones sólidas. Adquirir inmunidad con respecto a la elocuencia es de la mayor importancia para los ciudadanos de una democracia.

Los propagandistas modernos han aprendido de los anunciantes, que son maestros en la técnica de producir creencias irracionales. La educación debiera estar destinada a contrarrestar la credulidad natural y la incredulidad natural de las personas sin cultura: la costumbre de creer una afirmación enfática sin razones, y de desconfiar de una afirmación no enfática aun cuando vaya acompañada de las mejores razones. Comenzaría en la escuela primaria, con dos clases de dulces entre los cuales podrían elegir los niños: uno de ellos muy delicado, recomendado por una fría y exacta exposición con respecto a sus ingredientes, y el otro muy sucio, recomendado por el más hábil entre los mejores anunciantes. Un poco más tarde les daría a elegir dos lugares para un día de descanso en el campo: un lugar muy agradable recomendado por un mapa y un lugar muy feo recomendado por carteles magníficos.

La enseñanza de la historia se debe realizar con un espíritu similar. Hubo en el pasado oradores y escritores eminentes que defendieron, con apariencia de gran sabiduría, los beneficios de la esclavitud, etcétera. Yo haría que los jóvenes conociesen a esos maestros de la elocuencia y que apreciaran al mismo tiempo su retórica y su sinrazón. Gradualmente pasaría a las cuestiones corrientes. Como una especie de aperitivo para su historia les leería lo que se ha dicho acerca de España (o cualquier cosa que esté en discusión en el momento), primero en el *Daily Mail* y luego en el *Daily Worker*; y luego les pediría que sacasen en consecuencia qué es lo que realmente había sucedido. Pues pocas cosas son más útiles para el ciudadano de una democracia que la habilidad para deducir, leyendo los diarios, qué es lo que ha sucedido. Con este objeto sería instructivo comparar lo que dijeron los diarios en los momentos críticos durante la Gran Guerra con lo que se dijo después en la historia oficial. Y cuando la locura de la historia de la guerra, tal como se manifestaba en los diarios de la época, parezca increíble a los alumnos, se les podrá advertir que todos ellos, a menos que tengan mucho cuidado en cultivar un juicio equilibrado y prudente, pueden caer en semejante locura a la primera incitación del gobierno al terror y al deseo vehemente de sangre.

Sin embargo, yo no quiero predicar una actitud emocional puramente negativa. No quiero decir que todos los sentimientos fuertes deben estar sujetos a un análisis destructivo. Defiendo esa actitud únicamente en relación con esas emociones que son la base de la histeria colectiva, porque es la histeria colectiva la que facilita las guerras y las dictaduras. Pero la sabiduría no es puramente intelectual: el intelecto puede guiar y dirigir, pero no origina la fuerza que conduce a la acción. La fuerza debe derivarse de las emociones. Las emociones que tienen consecuencias sociales deseables no se producen tan fácilmente como el odio, la rabia y el miedo. Su creación depende en gran parte de la primera infancia, y en gran parte también de las circunstancias económicas. Sin embargo, algo se debe hacer en el curso de una educación ordinaria para proporcionar el alimento gracias al cual pueden crearse las mejores emociones y alcanzarse la realización de lo que puede dar valor a la vida humana.

Ése fue en el pasado uno de los objetivos de la religión. Las iglesias, no obstante, han tenido siempre otros objetivos y sus bases dogmáticas originan dificultades. Para quienes la religión tradicional ya no es posible, existen otros medios. Algunos encuentran lo que necesitan en la música y otros en la poesía. A otros les sirve la astronomía para el mismo propósito. Cuando reflexionamos en el tamaño y en la antigüedad del universo estelar, las controversias sobre este más bien insignificante planeta pierden algo de su importancia, y lo acerbo de nuestras disputas parece un poco ridículo. Y cuando nos liberamos mediante esta emoción negativa, estamos capacitados para comprobar más completamente, por medio de la música o de la poesía, de la historia o de la ciencia, de la belleza o del dolor, que las cosas realmente valiosas en la vida humana son individuales, no las cosas que suceden en un campo de batalla, en el choque de los partidos políticos o en la marcha regimentada de las masas humanas hacia un objetivo impuesto externamente. La vida organizada de la comunidad es necesaria, pero es necesaria como un mecanismo, no como algo que puede tener valor por sí mismo. Lo que tiene más valor en la vida humana tiene más analogía con lo que han enseñado los grandes maestros religiosos. Los que creen en el Estado corporativo sostienen que nuestras actividades principales son colectivas, pero yo sostengo que todos conseguimos lo mejor por diferentes medios y que la unidad emocional de una muchedumbre sólo se puede alcanzar a un nivel muy bajo.

Ésa es la diferencia esencial entre el punto de vista liberal y el del Estado totalitario; el primero considera que el bienestar del Estado reside en último término en el bienestar de los individuos, mientras que el último considera al Estado como el fin y a los individuos simplemente como los ingredientes indispensables cuyo bienestar debe subordinarse a una totalidad mística que es la capa que oculta el interés de los gobernantes. La antigua Roma tenía algo de la doctrina del culto del Estado, pero el Cristianismo luchó contra los emperadores y finalmente les venció. El liberalismo, al valorizar al individuo, resucita la tradición cristiana. Sus opositores resucitan ciertas doctrinas precristianas. Desde el principio, los idólatras del Estado han considerado a la educación como la clave del éxito. Así aparece, por ejemplo, en el libro de Fichte *Mensaje a la nación alemana*, en el que trata extensamente de la educación. Lo que Fichte desea se halla expuesto en el siguiente pasaje:

> Si alguien dijese: «¿Qué se puede pedir a una educación sino que enseñe al alumno lo que es justo y se lo recomiende fuertemente? Si sigue esas recomendaciones es asunto suyo, y si no las sigue es culpa suya; es libre su voluntad, de la que ninguna educación puede separarle», yo respondería, para caracterizar más agudamente la educación que contemplo, que precisamente en ese reconocimiento de la libre voluntad del alumno consiste el primer error de la educación hasta ahora y la clara admisión de su impotencia y de su vaciedad. Porque desde que admite que, después de sus operaciones más fuertes, la voluntad permanece libre, que sigue oscilando indecisamente entre lo bueno y lo malo, admite que

ni puede ni desea moldear la voluntad, y puesto que la voluntad es la raíz esencial del hombre, tampoco puede moldear al hombre mismo; y sostiene que eso es del todo imposible. La nueva educación, por el contrario, deberá consistir en la completa aniquilación del libre albedrío en el territorio que se halla a su cargo.

Su razón para que desee crear hombres «buenos» no es que son por sí mismos mejores que los «malos»; su razón es que «únicamente en éstos (en los hombres buenos) puede persistir la Nación alemana, pero por medio de los hombres malos tendrá que unirse necesariamente con los países extranjeros».

Todo esto puede tomarse como la explicación de la antítesis exacta de lo que quiere conseguir el educador liberal. Lejos de «la aniquilación del libre albedrío», éste buscará el fortalecimiento del juicio individual; inculcará todo lo que pueda una actitud científica con respecto a la búsqueda del conocimiento; tratará de hacer que las doctrinas sean sensibles a la evidencia; no pasará ante sus discípulos como omnisciente; no cederá al amor al poder con el pretexto de que persigue un bien absoluto. El amor al poder es el peligro principal del educador, como el del político; el hombre a quien se puede confiar la educación debe cuidar de sus discípulos por sí mismos, y no únicamente como soldados potenciales de un ejército o como propagandistas de una causa. Fichte y los hombres poderosos que han heredado su ideal, cuando ven a los niños piensan: «He aquí un material que puedo manipular, al que puedo enseñar a conducirse como una máquina en provecho de mis propósitos; por el momento me lo impiden la alegría de vivir, la espontaneidad, la necesidad de jugar, el deseo de vivir para fines que nacen de dentro y no son impuestos desde fuera; pero todo eso morirá después de los años de escuela que impondré; la fantasía, la imaginación, el arte y el poder de pensamiento serán destruidos mediante la obediencia; la muerte de la alegría creará una mejor receptividad para el fanatismo; y al final encontraré a mi material humano tan pasivo como la piedra de una cantera o el carbón de una mina. En las batallas a que les llevaré, algunos morirán, otros vivirán; los que mueran morirán exaltadamente, como héroes, y los que queden con vida vivirán como esclavos míos, con esa profunda esclavitud mental a la que les habrán acostumbrado mis escuelas». Todo esto es horrible para cualquier persona que sienta afecto por la juventud. Así como enseñamos a los niños el modo de evitar que sean atropellados por los automóviles, así debemos enseñarles el modo de evitar que sean destruidos por los fanáticos crueles, y con este objeto debemos buscar el modo de producir la independencia mental, algo escéptica y completamente científica, y preservar en todo lo posible la alegría instintiva de la vida que es natural en los niños que gozan de buena salud. Ésa es la tarea de una educación liberal; dar el sentimiento del valor de las cosas que no son el dominio, ayudar a crear ciudadanos cultos en una comunidad libre y, por medio de la combinación de la ciudadanía con la libertad en la creación individual, capacitar a los hombres para dar a la vida humana ese esplendor que algunos pocos hombres han demostrado que se puede alcanzar.